# 216 Tage

# Wilhelm Hannig

# arktische Jagd

## Eisbären  Wale  Eskimos

BLV Verlagsgesellschaft München
Verlag ›Das Berglandbuch‹ Salzburg
Albert Müller Verlag Rüschlikon-Zürich

Alle Rechte der Verbreitung, einschließlich Film,
Funk und Fernsehen sowie der Fotokopie
und des auszugsweisen Nachdruckes, vorbehalten

© BLV Verlagsgesellschaft mbH, München, 1973

Fotos: Wilhelm Hannig, außer Farbbild Seite 28:
Geophysikalisches Institut der Universität Alaska
Karten: Hellmut und Barbara Hoffmann, München
Umschlagentwurf: Franz Wöllzenmüller, München

Satz und Druck: Brönner & Daentler, Eichstätt
Druck der Bildtafeln: R. Eimannsberger, München
Bindung: Conzella, München

Printed in Germany · ISBN 3-405-11289-3

# Inhalt

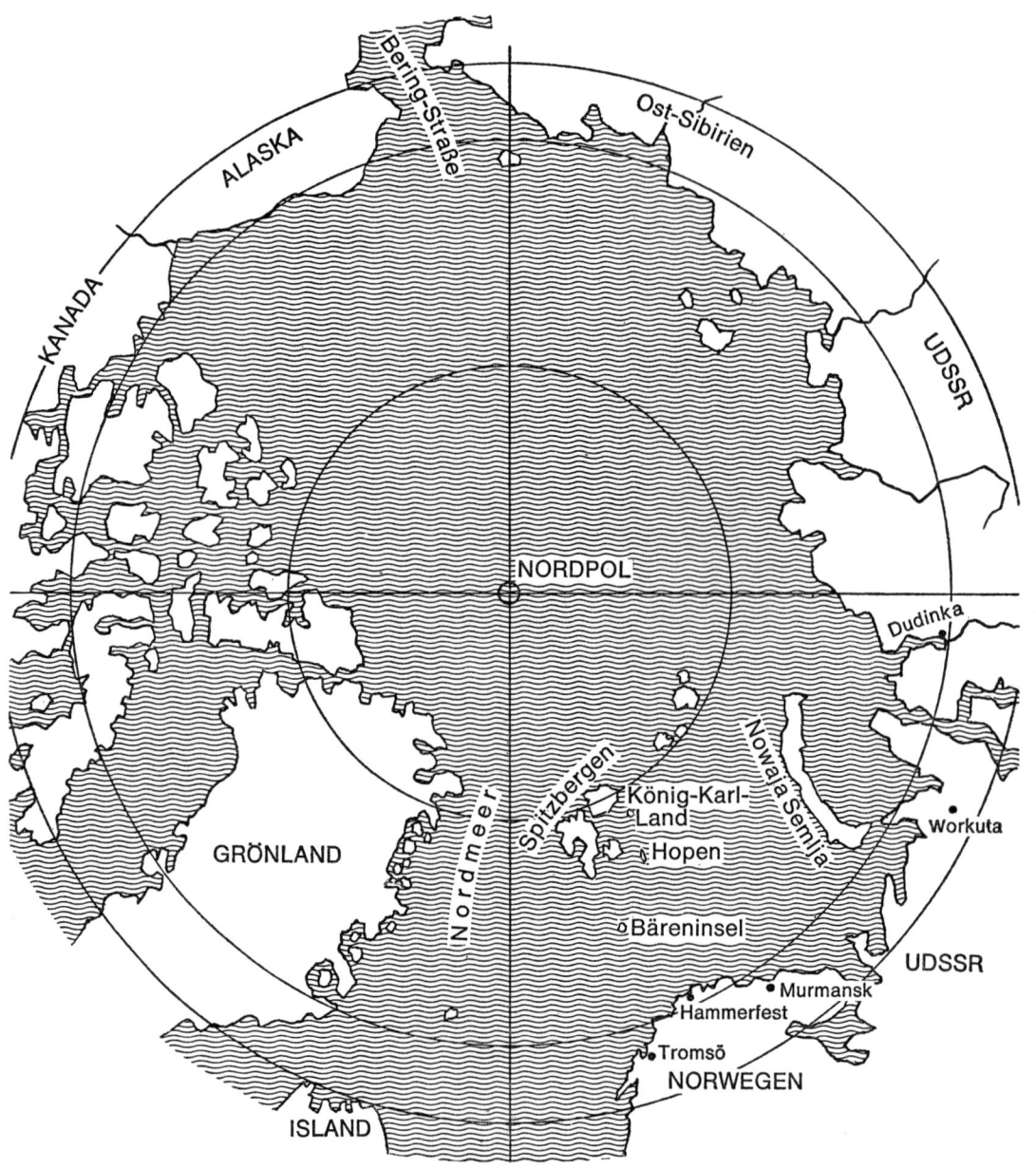

# Eisbären in russischer Arktis

Nordpolexpeditionen und Eismeerschiffahrt beginnen in Norwegen weit oberhalb des Polarkreises. Dort liegt die vierzigtausend Einwohner zählende Inselstadt Tromsö, das »Tor zur Arktis«. Sie ist nur durch eine bogenförmige Stahlbrücke mit dem Festland verbunden. In ihrer Mitte steht ein riesenhaftes Denkmal für den norwegischen Polarforscher Roald Amundsen. Dieser durchsegelte mit der »Gjöa« von 1903 bis 1906 als erster die Nord-West-Passage, den direkten Weg von Europa nach Asien. Im dramatischen Wettlauf mit dem britischen Polarforscher Robert F. Scott gelang es ihm am 14. Dezember 1911 — vier Wochen vor Scott —, als erster Mensch den Südpol zu betreten, und als Krönung seines Forscherlebens überquerte er 1926 mit dem Luftschiff »Norge« auf der Strecke Spitzbergen — Alaska das Dach der Welt.

Das Ehrenmal erinnert alle Norweger zugleich an die vielen anderen historischen Ereignisse in dieser kleinen Stadt am Nordmeer. Kühne Landsleute, wie Fridtjof Nansen, starteten aus ihrem Hafen zur Grönlanddurchquerung und wissenschaftlichen Arktisexpeditionen. Mutige Schweden, Dänen, Holländer, Österreicher und Deutsche begannen hier als Wissenschaftler oder Zoologen ihre Forschungsreisen ins Eismeer. Robbenfänger- und Walfangschiffe benutzen Tromsö als Ausgangshafen zu ihren gefahrvollen Fangplätzen in eisbedeckten Seegebieten.

Heftiger Sturm fegte breite Schneeflocken über Masten und Aufbauten abgetakelter Eismeersegler, als ich den romantischen kleinen Hafen zum erstenmal sah. Schneeweiße Jachten, rostbedeckte Fischkutter, klobige Walfangboote und moderne Frachtschiffe dümpelten nebeneinander auf dem schmutzigen Wasser des Hafenbeckens. Ungeduldig zerrten sie an Trossen und Leinen, so als könnten sie die nächste Reise nicht mehr erwarten. Über den Schiffen lag dichter Nebel. Der sommerliche Nordhimmel war von Sturmwolken bedeckt. Die Sonne färbte ihre Ränder zartrosa. Sie selbst schob sich nur ab und zu wie ein großer weißer Teller durch den gelblichen Dunst.

Im Hafen wimmelte es von geschäftigen Dockarbeitern, Fischern und Seeleuten. Ein tonnenschweres Hochseeboot landete gerade einen Fang Kabeljau, Lachs und Heilbutt. Auf dem Kai arbeiteten Männer mit hüfthohen Stiefeln und Gummischürzen, welche die noch zappelnde Meeresbeute sofort schlachteten, reinigten

und in Filets zerlegten. Elektrokarren und Gabelstapler verfrachteten das Fisch-
gut gleich in Salzkammern und Frostbunker der gegenüberliegenden modernen
Fischhallen.

Zu Hunderten umflogen kreischende Möwen die Werkplätze der Arbeiter, sie
rissen große Stücke aus den in Kisten gefüllten Fischen oder rauften sich lautstark
um herumliegende Reste. Traniges Seewasser und eine blutgetränkte Brühe von
Öl und Schuppen bedeckte den breiten Landungssteg. Der Geruch von Teer, Fisch
und Dieselöl, dazu noch der Dunst aus Walkochereien und Fischmehlfabriken
verpesteten die sonnengesättigte frische Luft des Nordlandes.

Die »Nordstern«, eines der vielen Robbenfangschiffe, die in den Polargewässern
vor der Eisgrenze Seehunde jagen, sollte nachmittags im Fischereihafen anlegen
und am nächsten Morgen zur Bärenjagd auslaufen. Als es dunkel wurde, war
ihr Liegeplatz immer noch verwaist. Ich brachte mein Gepäck wieder ins Hotel
und schlenderte durch das Hafenviertel.

Die Straßen waren leer. Nur vereinzelte Pärchen spazierten engumschlungen auf
und ab. Von ihren Gesichtern war nur so viel zu sehen, wie die pelzumrandeten
Kapuzen ihrer enggeschlossenen Anoraks offen ließen, denn es schneite immer
noch. Vor verschlossenen Haustüren kauerten Hunde und Katzen, um sich vor
dem Schneegestöber zu schützen. In den dunklen Gassen lockten romantisch
anmutende Bierkneipen. Aus ihnen drangen laute Schlagermusik, Johlen und
Lachen.

Hungrig und durstig steuerte ich die erste mir sauber erscheinende Schänke an.
Die Haustür ging nur nach äußerster Kraftanwendung auf. Sie quietschte dabei
wie ein ungeöltes Wagenrad. Das rauchgeschwärzte Lokal war finster und mit
lärmenden Seeleuten und angetrunkenen Hafenarbeitern überfüllt. Ich trank ein
Glas Bier. Es war Dünnbier und schmeckte schal. Um wenigstens gut zu essen,
bestellte ich eine Portion geräucherten Lachs — die Spezialität des Hauses. Der
Lachs zerging zwar auf der Zunge, doch war die Portion bestenfalls als Vorspeise
anzusehen.

Kaum gesättigt, sah ich mich in der Kneipe um. An einem wurmzerfressenen
Holztisch hockte ein rotbärtiger Seemann von hünenhaftem Körperbau. Er trug
ein rotes, teerbeschmutztes Wollhemd mit aufgekrempelten Ärmeln. Es war weit
aufgeknöpft und gab eine behaarte, bunt tätowierte Brust frei. Die muskulösen
Arme waren mit eingestochenen bunten Mustern und Figuren bedeckt. Ununterbrochen zwirbelte er den struppigen Schnauzbart und erzählte dabei seinen Tisch-
genossen eine gruselige Tierfängergeschichte nach der anderen. Dafür ließ er sich
etliche Schnapsrunden bezahlen. Das Feuerwasser tat dann auch seine Wirkung:
Die Storys wurden immer gruseliger. Erlebnisberichte von unerschrockenen Wikin-
gern, die heute noch irgendwo in der Arktis leben und als »weiße Eskimos« im

Kampf mit zähnefletschenden Bären sagenhafte Heldentaten vollbringen sollen, fanden besonderen Beifall. Bei den ständig wechselnden Gästen kam vor allem sein Bericht über die Abenteuer eines norwegischen Eisbärkönigs gut an, der wochenlang in seiner Hütte unter Schneemassen begraben war und von einer Forschergruppe gerettet wurde. Er lebte als Einsiedler in der weißen Wildnis von Spitzbergen und stellte bei größter arktischer Kälte seine Bärenfallen. Trotz grausamer Schneestürme und sechsmonatiger winterlicher Dunkelheit habe er mit gräßlichen Selbstschußvorrichtungen allein in einer Kälteperiode über zweihundert Eisbären erbeutet.

Je später der Abend wurde, um so ordinärer waren seine Geschichten von Eskimomädchen und Indianerfrauen, die er während seiner Seefahrten alle geliebt haben wollte. Da ging ich.

In meinem Hotel fand ich eine Nachricht vor, daß mein Schiff erst einen Tag später auslaufe. So schlief ich den Schlaf des Gerechten und bummelte am nächsten Morgen nach einem kräftigen Frühstück durch das reizende Städtchen mit seinen schmucken, buntbemalten Holzhäusern. Sturm und Schnee waren vorüber. Die Sonne strahlte auf gelb-weiße Bärenfelle herab, die auf Leinen und Holzgerüsten zum Trocknen hingen oder auf Dächern und an Schuppenwänden zum Bleichen ausgebreitet waren. Die Bärenfelle waren noch an Bord der Schiffe von Fettresten befreit, gesalzen und in Holztonnen verpackt worden. Die modernen Pelzgeschäfte und Souvenirläden der Hauptstraße zeigten sich überfüllt mit präparierten Eisbärfellen und Pelzkleidung. Lebensgroß ausgestopfte Eisbären warben für den Verkauf der Bärenfelle.

Der »König der Arktis« ist keinesfalls vom Aussterben bedroht. Auf der ganzen Welt gibt es rund um den Nordpol etwa fünfzehntausend Eisbären. Fast alle an der Bärenjagd interessierten Länder haben international vorgeschlagene Schutzmaßnahmen erlassen.

In Rußland wird den Eisbären schon seit 1956 nicht mehr nachgestellt. Jährlich werden für Zoologische Gärten nur zehn Bären lebend gefangen. Amerika gestattet in Alaska nur den Eskimos die Bärenjagd mit Hundeschlitten oder Motorrollern von der Küste aus. Kanada hat ein großes Areal um die »James-Bay« völlig geschützt. Darüber hinaus dürfen nur noch Eskimos und Indianer jagen, die dafür Lizenzen bekommen. Eine geringe Abschußquote wird den Angehörigen von Wetterstationen und Militäreinrichtungen in der Arktis zugestanden, denn wer viele Jahre nur in Eis und Schnee gelebt hat, möchte wenigstens mit einem Eisbärenfell nach Hause kommen.

Grönland bejagt Eisbären nur von den wenig bewohnten Küsten aus, weil sich auf dem Inlandeis keine Bären aufhalten.

Abschußlizenzen werden nur an Eskimos ausgegeben. Eine Ausnahme macht der

Militärstützpunkt Thule, dem es erlaubt ist, jährlich zwanzig Bären zu schießen. Norwegen hat einschließlich der Spitzbergeninseln einen Bestand von etwa zweitausend Eisbären.

Auf der Insel »König-Karl-Land« sind sie vollkommen geschont. Endgültig verboten wurde die Jagd mit Selbstschußanlagen, per Flugzeug, auf führende Bärinnen und Jungbären. Nur Berufsjäger und Robbenfänger sind berechtigt, Eisbären zu jagen. Ich nun hatte das große Glück, eine Einladung zur Bärenjagd mit einem der lizensierten Fangboote zu bekommen.

Das Motorschiff »Nordstern« machte gerade an der Pier fest, als ich zum Fischereihafen zurückkehrte. Es kam nach einer Grundüberholung direkt aus der Werft. Masten, Bordwände und Aufbauten trugen einen schneeweißen Anstrich. Kiel und Schiffsboden waren grau. Auf den hellgescheuerten Holzplanken des Decks lagen neue Hanfseile und Sisaltaue. Das Schiff war für die lange Eismeerfahrt neu ausgerüstet worden. Für ein Fischerboot, mit dem man gelegentlich auch Robben jagt, war es recht stattlich. Seine Länge betrug immerhin achtzehn, die Breite sechs Meter. Aber würde es den Druck der schiebenden Eismassen aushalten, die das Polarmeer bedecken? Beruhigend war jedenfalls, daß eine zuverlässige Anlage für Sprechfunk an Bord war und daß der Kutter über Radar, Echolot und ausreichende Rettungsboote verfügte.

In letzter Minute kamen zwei amerikanische Jäger vorgefahren, die ihre Europareise eigens für die Bärenjagd angetreten hatten. Sobald sie an Bord waren, machten die Matrosen die Leinen los.

Fast geräuschlos schob sich die Nordstern durch das ölige Wasser des Hafenbeckens. Vor der Ausfahrt in den Fjord wurden an einer speziellen Ölpier alle Tanks mit Treibstoff gefüllt. Dann stampfte unser stolzes Hundert-Tonnen-Schiff gen Norden. Sein starker Diesel tuckerte gleichmäßig durch den ruhigen Fjord. Nur das Schreien hunderter Möven, die uns aus dem Fischereihafen folgten, unterbrach die Stille.

Mit schneller Fahrt schob sich unser Kutter an den ersten Felsvorposten der Außenschären vorbei. Das aufgewühlte Wasser prasselte gegen den Bug. Die den schmalen Fjord umgebenden steilen Felsen ragten im Gegenlicht der Sonne wie geisterhafte Silhouetten gegen den blauen Himmel. Das Fahrwasser wurde immer wieder von wellenumspülten Steinklippen oder winzigen Inseln geteilt. Wir steuern durch die engen Meeresarme des Tromsö-Fjords zum Loop-Meer, der letzten eisfreien Bucht an der norwegischen Nordwestküste. Die Fahrt ging an wilden Schärenformationen und lotrecht abfallende Steilküsten vorbei, deren schattige Hänge trotz der sommerlichen Jahreszeit völlig vereist waren. Auf den Häuptern der Berge lag meterhoher Schnee. Die Nähe der Arktis ließ sich nicht mehr verleugnen.

Aus windgeschützten Buchten leuchteten die roten Dächer kleiner Holzhütten, die einsam auf Felsvorsprüngen oder weit ins Wasser hinausgebauten Pfählen standen. Winzige Fischerdörfer mit eng aneinandergeschachtelten Häusern drängten sich unter schützende Bergpartien. Mit der untergehenden Sonne frischte der Wind heftig auf und beunruhigte das Meer. Der hoch nach vorn ragende Bug unseres Schiffes teilte die schäumenden Fahrtwellen in hellgrün schimmernde Wasserberge, die sich zu langen Dünungen formten und über den Fjord rollten, bis sie sich am felsigen Küstenufer in rauschender Brandung zerschlugen. Die schöne Fahrt durch die imposante norwegische Fjordwelt war ein ziemliches Wagnis für Schiff und Besatzung. Sie führte fast ununterbrochen an Unterwasserriffen vorbei, durch kaum schiffbare Rinnen und zwischen beidseitig zerklüfteten Meeresengen hindurch. In den engen Kanälen drohten die Grate gesunkener Gebirge, und in flachen Gewässern breiter Buchten wimmelte es von scharfkantigem Gestein, deren Spitzen oft nur Zentimeter unter der Wasseroberfläche lagen. Eine Abweichung von nur wenigen Metern aus der engen Fahrrinne hätte das Boot unweigerlich auf eine Klippe gesetzt und zerschellen lassen.

Aber da war Kapitän Johanson, ein polarsturm-erprobter Mann, der sich in der Wirrnis brandungsumspülter Schären gut auskannte und mit sicherer Hand die Geschicke unseres Bootes leitete. Er war an die sechzig Jahre alt, trug kurzes, silbergraues Haar und hatte ein Paar strahlend blaue Augen. Man erkannte in ihm sofort den Typ des rauhen Seefahrers. Mit staunenswerter Gelassenheit steuerte er das kleine Boot durch die klippenreichen Gewässer. Breitbeinig und kraftstrotzend stand er auf der Brücke. Es war eine Freude, ihm bei der Schiffsführung zuzusehen, aber auch bei der Arbeit am Kartentisch oder an den optischen und technischen Geräten.

Eigentlich war unsere Nordstern eine lächerlich kleine Nußschale, mit der wir da in der Eiswildnis des arktischen Ozeans Bären jagen wollten. Aber sie war speziell für längere Eismeerfahrten gebaut worden. Ihr weit ausgewölbter Rumpf war mit zentimeterdicken Stahlplatten beschlagen. Er hob das Schiff vorn immer wieder hoch, wenn sich Eismassen rundherum zusammenpreßten und es zu zerdrücken drohten. Ein doppelter Boden gab dem Kutter zusätzliche Sicherheit. Riß der äußere, dann blieb das Innere des Bootes immer noch wasserdicht abgeschlossen.

Kapitän Johanson war echt stolz auf sein Schiff, mit dem er jahrelang das Eismeer befahren hatte. Mehrmals saß es im Eis fest, aber immer wieder hielt es den pressenden Eismassen stand und trotzte stärkstem Seegang. Es bewährte sich sogar als Eisbrecher bei der Begleitung von Walfangbooten. Ein solches rein zweckmäßig gebautes Schiff wirkt allerdings etwas plump und ist kein sonderlich angenehmes Fahrzeug für Landratten, die zur Seekrankheit neigen und das

Rollen, Schlingern und Schaukeln nicht vertragen können; — ich sollte es bald erfahren!

Die letzten Inseln und Schärenklippen des vielfach verschlungenen Wasserweges zum offenen Meer lagen bald hinter uns. Schon grüßte der dunkle Nordkapfelsen — die äußerste schneebedeckte Steinbastion Europas. Das eisige Nordmeer hatte uns aufgenommen. Ihm waren wir mit unserem Schifflein für die nächsten Tage auf Gedeih und Verderb ausgeliefert.

Vor uns tauchte eine Flottille winziger Fischerboote auf. Sie hatte sich weit aus den windgeschützten Fjorden herausgewagt, um in den fischreichen Gewässern unterhalb des Nordkapfelsens ihre Netze auszuwerfen. Sturmwolken verdunkelten die tiefstehende Sonne. Die See war aufgewühlt, und dichte Schneeböen strichen über das Wasser. Hart kämpften die ganzhölzernen Boote mit ihren bescheidenen Hilfsmaschinen gegen die hochgehende See und ihre kurzen, bösartigen Wellen an, um sich vor dem aufziehenden Unwetter noch rechtzeitig in ihren ruhigen heimatlichen Schärengewässern in Sicherheit zu bringen.

Unsere Nordstern hielt indes Kurs Nordost in Richtung Spitzbergen. Das vorgesehene Jagdgebiet lag vor dem großen Eis, irgendwo zwischen der Insel Hopen, dem Franz-Joseph-Land und der Halbinsel Nowaja Semlja. Die Dieselmotore klopften in gleichmäßigem Takt und machten volle Marschfahrt. Das von tiefziehenden dunklen Wolken angekündigte Unwetter brach voll über uns herein. Der Wind steigerte sich zum Sturm und peitschte das Wasser. Das wildtobende Meer schleuderte die anrollenden Wellen mit solcher Wucht gegen unser Schiff, daß die Masten zitterten. Breite Schneeflocken wirbelten durch die Luft. Sie mischten sich mit Hagelkörnern, die wie Eisnadeln gegen mein Gesicht schlugen. Von Steuerbord näherte sich Karl Petersen, ein blonder norwegischer Fotograf und Seemann mit sonnengebräuntem Gesicht, zupfte mich am Ärmel und rief gegen den Sturm: »Komm unter Deck, der Wind frischt auf!«

Na, — dachte ich, wenn das nur ein Auffrischen des Windes ist, dann wehe uns, wenn erst der Sturm kommt...! Dennoch blieb ich noch eine Weile an Deck, um die frische, reine Seeluft zu genießen. Ich zog die rote Zipfelmütze weit ins Gesicht und steckte meine Hände tief in die Hosentaschen. Fasziniert schaute ich auf die lang anrollenden Wogen, die gegen das Boot anrannten und mit donnernder Brandung über dem Vorschiff zusammenschlugen. Die aufgewühlten Wassermassen leuchteten durch ihr phosphoreszierendes Flimmern wie ein grünglühender Wasserfall. In jeder Welle, die unser Schiff überspülte, funkelten tausend Sterne. Schaumspritzer wirbelten wie Glühwürmchen durch die Luft. Die emporgeschleuderte Dünung rollte gleich einer Masse brennenden Phosphors über das Deck. Dieses seltsame Meeresleuchten, durch Millionen winziger leuchtender Einzeller hervorgerufen, gehört zu den großen Wundern der Polarwelt.

Meine Freude an diesem herrlichen Schauspiel wurde mir aber durch den stärker aufkommenden Brechreiz gründlich verdorben, den ich lange Zeit durch Wiegen im Gleichtakt mit dem im schweren Seegang schaukelnden Boot hatte unterdrücken können. Denn die See gebärdete sich mittlerweile wie wild. Der Sturm packte uns von der Seite. Er stürzte sich so gierig auf das kleine Boot, als wollte er es mit jedem Atemzug verschlingen. Es stampfte mit lautem Stöhnen und Ächzen durch die Wellen, rollte und schlingerte in der schweren See. Manchmal gab es rundum keinen Himmel mehr zu sehen, nur noch graugrünes Wasser und weiße Gischt. Der hohe Mast berührte zeitweise die schäumenden Wellen. Trotz allem tuckerten wir mit zehn Knoten Fahrt dahin.

»Alle Schotten dicht!« kam plötzlich der Befehl vom Kommandanten an die Mannschaft. Ich stürzte unter Deck. Drinnen sah es aus wie nach einer Schlacht. Schubladen rollten aus festgeschraubten Tischen und Schränken. Der Inhalt mischte sich mit Schuhen, Wäsche, Gewehren, Seesäcken und Koffern. Die Toilette war trockenen Fußes nicht mehr zu erreichen. Ihre Spülungspumpe, die mit Flüssigkeitsdruck arbeitete, versagte und spritzte den Beckeninhalt über den Rand, den sie hätte hinunterspülen müssen. Schon auf dem Wege zu diesem stillen Örtchen war den Bordgenossen vom Lande das Essen aus dem Munde gefallen. Einer der Jäger, ein junger amerikanischer Lehrer, hing stöhnend über seinem Kojenrand. An der Bettkante hatte er vorsorglich einen Eimer befestigt. Wenig später lagen auch die übrigen Jagdgäste mit weißen Gesichtern in ihren Schlafnischen.

Stunde um Stunde blieb es so. Es wurde auch nicht dunkel genug, um einschlafen zu können. Das Knarren und Dröhnen im Schiffsleib hörte nicht auf. Wird unser Schiff dem Sturm standhalten? Wer eilt uns zur Hilfe, wenn es zerbricht? Diese angstvollen Fragen tauchten immer wieder auf. Die nächsten Seefahrzeuge waren viele hundert Meilen von uns entfernt. Mit solchen Gedanken beschäftigt, saß ich auf der untersten Koje und hielt mich krampfhaft am Bettrahmen fest. Mein Magen knurrte und revoltierte zugleich. Dazu drang noch widerlicher Ölgeruch aus dem Maschinenraum in unsere Kabine.

»Essen fertig!« rief zu alledem noch der Koch — aber niemand erhob sich aus dem Bett. Der Küchenchef hatte den duftenden Fisch vergeblich gebraten. Ich ging dennoch in die Küche, um wenigstens heißen Tee zu trinken. Der Smutje rutschte mit jeder Welle von einer Küchenwand zur anderen. Wie er trotzdem das Essen zubereitet hatte, blieb mir ein Rätsel. Auf der Herdplatte des Ölofens glitten Bratpfanne, Töpfe und Kaffeekanne hin und her. Der Boden war übersät mit Scherben, Eßbestecken und Speiseresten. Es war ein Kunststück, Tee in die Tasse zu gießen. Das heiße Getränk wirkte wie Medizin. Im Nu war mein Magen wieder in Ordnung.

Sobald wir in den Windschatten der Insel Hopen gelangten, die vor der Ostküste Spitzbergens liegt, ließ der Sturm nach. Die See beruhigte sich. Ich wagte mich wieder an Deck ... und sah den ersten Eisstreifen am Horizont. Es war die eisüberzogene Steilküste der Insel Hopen, die kaum einen Kilometer breit ist und nur aus einem bis zu hundert Meter ansteigenden langgezogenen Bergrücken besteht.

Sie ist, bis auf die Beschäftigten einer Wetterstation, unbewohnt. Im Winter sinkt dort die Temperatur auf fünfzig Grad herab. Während der fast fünf Monate dauernden Polarnacht fegen eisige Stürme über die Insel. Auf ihrer Westseite halten sich gern Bären auf, weil dort fast den ganzen Winter über offenes Wasser zu finden ist, in dem sich viele Seehunde tummeln — die begehrte Beute der Eisbären. Etliche Jahre wohnte auf dieser Insel der bekannte Eisbärkönig, der hunderte von Bären durch eine selbstgebastelte automatische Selbstschußanlage umgebracht hat. Er baute eine kurzläufige Schrotflinte in einen Holzverschlag ein und befestigte an ihrem Abzug einen dünnen Draht mit einer Portion Robbenspeck. Sobald der Bär — vom Duft des Specks angelockt — an der Beute riß, löste sich der Schuß und streckte ihn auf der Stelle nieder. Auf ähnliche Art lichtete der Pelzjäger den Bärenbestand auf Spitzbergen.

Wir fuhren östlich an Hopen vorbei. Der Wind war schwach, und die Sonne drängte sich durch die zerrissene Wolkendecke. Sie gab dem Wasser wieder eine leuchtend blaue Farbe. Die ersten Sturmvögel umflogen das Schiff. Alke zogen im rhythmischen Paarungsflug der Insel entgegen. Auf dem Meer schwammen Möwen, fleißige Krabbentaucher und kleine Rotschnäbel.

Während ich an Deck stand und dem eigentümlichen Spiel der Vögel zusah, schossen plötzlich silberglänzende Delphine vor mir aus dem Wasser. Mit ihren sichelförmig nach hinten gebogenen Rückenflossen segelten sie paarweise durch die See, vollführten graziöse Luftsprünge, ließen sich sekundenlang von den Wellen tragen und tauchten pfeilschnell durch die hohen Wogen. Sie gehören zu den schnellsten Tieren des Meeres und erreichen eine Geschwindigkeit von fünfzig Kilometer in der Stunde. Auf der Jagd nach Fischen, vornehmlich Seebarben, Heringen, Makrelen, Lachsen und Sardinen, von denen sie täglich bis zu zehn Kilogramm verzehren, tauchen sie über 250 Meter tief ins Meer hinab. Dazu brauchen sie nur drei bis vier Minuten. Zum Ausatmen der verbrauchten Luft schießen sie oft so schwungvoll an die Oberfläche, daß sie im hohen Bogen über ein Boot hinwegsegeln können. Mit Hilfe ihres ausgezeichneten Gehörs und ihrer scharfen Augen erkennen sie ihre Beute schon auf weite Entfernung. Als das intelligenteste Meeressäugetier weiß der Delphin auf der Jagd sein natürliches Peil- und Meßorgan meisterhaft zu gebrauchen. Seine ausgestoßenen Bell- und Pfeiflaute werden vom Gegenstand, auf den sie treffen, als Echo zurückgeworfen und, von ihm aufgefangen, nach Entfernung und Richtung ausgewertet. Delphine werden zwei-einhalb Meter lang und dreißig Jahre alt. Sie gehören zur Unterordnung der Zahnwale, deren Vertreter sowohl in allen warmen Küstengewässern als auch in den kalten Meeren der Arktis zu Hause sind.

Ihnen und ihren Vettern, den bis zu drei Meter langen Tümmlern (Tursiops truncatus), wird heute noch vielerorts nachgestellt, besonders in Japan und Skandinavien. Ihre natürlichen Feinde sind Schwertwale und Haie. Seit Urzeiten gelten Delphine den Küstenbewohnern als gute Helfer beim Fischfang. Ihr Erscheinen ist für alle Seeleute und Fischer ein günstiges Omen. Der glück-verheißende Anblick verkündet vor allem schönes Wetter, beständigen Wind, glatte See und bringt den Fangmännern am Tage der Begegnung angeblich reiche Beute.

Kaum hatten wir den schützenden Osten der Insel Hopen verlassen, da packte uns wieder der Sturm mit seiner ganzen Macht. Wie von Geisterhand getragen, hob sich das Schiff plötzlich aus dem Wasser und fiel unter lautem Knarren und Dröhnen in die tobende See zurück. Hohe Brecher überspülten die Reling und hätten mich von Bord gefegt, wenn es mir in letzter Sekunde nicht gelungen wäre, mich an den drahtigen Halterungen des Fockmastes festzuklammern. Wie betrunken, taumelte ich über Deck und stolperte zum Eingang der Mannschafts-kajüte. Von Kopf bis Fuß durchnäßt und vor Kälte schlotternd, rutschte ich am eisernen Geländer der halsbrecherisch steilen Treppe hinunter und landete direkt vor meiner Koje. Nicht einmal die wassertriefende Wäsche konnte ich auf-hängen, so übel war mir. Ich streifte die Kleider nur vom Körper, schob sie ans Fußende meiner engen Schlafstatt und kroch unter die Tücher. Draußen schien ein regelrechter Orkan ausgebrochen zu sein. Die wuchtigen Auf- und Abbewegungen des Schiffes hoben mich jeweils aus der Koje, und das Schlingern warf mich gegen die Holzwände meiner Bettnische. Es war fürchterlich.

Ich muß dennoch eine Weile fest geschlafen haben, denn als ich erwachte, pflügte das Schiff ruhig wie ein Passagierdampfer durchs Wasser. Hellgrüne Fluten plätscherten an der Unterkante des Bullauges vorbei, durch das matte Sonnenstrahlen in mein winziges Schlafgemach drangen. Es war auffallend ruhig — nur die Dieselmotore tuckerten in gleichmäßigem Takt. Von der Bordwand her kam ein hartes Kratzen, Schaben und Scheuern. Was mochte das nun schon wieder sein? Ich sprang aus der Koje und eilte die enge Stiege hinauf. Oben empfing mich frische, reine Luft. Vom wolkenlosen Himmel strahlte die Sonne. Ihr gleißendes Licht beschien eine unendliche Eisfläche. Wir hatten den arktischen Ozean erreicht. Er glich einer wilden Landschaft aus Eisfelsen, Schollenbergen und Gletschertrümmern. Seltsam geformte Eisriesen schaukelten gemächlich in der langen Dünung. Das Schiff glitt mit halber Fahrt durch eine breite Rinne. Doch nach kurzer

Zeit waren wir völlig von blaugrün leuchtendem Grützeis umgeben, das rasselnd und mahlend an den Bordwänden entlang schlurfte. Zum erstenmal überflogen uns schimmernd weiße Eismöwen, die von den Seehundfängern auch »Eisschneehühner« genannt werden.

Das erste Eis war nicht nur für uns Jagdgäste ein besonderes Ereignis, sondern auch für die Mannschaft, die sich nach und nach an Deck versammelt hatte. Einer der Matrosen, ein bärtiger Mann mit Pelzmütze und armlangen Handschuhen, eilte zum Vorschiff und enterte den dreißig Meter hohen Mast hinauf, an dessen oberen Ende das »Krähennest« hing, eine weiß gestrichene und mit Fellen ausgeschlagene Heringstonne. Sie wurde angeblich vom englischen Seefahrer William Scoresby gegen Ende des achtzehnten Jahrhunderts konstruiert. Beim Kreuzen in arktischen Gewässern sieht man von diesem hohen Mastkorb weit über das hochgetürmte Eis hinweg. So ist der Steuermann von oben aus immer in der Lage, das Schiff auf günstigem Kurs durch die im wilden Zickzack zwischen den Eisfeldern verlaufenden Rinnen und Spalten zu dirigieren und dafür zu sorgen, daß es plötzlich auftauchenden Eisbergen rechtzeitig ausweicht. Für die rasche Entdeckung von Eisbären, Robben, Walrossen und Walen in eisbedeckten Gewässern ist das Krähennest unentbehrlich geworden.

»Willst Du mal in die Tonne klettern?« fragte mich Kapitän Johanson. Das war natürlich etwas für mich. Schnell hing ich mir das Glas um den Hals und stieg über die schwankende Drahtleiter nach oben.

Von der luftigen Warte aus begriff ich erst richtig, warum ein so kleines Schiff in der Lage ist, sich durch die riesigen Eismassen zu zwängen. Bis zum Horizont war das Meer mit glitzerndem Eis bedeckt, viel tausendfach zerrissen und durch Waken und Rinnen aufgespalten. Dichter Nebel stieg aus dem bleischwer schwappenden Wasser und verschlechterte die Sicht. Ein märchenhaft schön geformter Eisberg trieb lautlos am Boot vorbei. Immer größere Eisstücke umtanzten unseren Kutter und schlurften laut an der Bordwand entlang. Am Horizont lagen dunstige Lichtbögen über der Packeisfront, brachen sich an den hohen Eisgipfeln und bildeten glühende Nebensonnen.

Nach drei Stunden entdeckten wir von ferne die hochragende Gletscherfront Spitzbergens. Dunkle Felsen und wellenumspülte Klippen unterbrachen das Panorama der glitzernden Eisküste. Deutlich waren die dunklen Einschnitte der vielverzweigten Fjorde zu erkennen, die während der Sommerzeit nicht vom ewigen Eis bedeckt sind. Die Ausläufer des Golfstroms, die den Westen der »Weißen Insel« umspülen, sorgen für eisfreie Gewässer während der Sommermonate und ermöglichen auf dem Eiland und seinen vorgelagerten Inseln eine verhältnismäßig üppige Vegetation. Etwa drei Monate im Jahr gestattet das polare Klima arktischen Pflanzen schnelles Wachstum und Vermehrung. In ge-

Der Hafen von Tromsö – Tor zur Arktis

Nach dem Sturm das erste Polareis

schützten Lagen werden Weiden, Birken und Fichten bis zu fünfzig Zentimeter hoch. Neben zehn verschiedenen Blumenarten gedeihen auf dem felsigen Boden vornehmlich Moose, Flechten und Knollenkräuter. Der größte Teil der Insel ist allerdings von den Gletschern der fast zweitausend Meter hohen Berge bedeckt. Die Tierwelt wird angeführt von Moschusochsen, auch Polarbüffel genannt, die einer Kreuzung von Wildschaf und Wildrind gleichen. Sie wurden 1924 von Grönland importiert, haben sich nach vorübergehenden Eingewöhnungsschwierigkeiten gut vermehrt und sind ganzjährig geschützt. Es gibt auch einige Rudel Rentiere auf Spitzbergen, die aus Sibirien stammen und vermutlich mit treibendem Eis eingewandert sind. Darüber hinaus leben dort noch Polarfüchse, Schneehühner, Lemminge, Schneeulen und natürlich Eisbären und Robben.

Auf der rund siebzigtausend Quadratkilometer großen Insel, die etwa der Größe Bayerns entspricht, ist es drei Monate lang völlig dunkel. Außer einigen Bergarbeitern, die in den knapp unter der Erde liegenden, wenig ergiebigen Kohlengruben beschäftigt sind, hält sich kein Mensch für dauernd in dem grausamen arktischen Klima der Insel auf. Auch wir verzichteten darauf, die Insel zu betreten, zumal wir wegen der Bärenjagd keine Zeit verlieren wollten.

Unser Kutter stampfte also unentwegt durch einen Irrgarten von Treibeis, Schollentrümmern und glitzernden Eisbergen weiter, der Mastkorb schwankte mit jedem Wellenschlag hin und her. Mir war's, ehrlich gesagt, nicht ganz geheuer dabei. Doch dann ließ mich ein Anblick jede Ängstlichkeit vergessen: Ich entdeckte — meinen ersten Eisbären in freier Wildbahn.

»Bär voraus!« schrie ich aus Leibeskräften. Fast gleichzeitig rief es auch der Steuermann, der den Bär ebenfalls erkannt hatte. Alle Mann eilten an Deck, hingen über der Reling und starrten aufs Eis. Es war ein riesiges Tier mit zottelig herabhängendem Fell, das da sichernd auf dem Eis stand und seinen langen Hals gegen den Wind reckte. Keine hundert Meter trennten uns mehr von ihm. Deutlich hoben sich zwei dunkle Seher und die schwarze Nase vom gelbweißen Körper des Bären ab.

»Eine Bärin mit Jungen«, meldete Steuermann Christiansen. Und tatsächlich, zwei drollige Jungbären, die höchstens einige Monate alt waren, kamen aus einer Eisspalte und kletterten in der Nähe ihrer Mutter auf einen Hügel. Sie balgten wild umeinander, bissen sich und bearbeiteten ihre silbergelben Felle mit den schon recht langen und scharfen Krallen. Wir konnten alle Einzelheiten gut erkennen, da sich unser Schiff ihnen immer mehr näherte. Mit kraftvollen Stößen versuchte einer den anderen vom glatten Schollenberg herunterzudrängen. Behutsam schaute die Alte zu ihren Jungen zurück und sicherte dann wieder nach vorn. Sie hob mißtrauisch ihre Nase hoch gegen den Wind. Hörte sie das Dröhnen und Pochen unserer Schiffsmaschinen? Solange wir an Bord blieben, konnte sie

◀ Mühsam nur findet die »Nordstern« ihren Weg

Menschenwittrung nicht wahrnehmen. Unser Schiff schien sie für einen sonderbaren Eisberg zu halten, denn nach einer Weile schnüffelte sie wieder unbekümmert im Schnee umher.

Eisbären haben ein ausgezeichnetes Geruchsvermögen. Sie wittern Robben auf dem Eis — aber auch die Zelte der Eskimos — schon aus mehreren Kilometer Entfernung. Den Aasgeruch gestrandeter Wale nehmen sie meilenweit wahr und spüren Robbenhöhlen unter einer Eisdecke von zwei Meter auf. In der Bärzeit erkennen paarungsfreudige Bärenmänner den Standort hitziger Weibchen auf große Entfernung

Bewegungslos lag unser Kutter vor dem Eis. Alle beobachteten die Bärin mit den Jungen. Mit der Vordertatze wühlte diese einen blutigen Seehund aus dem Schnee, den sie vermutlich vorher darin vergraben hatte. Blitzschnell sprangen die Kleinen hinzu und beteiligten sich am Zerreißen der Beute. Bald war nicht nur ihr Fang rot gefärbt, sondern auch das helle Fell.

Der selten schöne Anblick eines arktischen Bärenidylls war leider schnell zu Ende. Die Bärin warf auf, hob die kohlrabenschwarze Nase hoch in die Luft und ließ ihren Fleischbrocken fallen. Sie hatte Petersen bemerkt, der über Bord gesprungen war und sich nahe an die Jungen heranschlich, um sie besser fotografieren zu können. Mit einem Satz war die Bärin bei ihren Sprößlingen und versetzte ihnen ein paar kräftige Watschen aufs Hinterteil. Diese winselten und drängten sich angstvoll unter den langbehaarten Leib ihrer Mutter, statt fortzulaufen. Die Alte packte sie deshalb mit den Zähnen am Fell, warf sie hinter den Eishügel und fauchte ihnen nach. Dann erhob sie sich in voller Größe und starrte unschlüssig in unsere Richtung, bis sie mit einem gewaltigen Sprung über den Schollenberg hinwegsetzte. Mit weichfederndem Trab floh sie über das Eis — ihre stolpernden und sich überschlagenden Jungen besorgt vor sich herschiebend. Als eines der kleinen Wollknäuel vor Ermüdung nicht mehr weiter konnte, sprang es behend auf Mamas Rücken und krallte sich in ihrem dickfelligen Hinterteil fest.

Die Maschinen wurden wieder in Gang gesetzt. Kapitän Johanson stand auf der Brücke und manövrierte das Boot nach Anweisung des Ausgucks im Krähennest durch die schmalen Rinnen. Mit gedrosselten Motoren folgten wir der Bärin in der Hoffnung, in ihrer Nähe einen schußbaren Altbär zu entdecken. Kaum hatte diese uns aber erkannt, da stürzte sie sich mit stilvollem Kopfsprung über die Eiskante ins Wasser. Wie dressiert, plumpsten die kleinen Gesellen hinterher und strebten gemeinsam mit der Mutter den nächsten Eisinseln zu. Ihre putzigen schwarzen Nasen hielten sie beim Schwimmen hoch aus dem Wasser. Mit gleichmäßigen Schwimmstößen schoben sich drei gelbweiße Fellklumpen durch die klaren Fluten des Nordmeeres und verschwanden im Wirrwarr der glitzernden Eismassen. Polarbären in goldener Freiheit — ein unvergeßliches Erlebnis!

Weiter ging die Fahrt. Unermüdlich tuckerten die Dieselmotore. Einsam bahnte sich unser Kutter seinen Weg durch die unermeßliche Welt der Arktis. Wir hielten ständig Nordkurs und drangen tief in das ewige Eis vor. Die Sonne war hinter dunklen Wolken verschwunden. Es wurde zunehmend kälter. Gischt und Wasserspritzer gefroren und überzogen Deck und Aufbauten mit einer glasigen Eisschicht. Längst hatte ich, steif gefroren, das Krähennest verlassen. Auch Steuermann Christiansen war abgelöst worden. Das Gewirr von aufgetürmten Eisbrocken, zerbrochenen Schollen und schmutzigem Gletschereis wurde immer dichter. Es engte die kreuz und quer verlaufenden Spalten und Rinnen zusehends mehr ein. In kurzer Zeit schob die Strömung die Eismassen derart zusammen, daß sie uns endgültig den Weg versperrten.

Das Boot saß fest. Wir konnten nicht mehr vor, noch zurück.

»Maschine stop!« kam der Befehl aus der Tonne. Sekundenschnell gab ihn der Rudergänger durch das Sprachrohr an den Maschinenraum weiter. Augenblicklich kletterten die Matrosen über Bord und versuchten mit Bootshaken das Eis nach hinten zu schieben, um die Schrauben frei zu machen. Es dauerte über eine Stunde, bis das Heck endlich im offenen Wasser schwamm.

Die Diesel wurden wieder angeworfen, gingen auf höchste Umdrehungen.

»Hart Backbord — volle Fahrt voraus!« rief der Steuermann vom Mastkorb.

Das Schiff schoß nach vorn! Ein mächtiger Stoß — und das Eis türmte sich am Bug zu wuchtigen Barrieren auf. Der Kutter schüttelte sich, zitterte in allen Fugen und legte sich zur Seite. Tonnen, Eimer und was sonst nicht festgezurrt war, rutschte über Decke. »Hart Steuerbord — langsam zurück!« folgte das neue Kommando. Die Schrauben wirbelten das grüne Wasser auf und schleuderten große Grützeisbrocken beiseite. Dann wieder ein neuer Versuch: »Volle Fahrt voraus!« Das Vorschiff rannte mit seinem stahlbeschlagenen Bug gegen den Eisgürtel an, rutschte ab und setzte auf einer meterdicken Eisplatte auf. Wieder schwankte es zur Seite, drohte zu kentern. Doch dann brach die Scholle, das Boot schwamm wieder, die Masten richteten sich gerade in den Himmel — wir waren frei!

Kapitän Johanson setzte nun alles daran, so schnell wie möglich aus dem Packeisgürtel herauszukommen. Aber mit grober Maschinengewalt war da nichts zu machen. Es gab keine schnurgerade verlaufende Fahrrinne durchs Eis. Mühsam mußte ein Weg durch zahlreiche Sprünge und tausendfach verschlungene Risse gesucht werden. In stark gewundenen Linien umfuhren wir die hohen Schollenberge und mußten immer wieder unverhofft auftauchendem Unterwassereis ausweichen. Dicke Nebelschleier zogen über das Wasser. Die Abendsonne hatte sich hinter den Wolken hervorgeschoben und spiegelte sich im kristallklaren Wasser. Ihr blutroter Ball färbte den bewölkten Himmel gülden und ließ die hohen Packeistürme als rosarote Silhouette erscheinen.

Kurz vor Mitternacht erreichten wie die nördlichste Insel von »König-Karl-Land« an der Ostküste Spitzbergens und liefen in eine windgeschützte Bucht. Dort warfen wir Anker und vertäuten das Boot am Eis unterhalb eines steil ins Wasser fallenden Gletschers.

Der Koch trug die erste große Seefahrermahlzeit auf, denn vorher hatte niemand etwas gegessen. Das Schaukeln und Schlingern in der schweren See war allen auf den Magen geschlagen. Es gab »Labskaus«, ein bei vielen Seeleuten beliebtes Eintopfgericht, das aus gelben Rüben, Kartoffeln, Zwiebeln, Speck und Rindfleisch besteht. Nach dem Essen wurde der erste Teil der glimpflich verlaufenen Arktisreise zünftig mit Whisky begossen.

Kapitän Johanson erschien im Mannschaftsdeck und informierte uns Jäger über den vorgesehenen Jagdablauf. Bärinnen und Jungbären unter drei Jahren sollten nicht geschossen werden. Jagdbare Stücke würde uns der Posten aus dem Mastkorb rechtzeitig melden. Dann ließ er die Reihenfolge der Schützen auslosen. Der Koch reichte zu dem Zweck seinen Hut herum, aus dem sich jeder einen eingerollten Zettel nahm. Ich zog das Los Nummer vier und war somit der letzte Schütze. Mir blieb demnach Zeit genug, die ersten Jagdszenen in Ruhe zu fotografieren. Als Letzter konnte ich aber auch Pech haben, denn bei schlechtem Wetter — und das war stündlich in der Arktis zu erwarten — kommen viele Fangboote ohne Erfolg oder nur mit einem erbeuteten Bären aus dem Eis zurück. Zeit und Kostenaufwand wären in solchen Fällen vergebens gewesen.

In der Nacht vor König-Karl-Land saß ich noch lange an Deck und genoß die wunderbare Schönheit der brandrot über dem Eishorizont schwebenden Polarsonne. Das letzte Licht ihrer Strahlenbündel zauberte über das wilde Chaos von aufgetürmtem Eis einen warmen zartrosa Schimmer. Tausendfältig glitzerten die Firnschneekristalle auf den vorbeitreibenden Eisfeldern. Der Mond spiegelte sich eitel in den Fluten. Sein goldgelber Schein vermehrte den farbenprächtigen Zauber der arktischen Mitternacht. Millionen glühender Sterne, übernatürlich groß und funkelnd wie Diamanten, strahlten vom dunklen Himmel. Züngelnde Flammen — rot, gelb und grün, Lichtbögen in schimmerndem Blau und wellenförmig dahinschießende Strahlen, erleuchteten die Nacht. Dünne Schleier mit Silberfäden und rosaroten Rändern wehten wie farbige Vorhänge über das Eis. Das grandiose Schauspiel des geheimnisvollen Nordlichtes verwandelte die erstarrte Welt aus Eis und Schnee in ein dämonisches Wunderland. Sonne, Mond und Sterne gleichzeitig — dazu das Nordlicht...! Es war einfach unbegreiflich.

Am nächsten Morgen umschloß dichter Nebel unser Schiff. Vergebens drängten wir den Kapitän, die Reise fortzusetzen. »Nur dumme oder lebensmüde Schiffsführer kreuzen im Nebel durch das Eismeer«, war seine Antwort. Da war nichts zu machen. Wir nutzten die langen Stunden zum Angeln. Das Echolot zeigte zweihundert Meter Tiefe an. Gegen Mittag gaben wir auf: Es hatte kein einziges Fischlein angebissen.

Endlich veränderte sich die Wetterlage. Frischer Nordwind zerriß die Nebelwände. Zögernd drang die Sonne durch den dunstigen Horizont. Die Sicht wurde besser, aber zur Fortsetzung der Fahrt konnte sich der Kapitän immer noch nicht entschließen.

Petersen und ich kletterten über Bord, um unser Schiff vom Eis aus zu fotografieren. Auf den Eisrändern eines bläulich schimmernden Schollensees hockten Kormorane und Eiderenten, umringt von großen Prachttauchern, die wir schon aus der Ferne an ihrem menschenähnlichen Lachen erkannten. Am Horizont entdeckte ich eine Großrobbe, die faul in der Sonne lag. »Sollen wir sie anpirschen und Fotos machen?« fragte ich Petersen und zeigte ihm meine Entdeckung. »Wir werden's versuchen«, meinte er, knöpfte seine Parka zu und marschierte voraus. Bei jedem Schritt versackten wir bis zu den Knien im Schnee. Die Robbe lag hinter etlichen Eishöckern direkt an einem Wassergraben. Der Fußmarsch über tausendfach gebrochenes Eis war anstrengend, und die warme Winterkleidung brachte uns bald ins Schwitzen. Wir kletterten über glatte Eishügel, übersprangen schmale Spalten offenen Wassers und erreichten endlich den Schollenberg, hinter dem unser Fotoobjekt liegen mußte. Doch wie trügerisch sind arktische Luftspiegelungen . . .! Die Robbe, die nur wenige Schritte vor uns auf dem Eis zu liegen schien, war immer noch hundert Meter weit entfernt. Eine breite Wasserrinne versperrte uns schließlich den Weg. Schade! Wir legten eine Pause ein und kehrten zurück.

Aber in welche Richtung? Wo war unser Boot — — —? Die Nordstern war nicht mehr zu sehn. Der Nebel hatte sie ganz eingehüllt.

»Wie finden wir den Weg zum Schiff?«, fragte ich Petersen aufgeregt.

»Ganz einfach! Wir gehen in unserer Spur zurück«, beruhigte er mich. »Hast du Angst?«

Wir hatten Glück, daß zwischenzeitlich kein Schnee gefallen war. Unsere Tritte fanden wir rasch wieder. Nach kurzer Zeit tauchte der Umriß unserer Nordstern vor uns auf. Wie beruhigend eine solche Entdeckung sein kann!

»Nun kann uns nichts mehr passieren!« klopfte mir der Fotograf auf die Schulter und packte seine Kamera ein. Drei Schritte weiter sank er in eine überwehte Spalte. Gottlob war sie nicht mit Wasser gefüllt. Weiß wie ein Schneemann, kletterte er wieder heraus und wischte seine Sonnenbrille.

»Da, ein Bär!« ruft Petersen und wirft sich augenblicklich wieder in den Schnee. Blitzschnell liege ich neben ihm. Wir sind nur hundert Schritt vom Boot entfernt. Der Bär steht mit schnüffelnder Nase dreißig Meter hinter dem Kutter und scheint uns entdeckt zu haben. Mein Herz schlägt mir bis zum Halse. Hat ihn der Duft des zum trocknen an Bord hängenden Robbenspecks angelockt, oder hält er uns für Seehunde? Wir ducken uns tief hinter einen Eisklotz. Aber der Bär hat uns erkannt. Mit einem Satz springt er ins Wasser und schwimmt vor dem Bug her.

»Er schneidet uns den Weg ab! Was machen wir ohne Waffen?« frage ich den Norweger besorgt.

»Ruhig bleiben! . . . mal seh'n, wo er auftaucht«, gibt Petersen zurück.

»Ist denn kein Mensch an Bord?« ruft er wütend. »Die verdammte Wache pennt wohl wieder!« — Einen Augenblick lang glaube ich den Bärenkopf zwischen dem schwimmenden Eis zu sehen und ein schwaches Plätschern und Schnauben zu hören. Der Wind streicht uns direkt entgegen.

»Lauf, lauf!« schreit Petersen, »Er taucht gleich auf!«

Wir rennen und stolpern über das Eis, so schnell uns die Beine tragen können. Bis zum Bauch sacken wir in Schneelöcher oder tapsen in eisiges Schmelzwasser. Fünfzig Schritt vor dem Schiff taucht der gelbe Koloß wassertriefend aus dem Eisbrei, erhebt sich behäbig, verharrt dann unschlüssig. Mal windet er zu uns, dann wieder zum Boot und schüttelt die Pranken.

»Schnell, . . . wir robben links am Hügel vorbei zum Boot«, schlägt Petersen vor und reißt mich hinter sich her. Bis auf dreißig Meter kommen wir ans Schiff heran, da hat uns der Bär wieder entdeckt. Im Nu überfällt er den nächsten Hügel und eilt uns mit weitgreifenden Schritten entgegen. Das massige Tier kommt immer näher, grunst und brummt laut hörbar.

»Ein Bär . . . Bär voraus!« schreien wir dem Boot entgegen und ducken uns. Aber an Bord rührt sich nichts.

»Ein Bär . . . Wache! . . . Ein Bär!« — brüllten wir nochmals aus Leibeskräften. Der gelbe Petz stoppt, schwenkt seinen kräftigen Hals, schnuppert gegen den Wind — und setzt seinen Trab fort, um uns den Weg zum Boot abzuschneiden. Wir hasten zum Kutter, rutschen immer wieder aus — rennen um unser Leben. Doch der Bär kommt andauernd näher. Er ist riesengroß. Petersen dreht sich um, fuchtelt mit den Händen durch die Luft, schreit den Bär an und wirft ihm seine Mütze entgegen. Da hält unser Verfolger an. Nur noch zehn Meter trennen uns von ihm.

In diesem Moment krachen Schüsse von Bord!

Wir werfen uns hin. Der Bär erstarrt. Wieder bellt ein Schuß über das Eis. Mit einem Ruck wendet das Raubtier und stürzt in langen Fluchten davon. Lautlos flieht es über das zerrissene Eisfeld, bis es der Nebel verschluckt. Verschämt und am ganzen Körper zitternd, klettern wir an Bord.

»Niemals geht man im Eismeer unbewaffnet von Bord — das sollten Sie wissen, Petersen!« tadelt Kapitän Johanson. Das ist alles, was er sagt. Brummend verschwindet er dann in seine Kabine.

Die Mannschaft diskutierte noch lange über unsere Unvorsichtigkeit und die gefährliche Begegnung mit dem Bären. Der Wachposten hatte vorschriftsmäßig auf der Brücke gestanden, aber unsere Rufe nicht vernommen, weil er die Wettermeldungen über Funk abhörte. Mehr zufällig entdeckte er den Eisbären, als er zum Achterdeck ging, um seine Ablösung zu wecken. Seine Schüsse hatten allerdings bloß Schreckwirkung, denn in der Eile fand er nur eine Flinte. Und mit Schrotpatronen war der Bär schwerlich zu erlegen! »Hätte ich wenigstens noch fotografieren können!« stöhnte Fotograf Petersen, nachdem er ein großes Glas Whisky auf den Schrecken getrunken hatte.

Am nächsten Morgen war der Nebel verschwunden, aber kälter war es geworden. Nachtfrost hatte das Wasser der schmalen Bucht mit einer dünnen Schicht Neueis überzogen. Selbst die kältegewohnten Eismeerfahrer kramten die wollenen Wintersachen hervor und zogen ihre gefütterten Handschuhe an.

Gleich nach dem Frühstück wurden die Diesel in Gang gesetzt, und unsere Nordstern schob sich langsam durch das klirrende Neueis der Bucht. Draußen empfing uns wieder hoher Wellengang. Unzählige Eisformationen bedeckten das Meer. Gestrandete Gletscher mit ihren blankgewaschenen Kanten und glattgescheuerten Flächen glitzerten gleich geschliffenen Brillanten. Wir verließen die Gewässer um »König-Karl-Land«, weil die Jagd auf Eisbären nur bis zur Packeisgrenze erlaubt ist, und hielten Kurs Nordost, noch näher an die Insel Nowaja Semlja heran. Dort sollte es viele Bären geben.

König-Karl-Land ist die Kinderstube der Eisbären. Bekannt und gegen alle Bärenjäger geschützt, ist auch die »Wrangel-Insel« vor der Küste Sibiriens. Diese Bären-Kindergärten werden von unfruchtbaren Weibchen und Altbären gemieden. Vermutlich gehen sie den gefährlichen Prankenhieben der Bärenmütter aus dem Wege, die bei der Verteidigung ihrer Jungen in rasende Wut geraten können. Es ist bekannt, daß hungrige Männchen auch Jungbären fressen. Davor haben die Bärinnen Angst.

Nicht nur auf den speziellen von Bärinnen bewohnten Inseln werden Eisbären geboren, sondern sie kommen an der nördlichen Küste Sibiriens, um den Nordpol herum und bis an den südlichen Rand der Arktis zur Welt. Mit Beginn des Winters bereitet die Bärin das Lager für ihre Jungen vor. Sie legt sich an einen sonnigen, windgeschützten Hang und läßt sich von den ersten Schneestürmen zuwehen. In der immer dicker werdenden Schneeschicht tritt sie durch ständiges Hinundherwechseln einen Gang frei. Mit der Nase hält sie ein Luftloch in der Decke offen, bis es durch den warmen Atem von innen gefriert und zu einem unzerstörbaren Frischluftkamin wird. Der Höhlenraum ist zweieinhalb Meter lang und anderthalb Meter hoch und breit. Seine Temperatur beträgt — wie in den Iglus der Eskimos — zwei bis fünf Grad unter Null, so daß die Schneewände durch die warmen Körperausstrahlungen wohl vereisen, aber nicht schmelzen. Das dicke Fell schützt die Bären gegen die arktische Kälte. Es besteht aus kurzer Wolle, durchsetzt mit feinen, weichen, fast wollenen Grannen und ist besonders am Hinterteil, am Bauch und an den Beinen lang und zottelig.

Im Frühjahr, etwa ab Ende April, werben die Bären um die Weibchen. Sie paaren sich während der Bärzeit mit mehreren Bärinnen hintereinander. Danach tritt eine längere Eiruhe ein. Die Vollentwicklung des Embryos beginnt erst im Oktober. Nach einer Tragzeit von sechs bis acht Monaten bringt die Bärin in den kältesten Monaten, Dezember und Januar, zwei bis drei blinde Junge zur Welt, die erst nach sechs Wochen sehen können. Sie sind winzig klein und wiegen nur siebenhundert bis neunhundert Gramm. Während des Winterlagers säugt die Bärin ihre Kinder, ohne selbst etwas zu fressen. Das im Herbst angesammelte Fett dient ihr als Wintervorrat. Im Frühling, wenn die Sonne etwas wärmt, verläßt die Bärin erstmals mit ihren etwa fünfzehn Pfund schweren, unbeholfenen Jungen die Höhle. Sie stillt die Petze übrigens ein Jahr und führt sie zwei Jahre lang. Bärinnen sind äußerst fürsorgliche Mütter. Sie pflegen ihre Kinder sorgfältig, ernähren sie mit großer Hingabe, tragen sie bei Müdigkeit auf ihrem Rücken und schützen sie notfalls unter eigener Aufopferung vor allen Feinden. Kleine Bären sind recht wasserscheu, vermutlich weil das wollige Säuglingsfell noch zu dünn ist, um vor der Kälte des eisigen Polarwassers ausreichend zu schützen. Sie lernen erst nach einem Jahr das Schwimmen und werden etwa in vier bis fünf Jahren geschlechtsreif. Bärinnen machen zwischen neuer Empfängnis zwei bis drei Jahre Pause. Was aber nutzt die aufopfernde, rührende Fürsorge der Bärenmutter, die ihren Kindern mühevoll das Schwimmen beibringt, sie das Fischen, Jagen und Erkennen der Gefahr lehrt, wenn geldgierige Pelzjäger, Trapper und Abenteurer im Frühjahr die Schneehöhlen ausgraben, der Bärin die Jungen entreißen und sie dabei selbst umbringen? Kapitän Petersen war ein großer Gegner des Lebendfanges von Jungbären für Zoos und Tiergärten. Er mochte die kleinen Bären besonders gern und erzählte mir den netten Witz:

»Mami, war mein Vater auch ein Eisbär?« fragt das kleine Bärenkind.

»Aber selbstverständlich«, antwortet die Bärenmama.

»Mami, war mein Großvater auch ein Eisbär?« bohrt die Kleine hartnäckig.

»Aber natürlich!« brummt die Bärin ihr Jüngstes an. »Warum fragst du denn?«

»Mami, mich friert so . . .!«

Der Wind schob die Eisfelder zusammen. Wir zwängten uns durch eine hohe Eisbarriere.

Durch den Druck der pressenden Eismassen knarrte und knackte es im ganzen Boot. Stoß auf Stoß erschütterte das Schiff. Tapfer rannte es gegen die Eisfelder an und zermalmte mit seinem kantigen Steven meterdicke Schollen. Die zer-

Aufregung an Bord: Eisbär in Sicht

Die gewaltigen Eisberge ragen nur zu einem Siebtel aus dem Wasser

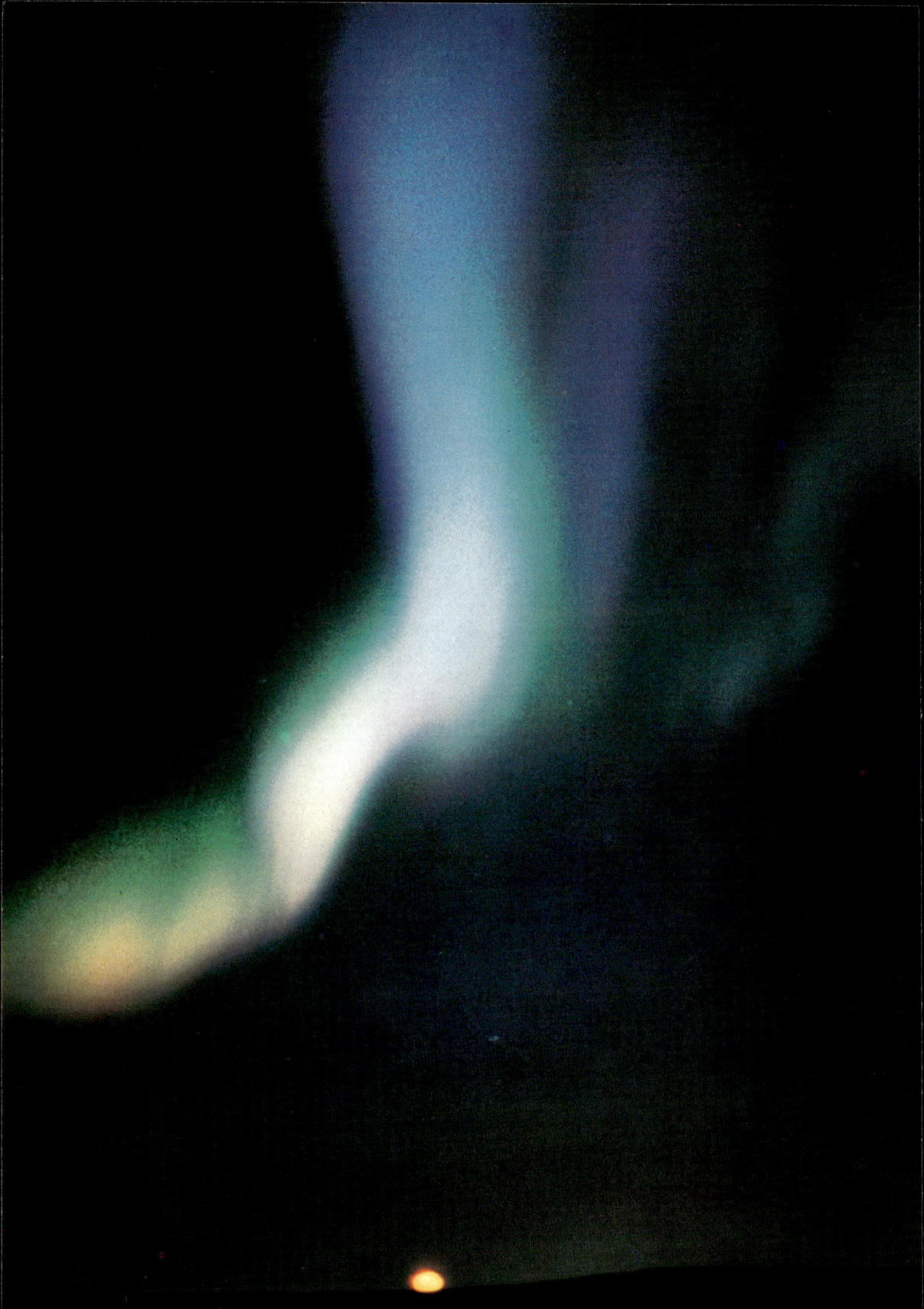

borstenen Eisplatten türmten sich längsseits zu hohen Wällen und drohten die Bordwände einzudrücken.

»Seehunde voraus!« meldete der Beobachter im Krähennest.

Schütze Nummer eins, ein Jäger aus Deutschland, stürzte an Deck. Eine Klappmütze steckte ihren dunklen Kopf aus dem Wasser und schaute neugierig umher. Die große stumpfe Nase hob sich tiefschwarz gegen das glatthaarige, grauschimmernde Fell des Kopfes ab. Gähnend riß sie das mit messerscharfen Zähnen bewehrte Maul auf. Blitzschnell setzte der Jäger die Büchse an die Wange und schoß. Der laute Knall hallte weit über die Eiswüste. Die Robbe war verschwunden.

»Gefehlt!« resignierte der Schütze, setzte die Waffe ab und steckte sich eine Zigarette an.

»Noch eine Robbe!« rief der Ausguck. Kapitän Johanson steckte zwei Finger in den Mund und stieß einen pfeifenden Lockruf aus. Es war der Paarungslaut der Klappmützen. Prustend schob sich ein weiteres Tier mit altem Gesicht und breitgerundeter Schnauze aus dem Eisbrei. Vorsichtig reckte es seinen dicken kurzen Hals in die Höhe, prüfte mit schiefgestellten Nasenlöchern den Wind und schwang sich nach leichten Flossenschlägen mit Eleganz auf das Eis.

Der Schütze stand unbeweglich an der Reling und spielte nervös mit dem Zeigefinger am Abzug. Er wartete bis die Maschinen still standen, denn beim Vibrieren und Schaukeln des Bootes war kaum ein sicherer Schuß möglich. Die Robbe wurde unruhig, hob den Kopf und setzte zum Sprung ins Wasser an. Im letzten Augenblick brach der Schuß!

Die tödliche Kugel schlug der Robbe in den Kopf. Unser Leichtmatrose, ein blonder, drahtiger Fischer aus Hammerfest, sprang über Bord und legte dem verendeten Tier eine Trosse um den Leib, mit der es zum Schiff gezogen und an Bord gehievt wurde. Glückstrahlend streichelte der Schütze seine Beute. Der Koch freute sich. Es gab wieder Robbenleber und frisches Robbenfleisch.

Das erlegte Stück war eine drei Meter lange rotnasige Klappmütze (Cystophora cristata), die vornehmlich in den Gewässern um Spitzbergen vorkommt. Sie wog fünf Zentner. Unter den Robben ist sie die gefährlichste und geht in der Verteidigung ihrer Jungen auch Menschen an. Von den Eskimos und Robbenfängern wird sie wegen ihrer Angriffslust und ihres Zornes mit größter Vorsicht bejagt. Den Namen trägt die Klappmütze wegen einer fast fünfundzwanzig Zentimeter langen Hautfalte über dem Vorderkopf, die sie bei Gefahr hoch aufbläst. Sie hat eine lederne, kurz behaarte Haut mit dunklen Flecken und kräftige, wendige Flossen unter ihrem massigen Körper. Die Jungen werden im Spätwinter geworfen und tragen bei Geburt ein gelblich weißes Seidenfell, das sie zu einer besonders wertvollen Beute macht.

◀ Flammendes Nordlicht (Geophysikalisches Institut der Universität Alaska)

Für uns war die Robbenjagd vorerst zu Ende, denn der Kapitän wollte die Bären nicht durch lärmende Schüsse, die in der Arktis meilenweit zu hören sind, vertreiben. Sein schießfreudiger Gast aus Amerika mußte auch seine Schrotflinte einpacken, mit der er andauernd auf Möwen schoß. Einigen Matrosen mißfiel das Möwenschießen schon seit Beginn der Eismeerfahrt, weil diese weißen Seevögel für sie Glücksbringer sind: Wer Möwen tötet, kann den Untergang des Schiffes und Unglück für die Mannschaft heraufbeschwören, so meinen sie.

Und weiter ging die Fahrt. Fast lautlos durchfurchte unser Kutter das kristallklare Eiswasser. Sein Bug war ständig nach Osten gerichtet. Wir fuhren an der Grenze der russischen Arktis entlang und steuerten die sibirische Doppelinsel Nowaja Semlja an. Sie ist vom Norden bis Süden mit einer gletscherbedeckten Bergkette überzogen und durch den schmalen Matotschkinsund getrennt. Die fast tausend Kilometer lange, höchstens zweihundert Kilometer breite Insel wird von Samojeden bewohnt, einem urigen Mischvolk, das heute noch in Iglus oder Fellzelten lebt. Als echte Nomaden ernähren sie sich vor allem mit Rentierfleisch. Sie jagen aber auch Eisbären, Robben, Füchse und Vögel aller Art; insbesondere lohnt sich das Angeln und Fischen in den lachsreichen Gewässern.

Graue Dunstschleier bedeckten den Himmel. Die Sonne war von flimmernden Kreisen umringt. Jeder Seemann weiß, daß solche Nebensonnen Schneesturm und Nebel ankünden. Aus dem dampfenden Wasser wuchsen weiße Wolken empor, am Horizont standen dicke Nebelstreifen über dem Eis. Auf den treibenden Schollen lagen ganze Herden von Ringelrobben. Ihre weinerlichen Schreie drangen bis zu uns ans Schiff. Wir fuhren nahe an ihnen vorbei, aber sie ließen sich nicht stören. Auf einem schmalen Eisrücken waren mindestens hundert Walrosse zusammengepfercht. Auch sie nahmen von uns keine Notiz, sondern putzten ihre groben Schnurrhaare mit den Vorderflossen, schlugen sich mit ihren blitzend weißen Stoßzähnen. Andere kletterten prustend aus dem Wasser. Kapitän Johanson blieb hart: Erst Eisbären, dann Seehunde oder Walrosse jagen!

Um Mitternacht hatte sich der Nebel wie eine dicke Wand um das Boot gelegt. Er nahm uns fast die letzte Sicht. Geisterhaft schoben sich wild geformte Eisriesen an den Schiffswänden vorbei und schurften mit ihren kantigen Vorsprüngen an der Reling entlang. Alle Mann standen an Deck und starrten mit leisem Grauen auf die vorüberziehenden Eismassen.

»Warum fahren wir in diesem Nebel weiter?« fragte ich den Kapitän, der auf dem Bug stand und den Rudergänger einwies.

»Wir müssen aus dem Preßeis heraus, bevor es uns zerdrückt — auch im Nebel!« antwortete er und befahl: »Langsame Fahrt!«

Die Eisumklammerung wurde immer dichter. Das Schiff bewegte sich nur noch unmerklich vorwärts.

Plötzlich ertönte das Nebelhorn. Es brüllte so heftig in die weiße Finsternis, daß wir uns die Ohren zuhielten. Ein Millionen Tonnen wiegender Eisberg tauchte unmittelbar vor dem Boot aus dem Nebel auf und schaukelte uns im Zeitlupentempo entgegen. Der Wind ließ laut den gurgelnden Schlag der Wellen vernehmen, die durch die Höhlungen spülten. Unglaublich bizarr geformte Eisgebilde krönten das Haupt des Riesen, und glitzernde Bäche stürzten von den überhängenden Eispartien.

Wieder gellt das Nebelhorn über die Eisfelder. Der minutenlange Ton soll nicht nur entgegenkommende Schiffe warnen, sondern die Nähe von Eisbergen anzeigen. Der Schall des Nebelhorns wird von den großen Kolossen zurückgeworfen; aus dem Echo erkennt das empfindsame Ohr des Kapitäns die Entfernung zum Hindernis. Auf moderne Geräte allein ist in der Nähe des Nordpols kein unbedingter Verlaß, da die magnetischen Felder oft zu erheblichen Abweichungen führen.

Noch einmal posaunt das Schiffshorn dem Ungetüm entgegen. Da löst sich unvermutet mit gewaltigem Donnern und Krachen ein haushoher Gletscherbrocken aus dem Eisgiganten, gleitet ab und poltert mit lautem Getöse in das aufwallende Wasser. Wilde Wogen schlagen über Deck und schleudern meterdicke Eisstücke gegen den Kutter. Das neugeborene Eisbergkalb taucht auf, kentert und schwimmt dann im Gleichgewicht wie ein funkelnder roher Edelstein neben seiner Eisbergmutter. Es ragt hoch über unserem Schiff aus dem Wasser. Nicht auszudenken, wenn wir davon begraben worden wären...!

Endlich war die gefährliche Kreuzfahrt durch die haushoch getürmten Eismassen vorbei. Wir schwammen wieder zwischen übersichtlichen Eisfeldern und hatten gute Sicht. Der Wind strich durch offene Rinnen, er riß den Nebelvorhang auf, trieb die Schollen auseinander und öffnete große Wasserflächen. Und schon goß die Sonne ein weiches Licht über die Schar weißer Berge und schaukelnder Schollen.

Drei große Wale tauchten vor uns auf. Nahe dem Schiff bliesen sie dampfende Fontänen ihrer verbrauchten Atemluft in den Himmel. Das brausende Blasen glich dem Tosen eines Wasserfalles. Es waren Schwertwale, die, der Strömung folgend, nach Norden zogen. Sie rauschten wie schwarzweiße Torpedos durch das Wasser, ihre schwertförmigen Rückenflossen ragten dabei weit aus dem Meer. Ich konnte sie nicht lange beobachten, den vom Mastkorb kam der Ruf: »Eisbär voraus!«

Endlich die seit Tagen erwartete Meldung. »Ein ganz alter Bär!« rief Kapitän Johanson von der Brücke, der den Rudergänger abgelöst hatte und während des Jagdmanövers das Schiff selbst steuerte. Ein mächtiger Petz lag am Rand einer großen Scholle, auf typische Weise mit der linken Vorderpranke seine schwarze

Nase verdeckend. Eisbären tarnen so ihren verräterischen schwarzen Fleck im Gesicht, wenn sie auf dem Eis liegen und auf Robben lauern. Die rechte Tatze des Bären lag vorgeschoben am Eisrand, um gleich zuschlagen zu können, sollte eine Robbe auftauchen.

Vom Ausguck kamen ständig Fahranweisungen an die Brücke. Der Navigator im Krähennest versuchte, den besten Weg durchs Eis zu finden, um dem Bär den Rückweg auf das Festeis abzuschneiden und unter gutem Wind so nahe wie möglich an ihn heranzukommen.

Schütze zwei war ganz aufgeregt. Mit geladener Büchse rannte er von einer Seite des Bootes zur anderen, bis er schließlich auf der Spitze des breiten Vorschiffes seine Schußposition einnahm. Weil der Bug vom Dröhnen der Motore zitterte, riß er seine gelbe Mütze vom Kopf und schob sie unter das Gewehr. Der Bär hatte uns indessen bemerkt. Er erhob sich aus seiner Fangstellung, schwenkte seinen Hals nach rechts und links und schnüffelte mit hoch erhobener Nase. Dann eilte er im schwankenden Galopp über die Scholle, wandte sich noch einmal um, tauchte durch die Fluten und erklomm den nächsten Hügel. Erstaunlich — wie geschwind ein Bär durch das Wasser krault, wie geschickt er die Eiskuppen erklettert!

Unsere Entfernung zu ihm hatte sich erheblich vergrößert. Das Boot konnte ihm nicht so schnell folgen, weil es große Umwege machen mußte, um einen Fahrweg durch das Eis zu finden. Aber endlich war es soweit: Wir hatten den Petz auf Schußentfernung erreicht, und für den armen Kerl gab es nun keinen Ausweg mehr.

Er hielt inne, duckte sich mit ausgebreiteten Vorder- und Hinterläufen auf einen Eisrücken und verharrte so eine ganze Weile. Doch bald erhob er sich, prüfte mit den Vordertatzen die Tragfähigkeit des klaren Eises und reckte seinen schmalen Kopf in den Wind. Im selben Augenblick krachte der Schuß. Die Kugel bannte ihn auf den Platz. Er hatte nicht mehr gespürt, wie sein Leben endete.

Freude beim Schützen, Jubel bei der Mannschaft und ein strahlendes Lächeln des Kapitäns. Immerhin war sein erster Jagdgast zum Erfolg gekommen. Drei Matrosen gingen über Bord, leinten sich vorsichtshalber an und jonglierten dann mit langen Holzstangen über das dünne glatte Eis. Schnell war die Stahlleine um den Hals des Bären befestigt, und mit vereinten Kräften schleppten ihn die Männer ans Boot. An der Winde hingen über zehn Zentner. Mit geübter Messerführung hatten die Seeleute den drei Meter langen Bär schnell seines Felles beraubt. Der Kern wurde wieder über Bord gehievt, den Fischen, Möven, Robben und Eishaien ein willkommener Fraß. So ist die rauhe Natur: Tod und Leben verbinden sich.

Und weiter plagte sich die Nordstern durch das eisbedeckte Nordmeer. Wir hatten den Windschatten der Insel Nowaja Semlja endgültig verlassen und kreuzten in südwestlicher Richtung. Eine frische Brise wehte von Süden her über das Eis und öffnete immer mehr Kanäle und Rinnen. Das günstige Wetter lockte die Robben aus dem Wasser. Immer wieder entdeckten wir Herden von zehn bis zwanzig Tieren, die sich auf den sonnenbeschienenen Schollen treiben ließen. Hungrige Brandseeschwalben mit ihren schwarzen Köpfen und gelben Schnabelspitzen umsegelten das Schiff mit lautem »kirrek, kirrek« und zankten sich mit den unersättlichen Raubmöwen, wenn wir ihnen Fleischbrocken zuwarfen. Kleine schlanke Polarmöwen ruhten sich auf den Masten aus, und das warme Gesims des Schornsteins diente sibirischen Rosenmöwen mit ihren rosigweißen Halsringen als Ruheplatz. Reizvolle Motive für die Fotografen unter uns.

»Seehund achtern!« schallte es am frühen Nachmittag vom Topturm. Eine Klappmütze lag auf dem Eis. Sie war uns auch während der Bärenjagd willkommen, denn ihr Fell ist besonders wertvoll. Schütze drei schlief noch oder lag seekrank in der Koje. Jedenfalls kam er nicht an Deck. Also schoß ein Matrose — und traf! Er hatte blitzschnell reagiert. In letzter Sekunde — die Robbe wollte gerade ins Wasser rutschen — brachte er einen sauberen Kopfschuß an.

Kaum standen die Maschinen still, da hievten seine Kollegen die Beute auch schon an Bord: Am Zugseil des Flaschenzuges baumelte ein drei Meter zwanzig langes und vierhundert Kilogramm schweres Männchen der großen Klappmütze.

Sie sind viel aufmerksamer als Seehunde und liegen meist allein oder in weiten Abständen auf dem Eis. In Herden trifft man sie nie an. Bei Gefahr stoßen sie einen langen klagenden Ton aus, der mal einem Pfeifen und dann wieder dem Summen der Bienen ähnelt. Der luftgefüllte Hautsack, den diese Klappmützen bei Gefahr aufblasen, ragte noch weit aus dem Nasenloch.

Im Handumdrehen war das Tier abgezogen. Geübte Seeleute brauchen dazu nur wenige Minuten. Ein schneller Schnitt von der Schnauze bis zum Schwanz — und das Fell mit der daran sitzenden Speckschicht rutschte in die Kühlkammer unter Deck. Erst wenn die Haut kalt ist, beginnt das Abspecken, das Trennen des harten Fells von der dicken Blubberschicht. Leber und die wertvollsten Fleischpartien kamen in die Küche.

Kaum war der Rest der Robbe über Bord geworfen, da stürzten sich die raubgierigen, grauweißen Bürgermeistermöwen mit lautem Gekreisch auf die schwimmenden Fleischstücke und rissen faustgroße Fetzen heraus. Diese Großmöwen, die Aasgeier des Eismeeres, begleiteten uns schon seit dem ersten Schuß. Wo sie nur alle herkommen mochten. Petersen meinte, Möwen hätten wie alle Greifvögel »auf jeder Feder ein Auge« und könnten ein Aas meilenweit aus der Luft sehen.

Weiter ging die Fahrt.

Im Schein der tiefstehenden Abendsonne färbten sich die Gipfel der treibenden Eismassen gelblich rot. Die feurige Kugel stand direkt über dem Horizont und blendete so stark, daß es recht schwer war, im Gegenlicht etwas auszumachen. Milchige Wolkenfetzen zogen eilig vor der Sonne her. Ihre langen Schatten leuchteten gespenstisch über das eisbedeckte Meer.

»Bär voraus!« hörte ich Kapitän Johanson auf der Brücke rufen. Wir kreuzten offensichtlich mitten im Bärengebiet. Auf einem in der Sonne glitzernden Eisblock fraß ein Bär mit auffallend gelbem Fell eine geschlagene Robbe. Durch das Fernglas erkannten wir deutlich, daß er seiner Beute zuerst den Bauch aufriß. Aus seinem weißen Fang hingen lange Fäden grünlichroter Innereien. Unser Boot arbeitete sich bis auf zweihundert Meter heran. Dabei bemerkte uns der Bär, streckte seinen Kopf weit vor, ließ seine Beute fallen und erhob sich schwerfällig. Auf seinen Hinterbeinen sitzend, prüfte er neugierig den Grund der Störung. Er schien uns böse anzubrummen. Dann jedoch zog er es vor zu flüchten, nahm aber die zerfleischte Robbe mit. Am Rande des Eisfeldes verscharrte er seine Beute im Schnee und stürzte sich kopfüber ins Wasser. Mit schnellen Schlägen schwamm er durch das Grützeis, schwang sich behend auf die nächste Eisinsel, verhoffte und hielt uns witternd seine schwarze Nase entgegen.

»Hart Steuerbord, volle Fahrt!« befahl der Mann in der Tonne. Ruckartig schwankte das Boot nach rechts, schoß mit erhobenem Bug voraus und durchpflügte im Zickzackkurs einen Irrgarten von Schollen und Eisbrocken, dem Bär immer näher auf den Pelz rückend. Der aber flüchtete in hohen Sprüngen von Scholle zu Scholle, zerschlug mit seinen mächtigen Pranken das Neueis auf dem Wasser, tauchte unter und erklomm die nächste Eisbank. Hinter einem hohen Eisblock glaubte er sich in Sicherheit. Jedoch es gelang dem Boot, ihm den Weg abzuschneiden und sich durch eine breite Rinne bei Gegenwind bis auf hundert Meter an den Eisblock heranzuschieben.

Dicht am Wasserrand duckte sich der Bär hinter seinem Schneeberg. Der Steuermann betätigte das Nebelhorn. Neugierig schob der Petz seinen Kopf hervor und richtete sich dann in voller Größe auf. Schütze zwei riß die Büchse an die Wange, stach ein und ließ fliegen.

Beim Aufschlag der Kugel ruckte das getroffene Tier zusammen, blieb für Sekunden unbeweglich stehen und eilte dann in langen Sätzen zum Eisrand. Die Kugel hatte nur seine Schulter gestreift. Kurz vor dem Sprung ins kühlende Wasser traf den Petz das zweite Geschoß, das ihn auf der Stelle verenden ließ.

Das Boot machte am Eisfeld fest; unsere Seeleute sprangen über Bord, und nach wenigen Minuten zogen die quietschenden Winden einen riesigen männlichen Bären aufs Schiff. Der Kapitän schätzte sein Alter auf zwanzig Jahre. Er wog 650 Kilogramm und maß neuneinhalb Fuß. In seinem auffallend stark gefüllten Magen fanden wir drei unverdaute junge Robben, von denen jede zehn bis fünfzehn Pfund wog. Vermutlich hatte er durch den Schnee eine Robbenhöhle gewittert, blitzschnell ausgegraben und die Robbenjungen mit Haut und Haar verschlungen. Ein Eisbär kann anderthalb Zentner Fleisch auf einmal verschlingen, also etwa zehn junge Robben.

In einer eisfreien Zone machten wir eine Pause. Die Schiffsdiesel mußten überholt werden. Derweil angelten wir. Die Bißfreudigkeit der Fische war allerdings nicht groß. Unentwegt ließen wir die Nylonschnüre ablaufen und holten sie wieder ein. Köder standen uns zum Angeln nicht zur Verfügung. Wir benutzten einfache Spinner und Blinker. Petersen verspürte mit einem Male einen kräftigen Biß und zog eine glitzernde Seeforelle aus dem Wasser. Sie wog fast zwölf Kilogramm. Nach und nach zappelte dann doch eine beachtliche Zahl Fische an Bord. Meine Beute waren zwei Forellen, drei Silberlachse und eine arktische Äsche. Der größte Lachs war fast einen Meter lang und wog dreißig Kilogramm. Für die Küche reichte der Fang, und da ich kein Petrijünger bin, zog ich es vor, mir die eisige Umwelt nochmals aus der Tonne anzusehen.

Unsere Nordstern lag vor einem unendlichen Eisfeld. Hohe Eisgipfel ragten aus schwimmenden Inseln und trieben mit dem Gezeitenstrom durch die eisfreie Rinne, in der wir vor Anker gegangen waren. Rundum glitzerte und funkelte die weiße Gebirgswelt. Vom hohen Mastkorb aus konnte ich eine Bärin beim Robbenfang beobachten.

Tief geduckt, schlich sie zu einem großen Wasserloch im Eis. Dabei nutzte sie jede Deckung von Hügeln und Schneewehen. Ihr Bärenkind trottete hinterdrein, riß an Mamas zottigem Fell oder turnte auf ihrem Körper herum. Diese Störung bei der Jagd war der Bärin wohl zu viel. Sie packte ihr Junges im Nacken und schleppte es hinter einen Eiswall. Dann kehrte sie zum dunklen Wasserloch zurück, hockte sich auf die Hinterläufe und stützte sich auf die Vorderpranken. Ihre breiten weißen Tatzen verdeckten die schwarze Nase und den dunklen Fang, die sie in der weißen Landschaft verraten konnten. Still wie ein Eisblock lag sie vor dem Atemloch der Robbe, ihre Brust tief in den Schnee gedrückt. Minutenlang verharrte sie in dieser Fangstellung, während ihr Nachwuchs hinter dem Hügel ruhig in der Sonne lag. Die Wittrung hatte sie nicht getäuscht. Eine Robbe tauchte plötzlich auf, und fast gleichzeitig klatschte die schwere Pranke der Bärin ins Wasser. Im hohen Bogen flog die fette Beute aufs Eis. Die Bärin spielte mit der Ringelrobbe wie die Katze mit der Maus, nur daß die Robbe betäubt war und keine Anstalten mehr machte, auszureißen. Der Hunger überwältigte die Bärenmutter dann doch. Sie riß der Robbe große Streifen Fell mit Speck vom Körper und zerrte ihr dann das Eingeweide heraus. Nachdem sie fast die Hälfte der Beute selbst verschlungen hatte, eilte sie hinter den Eishügel und fütterte ihren

Sprößling. Nach einer Weile tauchte sie neben dem Wall wieder auf, witterte nach allen Seiten und trottete zum Wasserloch zurück, wo sie gemeinsam mit dem Nachwuchs den Rest der Beute verzehrte. Dann verschwanden die beiden Bären in der weißen Einöde.

Am nächsten Tag setzten wir die Fahrt fort. Das gleichmäßige Klopfen der überholten Dieselmaschinen wirkte beruhigend. Nur der rasch stärker werdende Südwind machte dem Kapitän Sorgen, schob er uns doch immer dichtere Eismassen entgegen. Schwer und mühsam kämpfte sich die Nordstern durch den Eisbrei. Die Strömung drückte uns sehr nahe an die Grenze der russischen Arktisgewässer, obwohl wir hart Südkurs hielten. Der Eispilot in der Tonne meldete eine Herde Walrosse voraus. Der Kapitän gab durch Handzeichen zu verstehen, daß wir sie nicht ansteuern, sondern auf Kurs bleiben wollten. Gegen Mittag trafen wir das erste Schiff in den nordischen Gewässern. Es war ein russisches Fischerboot mit auffallend viel Antennen und Masten. Es morste uns an und fragte nach unserem Ziel.

Wir teilten ihm den Grund unseres Aufenthaltes mit und berichteten vom Erfolg der Bärenjagd. »Sie haben doch früher hier Robben gefangen«, morste der Russe zurück. Kapitän Johanson kannte den Grund der Fragerei und blinkte zurück: »Bärenpelze werden besser bezahlt als Robbenfelle.« Beide Schiffsführer wünschten sich dann »Guten Fang«, und unsere Nordstern setzte ihre Fahrt fort. Der Russe aber war hartnäckig und ließ nicht von uns ab. Erst als wir später hart auf Westkurs gingen, gab er die Beobachtung auf. Russische Fischerboote kreuzen ständig in der Nähe stark befahrener Wasserwege und dienen dem militärischen Abwehrdienst ihres Landes durch Weiterleitung aller Funksprüche.

Nach der Begegnung mit dem russischen Fischerboot hatte ich gerade eine Stunde geschlafen, als mich ein lauter Knall weckte. Ihm folgte sofort ein zweiter Donnerschlag. Ich rollte mich schnell aus der Koje, ergriff mein Gewehr und hastete an Deck. Schütze drei hatte seinen Bären beschossen! Dieser war urplötzlich neben dem Boot aus dem Wasser getaucht. Nur die Nasenspitze und die Seher ragten aus dem kalten Naß. Als der weiße Schwimmer das Schiff bemerkte, tauchte er sofort unter. Zweihundert Meter weiter stand er plötzlich auf einem Hügel und witterte zum Schiff. Er mußte demnach die ganze Strecke unter der Wasseroberfläche geschwommen sein. Die Kugeln hatten ihr Ziel verfehlt.

Im wiegenden Galopp setzte der Bär über die Schollen und verschwand im Eisgewirr. Die Nordstern machte am Eis fest, und unser Jäger sprang über Bord. Der arme Kerl war nach den zwei Fehlschüssen so aufgeregt, daß er Mütze und Handschuhe vergaß und in Hausschuhen über die Reling kletterte. Auch sein Fernglas ließ er an Bord zurück. Mit jedem Schritt sank er tief in den Schnee ein. Aber er kehrte nicht um, weil er glaubte, der Bär sei getroffen und verendet in

36

Eisbär greift an ▶

Die Winde holt den ersten Bären an Bord

Stolz zeigt sich die Fangmannschaft mit der Beute

Die erlegte Klappmütze wird geborgen

Eisbären sind gute Schwimmer                    . . . und von beachtlichem Appetit

Auf der Flucht

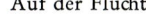

Böse schaut der Petz sich um

In trügerischer Sicherheit

eine Spalte gefallen. Der Ausguck in der Tonne aber hatte den Flüchtigen rasch ausfindig gemacht, der wieder in seiner uns bekannten Trickstellung zwischen dem Eis im Wasser stand.

Schütze drei irrte indes auf dem Eis umher. Kapitän Johanson schickte ihm einen Matrosen nach, der den Aufenthalt des Bären kannte. Nach wenigen Minuten krachte vom hohen Hügel aus ein Schuß. Der Bär machte einen Satz, stürzte sich ins Wasser und schwamm die Scholle an, auf der unser Unglücksjäger saß. Klatsch — bums . . . schlugen die Kugeln ins Wasser. Alle verfehlten ihr Ziel. Die Büchse war leer, die Munition verschossen —. In Windeseile rannte Schütze drei davon. Er wagte nicht einmal sich umzusehen. Der Seemann aber behielt die Ruhe. Er ließ den Bär aus dem Wasser steigen und streckte ihn mit einem Schuß aus seiner Waffe nieder.

Spott und Gelächter an Bord, ein kräftiges Waidmannsheil und ein ebenso kräftiger Schluck aus der Pulle — dann war die Sache vorbei. Der Bär wurde aus der Decke geschlagen und Schütze drei nahm das Fell in Empfang. Sein Gesicht war immer noch kreidebleich vor Schreck. — Das wird sich bestimmt ändern, wenn er daheim in den Vereinigten Staaten seinen Freunden vom großen Erfolg seiner Bärenjagd erzählt.

Um den alten Bär war es nicht schade. Er hatte nur noch oben und unten einen Reißzahn, zudem fehlten unten an jeder Seite drei Mahlzähne. Normalerweise haben Bären vier große Eckzähne, zwölf Schneidezähne und zehn ziemlich breite Mahlzähne. Diese Kombination von Eck- und Mahlzähnen braucht der Bär als Allesfresser, denn seine Nahrung besteht neben Fleisch auch aus Pflanzen, Beeren und Vogeleiern.

Nachdem der Bär geborgen war, nahm unser Boot schnell Fahrt auf. Wir hatten eine breite Fahrrinne gefunden, die uns mit voller Maschinenkraft ohne Behinderung durch das Eismeer rauschen ließ. Meine Erregung wuchs, denn der nächste Schütze war ich. Würde ich mehr Glück haben — und die Ruhe beim Anblick des Bären behalten? War meine Waffe auch noch in Ordnung? Wo würde der Bär auftauchen, in Schiffsnähe oder weit auf dem Eis? Fragen über Fragen! Aber ich ahnte nicht, welche Überraschung mir noch bevorstand.

Gegen Mittag machten wir an einer Scholle fest. Der Küchenchef wollte uns von seiner Kochkunst überzeugen und hatte frische Robbenleber gebraten. Dazu gab es Kartoffelbrei, Weißkohl und geschmorte Forellen. Mannschaft und Jäger hatten guten Appetit, denn niemand wurde mehr von der Seekrankheit geplagt. Das Wasser war glatt wie ein Spiegel und die Sicht meilenweit weder von Dunst noch Nebel behindert. Nicht einmal ein Vogel war zu sehen. Die Stille und Einsamkeit der weißen Welt der Arktis kamen mir erst wieder richtig zum Bewußtsein. Die einzige Bewegung in die glitzende Umgebung brachten grelle Sonnenstrahlen, die vom Schatten schnell ziehender Wolken unterbrochen wurden und aus der Tiefe des dunklen Wassers wie versunkene Laternen zu uns heraufleuchteten.

Steuermann Christiansen und Petersen standen mit mir auf der Brücke. Auf einer Höckereisgruppe erblickte ich einen jungen Bären. Er rutschte auf seinem breiten Hinterteil die glatten Eiswände hinunter, so wie er es vielleicht tausendmal an den Schneehügeln seiner Geburtshöhle mit seinen kleinen Geschwistern geübt haben mag.

»Elegant, elegant«, rief Christiansen, als der kleine Bär sich wie ein Kunstspringer mit dem Kopf ins Wasser stürzte. Er hatte den zwei bis drei Jahre alten Weißpelz auch sogleich entdeckt. Natürlich blieben die Waffen im Schrank. Dafür surrten die Filmapparate, klickten die Kameras.

»Jungbären schießen wir nicht«, begann der Norweger das Gespräch. »Alte Bären müssen ohnehin sterben. Ob Wölfe, Füchse oder Schwertwale sie am Ende fressen, oder wir sie erlegen — das bleibt sich gleich. Ein Kugelschuß erspart ihnen einen qualvollen Tod, den die grausame Natur der Arktis allen Geschöpfen aufzwingt. Wir retten zumindest das wertvolle Fell, und das Fleisch bekommen Fische und Vögel dennoch.«

Das klang wie eine Rechtfertigung — und die war es wohl auch!

Inzwischen waren fast alle Mann an Deck versammelt. Die Motoren liefen wieder, und mit halber Fahrt begleiteten wir den kleinen Schwimmer. Nach fast zehn Meilen zeigte er noch nicht die geringste Spur von Müdigkeit. Wir konnten uns davon überzeugen, daß Bären ausgezeichnete Schwimmer sind. Stundenlang durchpflügen sie mit einer Geschwindigkeit von vier bis fünf Kilometer pro Stunde das eisige Polarwasser. Die Masse ihres Fettes gleicht das Körpergewicht im Wasser aus, und ihr dichtes, öliges Fell füllt sich mit Luft und hält die Wärme fest.

Unser kleiner Bär kraulte routiniert durch die Fluten und wedelte dabei mit zusammengelegten Hinterläufen wie eine Robbe. Das Schwimmen schien ihm Spaß zu machen. Eine kleine Eisinsel, die ihm den Weg versperrte, überquerte er im plump wirkenden Galopp und stürzte sich auf der anderen Seite mit graziösem Kopfsprung wieder in sein nasses Element. »Wir haben Bären schon, fünfzig Kilometer vom Eis entfernt, in stürmischer See beobachtet«, bemerkte Kapitän Johanson, der neben uns auf der Brücke stand.

Als wir uns dem kleinen Schwimmer fast auf zehn Meter näherten, knurrte und fauchte er uns böse an und drehte sich dabei immer zum Boot um. Die nächste Scholle überquerte er nicht, sondern tauchte vor ihr unter und stieß auf der anderen Seite paddelnd wieder an die Oberfläche. Vielleicht wollte er uns beweisen, daß Eisbären auch ausgezeichnete Taucher sind. — Nachdem die Fotografen zu ihrem Recht gekommen waren, gaben wir die Begleitung des jungen Bären auf und kreuzten mit Südwestkurs durch das Eismeer, um wieder in die Nähe von Spitzbergen zu kommen.

Das Wetter änderte sich von einem Augenblick zum andern. Dunst und Nebel breiteten sich wieder über dem Eis aus. Sie Sicht wurde durch einen unerwartet schnell über uns hinwegbrausenden Schneesturm so schlecht, daß wir an der erstbesten Eiskante festmachen mußten. Das Wasser war zu tief, um die Anker auszuwerfen. Die Brücke wurde deshalb mit einem Wachposten besetzt. Schütze drei war glücklich, daß er mit einem Bärenfell heimkehren konnte. Er gab darum eine Runde Whisky nach der anderen aus, bis sich alle Mann in ihre Kojen verziehen mußten.

Um Mitternacht wurde ich wach. Matrosen eilten mit aufgeregten Schritten über Deck. Das Boot war in eine Eisdrift geraten. Hohe Schollenberge trieben dicht am Bug vorbei, und kantige Eisklötze schlugen krachend gegen den Schiffsleib. Die gefürchteten Eismeerböen hatten hoch im Norden gewütet und das Packeis in Bewegung gebracht. In der aufgewühlten See schaukelten schwerfällige Eisinseln, die der Nordstern zahllose harte Schläge versetzten. Nach stundenlangem Manöver hatten die Männer das Boot endlich in einer ruhigen Wake befestigt, so daß wir in Ruhe weiterschlafen konnten. — Das jedenfalls glaubten wir.

Aber es kam anders. Bis zu den ersten Morgenstunden hatte sich das Eis um unser Boot derart zusammengeschoben, daß meterdicke Schollen und Eisplatten hoch über die Bordwände hinausragten. Gegen drei Uhr morgens schreckte uns ein Schuß aus dem Schlaf.

Was war los? Ich war im Nu an Deck.

»Ich kam gerade von der Brücke, um meine Ablösung zu wecken«, erzählte Matrose Olafson, aufgeregt und noch am ganzen Körper zitternd. »Und wie ich mich bei dem Nebel die Reling entlang taste, steht da plötzlich ein riesiger Bär vor mir. Ich denk' erst, ich seh' nicht recht, aber da brummt das Biest laut und knallt wütend gegen die Kombüsentür.« Olafson zeigte dabei auf eine deutlich sichtbare Delle in der Eisentür, dann hockt er sich, immer noch vom Schreck gezeichnet, auf die Türschwelle, wischt sich den Schweiß von der Stirn. »Ja und ehe ich das Gewehr klarhabe, ist der Bär mit einem Satz verschwunden. Ich habe einfach ungezielt hinterher geschossen.«

Die Matrosen schwiegen eine Weile, prüften dann die Spuren im Schnee. Es war eine Bärin gewesen mit einem Jungen, die bereits die Hälfte des Robbenspecks gefressen hatte, der zum Trocknen an Bord hing.

»Werft den Speck in die Luken und verdoppelt die Wachen bis morgen früh«, knurrte Kapitän Johanson und schlurfte in seine Kabine. Wir waren alle froh, daß noch eine halbe Flasche Schnaps auf dem Tisch stand, als wir wieder unter

Deck waren. In dieser Nacht träumte ich meinen ersten Traum in der Arktis ...

Wir lagen noch den ganzen nächsten Tag im Eis fest. Erst in der folgenden Nacht schlug das Wetter um. Der Wind hatte sich gedreht und schob das Eis wieder auseinander. Allmählich wurde ich unruhig. Nur meinetwegen konnte die Nordstern ihre Reise nicht beenden. Es fehlte immer noch ein Bär für Schütze vier — und das war ich. Das Wetter war uns jedoch gut gesonnen. Der Dunst über dem Wasser verzog sich allmählich, und die Vogelwelt war wieder zahlreich vertreten. Dreizehenmöwen rissen sich um die Küchenabfälle, und der Jammerruf der Bürgermeistermöwen unterbrach die Stille der kalten, weißen Arktis. Lautlos glitten großflächige Schollen, so scharf und glatt wie zerbrochene Marmorplatten, am Boot vorbei; sie tanzten im wirbelnden Kielwasser und zerbrachen durch den Sog in vielförmige Eissplitter.

»Eisbär — Eisbär querab!« ruft der Ausguck.

Mein Bär! Jetzt ist es soweit! Gleich zwei oder drei Stufen nehmend, springe ich die Treppe hinunter, reiße mein Gewehr von der Koje und stürze wieder an Deck. Tatsächlich — eine Meile voraus trottet ein Bär über das Eis. Aufgeregt zupfe ich den Mündungsschoner ab, werfe den Kammerstengel herum und lade. Vom Bug aus bekomme ich den Bär gut ins Visier. Aber er ist noch fast zwei Büchsenschuß entfernt. Der Kutter schiebt sich immer näher heran, bis ihm eine Eisbarriere den Weg versperrt.

»Wir müssen auf ihn verzichten«, knurrt Kapitän Johanson. »Das Eis ist zu dick.«

»Zwei Bären ... gleich in der Nähe ... müssen mehrere sein«, ruft Christiansen von der Brücke. Ich reiße das Glas an die Augen und sehe gleich drei Bären.

»Vielleicht ist es eine Bärin mit Jungen?« meint Olafson, der nicht aufs Eis schaut und mit dem Zusammenrollen der Leinen beschäftigt ist.

»Nein, es sind Altbären«, bestätigt der Kapitän.

»Wir gehen übers Eis ... pirschen sie vorsichtig an. Ich gehe mit«, schlägt Petersen vor.

Beide bewaffnet und zünftig gekleidet, steigen Petersen und ich von Bord. Schnell überqueren wir ein großes Eisfeld und erreichen die dahinterliegende Packeiskette. Breite Tatzenspuren führen direkt zum höchsten Hügel. Vom Gipfel aus sehe ich meinen Bär. »Da ist er .. scheint alt zu sein«, flüsterte ich Petersen zu, der neben mir hockt und das Fernglas vor den Augen hat.

»Hat einen ziemlich gelben Pelz«, meint mein Begleiter. »Scheint eine Robbe geschlagen zu haben ... hat einen ganz roten Fang. Wir müssen zum nächsten Eiswall!«

Hastig überspringen wir die schmalen Spalten, versinken bis zum Bauch in Schneewehen. Gebückt schieben wir uns über den Eisrand. Die Spuren führen zu einem Wasserloch mit leichten Kringelbewegungen. Ist der Bär getaucht?

»Halt!« Petersen reißt mich von der Kuppe. »Da sind sie!«

Ich erkenne eine Bärin, ein Junges und zwei Altbären. Da scheint eine ganze Familie vor uns zu sein. Die Bärin rupft an einem großen Fleischbrocken. Das Junge zieht ihr die Happen aus dem Fang. Rechts vor uns schmausen die beiden Alten.

»Da, noch zwei Bären . . .!« Der Norweger duckt sich aufs Eis. Von links streben sie direkt auf unseren Hügel zu. Wir sind von Bären eingekreist. Sechs Stück sind es schon. Hundert Meter vor uns verschwinden die Petze hinterm Eis. Kommen aber gleich wieder hervor. Und nun entdecke ich auch den Grund der Bärenversammlung: einen riesigen Fleischklumpen, ein Walroß! Die Bären haben es völlig zerrissen.

»Was machen wir nun?« frage ich meinen Jagdgefährten.

»Wir pirschen zur nächsten Kuppe und nehmen den Alten aufs Korn, ganz rechts den«, schlägt er vor.

Gesagt — getan! Jede Deckung ausnutzend, arbeiten wir uns durch die Trümmer, stur durch die Schmelzwasserpfützen. Meine Stiefel aus Seehundsfell sind schon völlig durchnäßt. Petersen tropft wie ein Eisbär, der aus dem Wasser steigt. Er flucht so laut, daß ich Angst habe, die Bären könnten es hören.

Endlich hocken wir auf der Bühne. Welch ein Bild! Unter uns die Bärin, mit ihrem Sprößling friedlich schmausend. Links die zwei jüngeren Bären, die sich unserem Eishügel rasch nähern. Rechts die beiden Alten. Der Größere steht fast querab.

»Schwierige Situation«, meint der Gefährte neben mir. »Schießen wir den Alten, dann springt uns die Bärin von vorne an; die beiden links schneiden uns den Weg ab. Warten wir noch länger, dann deckt uns der Nebel ein.«

Schon ertönt das Nebelhorn von Bord der Nordstern. »Was bedeutet das?« frage ich Petersen besorgt. »Sind etwa noch Bären hinter uns?«

Bevor er antworten kann, bricht das Eis auseinander. Es knackt, dröhnt und wackelt. Wir robben zurück, springen über einen breiten Riß. Das Wasser überspült das Eisfeld. Eilends waten wir hindurch, klettern auf den nächsten Kamm und . . . sehen die Eisbären uns entgegentraben. Der Alte verhofft!

Waffe runter, auflegen, entsichern, zielen . . . und Schuß!

Der Bär macht einen Satz, überschlägt sich und rollt in den Schnee. Von links kommen die zwei jüngeren Petze angestürmt! Nur fünfzig Meter sind sie noch entfernt. Ich ziele vor ihnen ins Eis . . . rums, bum! Sie wirbeln herum, verhoffen sekundenlang — und stürmen zurück.

»Geschafft!« ruft der Norweger mit tiefem Seufzer. Mir zittern die Knie. Oder ist es das Eis. Aus Spalten und Rissen gluckst das Wasser. Graue Wellen umspülen unseren Hügel. Wir sitzen auf einer Insel.

Da! ... das Boot! Hoch ragt der Mastkorb über dem Eis. Die Nordstern kommt uns entgegen! Sie hat die Barriere durchbrochen. Mit aller Kraft rennt das Boot gegen den Eiswall und — schafft es. Unter dem stahlbewehrten Steven wird das Eis kreuz und quer zerrissen. Die Nordstern geht längsseits der Scholle und nimmt uns auf. Wir sind gerettet.

Meine ganze Sorge galt nun der Bergung des Bären, denn das kostbare Fell war letztlich die Krönung des Erfolges. Die Nordstern kam aber gut an das Eisfeld heran, und die Matrosen hatten kaum Schwierigkeiten, den Bär an Bord zu holen. Es war offensichtlich der Großvater der Sippe, die sich um das zerfleischte Walroß geschart hatte. Ihm fehlten fast alle Zähne. Sein Fang glich nur noch einer dunklen Höhlung. Er hatte ein Gewicht von knapp zehn Zentnern und maß drei Meter zehn. Sein Tatzenabdruck war dreißig Zentimeter breit.

Ich maß meine stolze Beute, derweil unser Schiff auf Südkurs ging. Die Jagd war zu Ende.

Der feurige Sonnenball schwebte tief über dem Meer. Die Eismassen wurden seltener. Nur noch vereinzelt passierten wir zusammenhängende Eisfelder. Dafür war die See rauher geworden. Wie zum Abschied tauchte noch einmal eine Bären-familie vor uns auf. Nur hundert Meter entfernt, stand sie an Steuerbordseite auf einem hohen Eishügel — ein Hauptbär mit seiner Bärin und zwei Jungen. Ihre gelben Felle leuchteten vor dem blauen Himmel und dem Weiß der gefro-renen Fluten wie gelbe Eisblumen. Sie verhielten da wie angewurzelt, ihre Fänge bewegungslos gegen den Wind erhoben — so, als stünden sie Modell für ein arktisches Bärendenkmal.

Laut ertönte das Nebelhorn! — »Der Königsfamilie zum Abschied!« rief Kapitän Johanson von der Brücke. Er war nicht nur ein hervorragender Schiffsführer, sondern auch ein großer Naturfreund. Es schien, als hätten die Bären seinen Gruß verstanden — sie richteten sich auf den Hinterläufen hoch, ließen ihre Vorder-tatzen locker über den Wanst hängen und schauten uns nach. Beim zweiten Tuten des Schiffshorns fielen sie auf ihre Pranken und verschwanden im Eisgewirr.

Ich hatte die Arktis kennengelernt, ihre Schönheit und Größe, aber auch die Einsamkeit, die Eiswildnis des Arktischen Ozeans. Schiff und Besatzung hatten Sturm, Seegang und den gewaltigen Eisströmen getrotzt. Wir waren in die Hei-mat des weißen Bären eingedrungen, in den glitzernden Vorhof seines polaren Königreiches. Ich hatte die weißen Königskinder gesehen, die Königin des Eises, den König der arktischen Welt. Für uns Menschen waren es lange Tage und Nächte, für die ewige frostige Welt nur Sekunden. Wir erlebten die Größe, Kraft und Stärke des weißen Bären, seine Wildheit, Raubgier und Angriffslust. Sein Reich ist unzerstörbar. Er lebt in einem Naturpark, der sich durch Eis und Kälte selbst verteidigt, gegen seinen einzigen und größten Feind — den Menschen.

Wir haben ihn mit überlegenen Waffen besiegt. Mein nächster Kampf mit ihm soll fairer sein. Die große Fahrt durch das Eismeer hat in mir den Entschluß reifen lassen, einmal mit den Menschen zu jagen, die ihr ganzes Leben mit ihm in der Arktis teilen, mit den Eskimos. Wer einmal in der Arktis war, den zieht es immer wieder nach Norden. Warum? — Ich weiß es nicht!

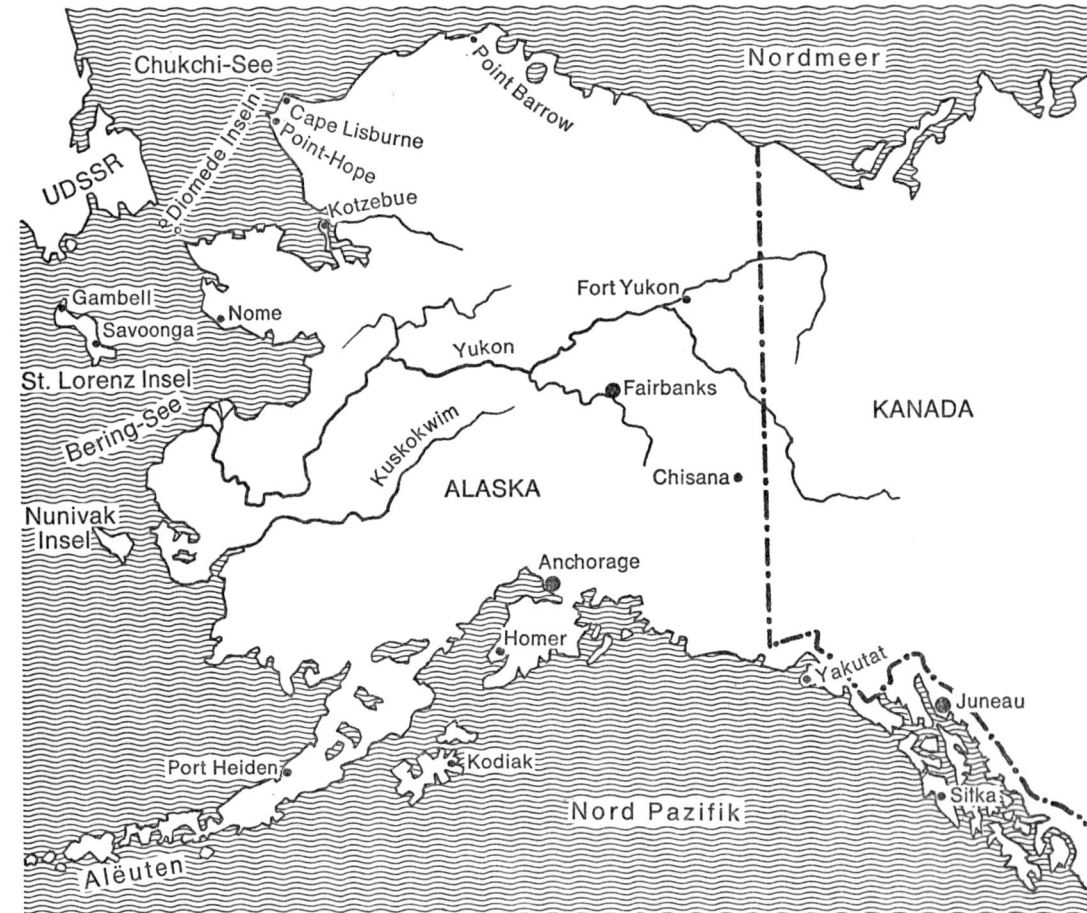

# Bärenjagd mit Eskimos und Hundeschlitten

Es gibt zwei Alaskas in dieser Welt.

Im Süden Alaskas herrscht ein verhältnismäßig mildes Klima. Dort gefrieren im Winter nicht einmal die Gewässer, da die Küsten vom warmen pazifischen Kuro-Schio-Strom umspült werden. Sein Einfluß ermöglicht eine üppige immergrüne Vegetation. Verschiedenartige Blumen, vielfältig bewachsene Moore, mannshohe Beerensträucher, saftige Wiesen, grüne Berghänge und dicht bemooste Regenwälder verwandeln das arktische Land in eine Wildnis von eigenartiger Schönheit. Es ist reich an Wild, Pelztieren, Wassergeflügel, Fischen, Vögeln und Insekten.

Die Eingeborenen Südalaskas sind in der Mehrzahl Indianer, die wegen ihrer roten Kriegsbemalung fälschlicherweise »Rothäute« genannt wurden. Ihre Hautfarbe ist in Wirklichkeit gelb bis dunkelbraun. Die Backenknochen in ihren mongolischen Gesichtern stehen weit hervor, und die Augen sind nach Chinesenart randlos schmal und auffallend geschlitzt. Vollblutindianer der alten Stämme Südostalaskas, der »Tlingiten« und ihrer Nachbarn, der »Tsimschian«, »Haida« und »Eyak's«, gibt es kaum mehr. Als Alaska noch den Russen gehörte, wurden sie durch deren Missionare recht schnell zum modernen Leben erzogen und verdienten ihren Unterhalt bald nur noch durch Fallenstellerei, Fischfang und Holzfällen. Viele Indianer vermischten sich mit Weißen, eingewanderten Phillipinos, Chinesen und Japanern, die zu Tausenden in Holzmühlen und fischverarbeitenden Betrieben beschäftigt wurden. Rasse und Abstammung opferten sie dem Fortschritt und den Segnungen der Zivilisation — und das war ihr Untergang.

Von der einst so ruhmreichen Macht der Tlingits-Krieger und der stolzen Vergangenheit der Bella Coola-, Nutka- und Sitka-Indianer zeugen nur noch die bis zur Unkenntlichkeit stilisierten, eigenartig geschnitzten Götzenbilder auf Totempfählen in Touristenzentren und vor den schäbigen Indianerbehausungen, den von mehreren Familien bewohnten Plankenbauten mit zentraler Feuerstelle.

Diese symbolischen »Totems« sind Stammbäume mit flachreliefartigen Ornamenten und Skulpturen, meist eingekerbten menschlichen und tierischen Motiven. Sie zeigen den Tiergott der Familie oder eine Sippenzugehörigkeit an. Durchweg bestehen sie aus zehn bis zwanzig Meter hohen Baumstämmen der Alaska-Zeder.

Kunstvoll eingeschnittene Fabeltiere, tief eingestochene Tierköpfe und phantasievoll buntbemalte Gesichtsmasken deuten auf Klanzugehörigkeit, Häuptlingswürde oder jagdliche und kriegerische Leistung ihrer Vorfahren oder Besitzer hin. Es gibt Ehren-Totems zur Feier eines hohen Ereignisses, Schandpfähle, um jemanden zu diskriminieren, sowie Begräbnis-Totems, in denen Überreste Verstorbener aufbewahrt wurden.

Die Urgeschichte der indianischen Bevölkerung Alaskas ist bis heute noch nicht genau erforscht. An Hand von Funden vermutet man jedoch, daß große Sippen aus den heutigen Vereinigten Staaten in Richtung Kanada und Alaska vorgedrungen sind. Zweifellos hing diese Wanderung mit der Verfolgung des Jagdwildes zusammen, vor allem wohl des Bisons, der sich zu Ende der Eiszeit allmählich nach Norden zurückzog. Sie sollen arktisch-mongolischen Ursprungs und vor zehntausend Jahren oder früher über die zwischen Sibirien und Alaska bestehende Land- oder Eisverbindung aus russisch Zentralasien eingewandert sein. Ihre Stämme gliedern sich in die zwei Hauptfamilien der Adler und Raben, die ihre eigenen Stammeszeichen hatten. Bei den »Raben« waren es Bären, Wölfe, Wale und Haie, bei den »Adlern« Seehund, Fische und Frösche. Wer zur Familie der Raben gehörte, zierte seine Totemspitze mit einem Rabenkopf. Entscheidend war immer die Herkunft der Mutter, denn die Väter konnten oft nicht identifiziert werden. Stammte jemand mütterlicherseits von den Adlern ab, so hockte oben auf dem Totem ein mächtiger Adlervogel mit großen Augen und zähnebewehrtem Schnabel. Wappen der Väter und Großväter saßen irgendwo tiefer in weniger aufwendiger Ausführung.

Zahlreiche Indianer drangen auch ins Innere des Landes vor, bis zum hohen Norden. Hungersnot und Stammeskriege zwangen sie zu solchen Wanderungen. Dabei kamen sie bis an die äußerste Vegetationsgrenze, doch niemals über die Eislinie hinaus, denn dort hatten sie Zusammenstöße mit den von ihnen so gefürchteten Eskimos zu erwarten.

Im Innern Alaskas trifft man verschiedentlich noch auf kleinere Gruppen der »Athabasken«-Indianer, einer bekannten Sprachfamilie mit typischen Rassemerkmalen. Namentlich sind es die »Kutchin-, Nabesna-, Ingalik-, Tanania- und Cress-Indianer«, die »Roten Söhne« Alaskas.

Sie sind ein echtes Jägervolk, das ursprünglich nicht seßhaft war und Urwälder und Tundren durchstreifte. Mit Kanus aus Birkenrinde fischten sie, stellten ausgeklügelte Fallen und jagten Karibus, Moschusochsen, Bisons und Hirsche. Im Winter bewegten sie sich auf Schneeschuhen oder kufenlosen Schlitten durch verschneite Wälder. Ihre Stoffe produzierten sie aus den Haaren ihrer Hunde, der weißen Schneeziege und aus Wolle der Dickhornschafe. Ihre Kleidung war von Pelzwerk und Leder. Zelte aus Tierfellen gaben ihnen Unterkunft.

Bevorzugte Kriegswaffen waren Pfeil und Bogen, Lanzen und Keulen, die sie im Kampf gegen ihre Erbfeinde, die Eskimos, führten, die ebenfalls über die eisgefüllte Bering-Straße ins Land geströmt waren. Die Indianer haßten und fürchteten die schlitzäugigen kleinen Männer aus dem Norden, die ihnen gelegentlich ihre Jagdgründe streitig machten. Zugleich betrachteten sie diese Menschen mit Abscheu und Verachtung. Man erzählte sich die schlimmsten Gruselmärchen von den Nordmännern, die angeblich jeden Fremden berauben, erschlagen und kannibalisch verspeisen, und nannte sie »Eskimantsik«, später abgekürzt »Eskimos«, was nach den Worten der Wabanaki-Indianer »Rohfleischesser« bedeutet. Die Cree-Indianer haben dafür das Wort »Eskimau«.

Wo sich Indianer und Eskimos begegneten, da kam es zu schonungslosem Gemetzel, bis die schwächere Sippschaft völlig vernichtet war. Auch für Frauen und Kinder gab es keine Gnade. Sie wurden erwürgt, erschlagen oder erdolcht. Die Eskimos rächten sich selten. Sie beschränkten sich auf Verachtung ihrer Feinde und Schimpfworte wie »Adlit«, was soviel heißt wie »Eier von Läusen«. Eine der blutigsten Tragödien in der Geschichte dieser rivalisierenden Völkerstämme spielte sich im Sommer 1772 in Bloody-Fall am Coppermine-River ab, nördlich des »Großen-Bären-Sees«. Die indianischen Begleiter des weißen Pelzhändlers Samuel Hearns stießen unvermutet auf ein Jagdlager der Kuper-Eskimos. In der Nacht schlichen sie sich an deren Zelte und überfielen die ahnungslosen Fischer. Sie mordeten die ganze Sippe: vierundzwanzig Männer, Frauen und Kinder.

Immer wieder wurden die Eskimos von den Indianern in blutigen Gefechten weit nach Norden zurückgeschlagen, in eine kalte, unwirtliche Welt, obwohl sie in uralten Zeiten ebenfalls ein Jägervolk zwischen Wäldern, Bergen, Flüssen und Seen waren und auf die gleiche Art lebten wie die Rothäute. Des ewigen Krieges müde, ließen sie sich schließlich für immer an den Küsten des Eismeeres nieder und stellten ihre Lebensweise völlig um. Als die nördlichsten Bewohner der Erde mußten sie täglich einen grausamen Kampf gegen die Naturgewalten der polaren Welt bestehen. Ihr Jagdwild wurden vornehmlich Eisbären, Wale, Walrosse und Seehunde, abgesehen vom Fischfang in den arktischen Gewässern. Sie hatten ein Land zu ihrer Heimat gemacht, in dem Eis, Schnee, Sturm und Finsternis vorherrschten — aber sie fanden endlich Frieden.

Dieses Eskimoland ist das zweite Alaska in dieser Welt.

Es liegt oberhalb des Polarkreises, an der Küste des Beringmeeres, der Chukchisee und dem Polargebiet des Aktischen Ozeans — ein Land ohne Bäume und Wälder, ein vegetationsarmer Vorgarten des ewigen Frostes. Im Sommer besteht die Flora mückenverseuchter Sümpfe, felsiger Berge, wasserbedeckter Niederungen und der Polartundra mit ihrem Dauerfrostboden nur aus Moosen, Schilf- und Wollgras, Flechten, zwiebelknolligen Kräutern, kurzstieligen Blumen, tiefkriechenden

Zwergweiden und aus Erlenbüschen. Der Winter verwandelt die Landschaft aus Seen, Flüssen, Mooren und Steppe in eine unübersehbare Wüste aus Eis und Schnee, ausgefurcht von wirbelnden Stürmen. Das salzige Meer erstarrt in der entsetzlichen Kälte; Wellenkämme gefrieren in der Bewegung und stauen sich zu haushohen Packeismassen. Blizzards wüten mit verheerender Gewalt und jagen große Wolken Pulverschnees in wilden Böen durch die Luft. Die Kälte kennt kein Erbarmen. Nur Eskimos können in diesem grausamen Land von unsäglicher Trostlosigkeit leben und die brutalen Härten des arktischen Klimas — des unwirtlichsten der Erde — ertragen.

Diese Menschen mit ihren Sitten und Gebräuchen wollte ich kennenlernen, mit ihnen jagen, wohnen, leben. Der Winter schien mir dazu die beste Zeit zu sein. Eskimos sind Nomaden. Im Sommer richten sie irgendwo am Meer oder an fischreichen Flußmündungen ihre Jagdlager auf. Der Winter mit Sturm, Schnee und Dunkelheit verbannt sie in ihre Hütten und Siedlungen. Seehunde tauchen in ortsnaher See mit Sicherheit aus den wenigen offenen Wasserlöchern zum Atmen auf. Eisbären nähern sich auf ihren Wanderungen den vereisten Küsten, und trockner Pulverschnee erleichtert den Eskimos und ihren Hunden bei Schlittenfahrten das Vorwärtskommen auf der verschneiten Tundra und den rauhen Eisflächen.

Es war Ende Januar, als ich meine abenteuerliche Winterreise zu den Eskimos nach Alaska begann. In Deutschland lag hoher Schnee. Der Himmel war grau, die Luft feucht und dunstig. Sanft rieselten dicke Schneeflocken zur Erde.

Ich stand auf dem schneebeladenen Bahnsteig des Münchener Hauptbahnhofes und hatte meine russische Pelzkappe, die ich mir einst aus dem Kaukasus mitgebracht hatte, tief in den Nacken gezogen. Unrasiert und wegen der bevorstehenden Kälte langbehaart, zwei alte Reisekoffer in den Händen, dazu den abgegriffenen Waffenbehälter um die Schulter gehängt, vermutete man in mir sicherlich eher einen verspäteten Rußlandheimkehrer aus dem Ost-West-Expreß von Moskau als einen deutschen »Grünrock«, der eine Jagdreise antrat. Wer fliegt schon mitten im Winter — ausgerechnet in der kältesten Jahreszeit — in das Land der Eskimos, des ewigen Eises und endloser Schneewüsten, um zu jagen? Wißbegierige Blicke und amüsiertes Lächeln der Mitreisenden verfolgten mich so lange, bis der Zug einlief und ich meine Waffe samt dem schweren Koffer im überfüllten Nichtraucherabteil des Schnellzuges verstaut hatte. Erst einige Zeit danach legte sich die Neugierde der Mitfahrenden.

Mein Gepäck bestand vornehmlich aus warmer Kleidung, wie Angora-Unterwäsche, wollenen Wadenstrümpfen, dicken Pullovern, gefütterten Fausthandschuhen und dickem Halstuch. Daunengefütterten Schlafsack, Pelzstiefel, winddichten Fellanorak mit Kapuze, armlange Handschuhe und Gesichtsmaske gegen

Schneesturm und Kälte mußte ich mir in Alaska kaufen. Die schwere Mauser-büchse, Kaliber 9,3 mal 64, dreißig Patronen des 19 Gramm schweren TUG-Geschosses, eine Bockbüchsflinte mit .222 Remington Patronen, ein Fernglas 8 mal 56, zwei Leicas mit Weitwinkel und Teleobjektiv, dreißig Colorfilme für Dias, eine Menge Arzneien verschiedener Art — vor allem Penicillin- und schmerz-stillende Präparate — bildeten die restliche Ausrüstung mitsamt den kleinen Gast-geschenken wie Geldbörse, Pfeife, Tabak, Sturmfeuerzeug, Armbanduhren, Mundharmonika, Kompaß, Taschenmesser und Schmuck.

Während der langen Fahrt befiel mich mit einem Male eine dumme Angst vor der harten Winterreise zu den Eskimos. Würde ich die große Kälte aushalten können, ohne krank zu werden? Ich dachte mit gelindem Grausen an die mir bevorstehenden Mahlzeiten aus Seehundsfleisch und Robbenspeck, an die Über-nachtungen mit den Eskimos in ihren Unterkünften und Iglus. Aber dann ver-drängte meine große Unternehmungslust all diese Gedanken. Ich sei kerngesund, hatte der Arzt gesagt; was konnte schon passieren!

Meine Zugreise endete in Hamburg. Die Stadt erstickte fast im Schnee. Nur müh-sam bahnte sich der Bus durch die verschneiten Straßen seinen Weg zum Flug-hafen. In letzter Minute erreichte ich meine Maschine. Bis zur Zwischenlandung in Kopenhagen schwebte sie nur in Dunst und Nebel. Erst als die Nordsee über-flogen war, riß die Wolkendecke auf. Unter uns lag Island, völlig von Eismassen umgeben.

Kurze Zeit später folgte eine nicht endenwollende Eiswüste, eine flimmernde und glitzernde weiße Fläche, die nur hier und da von dunklen, vielfach verschlun-genen Adern unterbrochen wurde. Das waren die eisfreien Rinnen um die größte Insel der Welt, um Grönland. Im grellen Licht der vom blauen Himmel strah-lenden Sonne zeichneten sich deutlich die zerrissene Küste und weit in die Berg-welt hineingeschobenen Fjorde vom blendend weißen Eispanzer der Insel ab. Auf den Gletschern der Disko-Bucht und auf Packeisbergen wurden kleine türkis-farbene Tupfer sichtbar — die Schmelzwasserseen, die am Tage durch starke Son-neneinstrahlungen entstehen und nachts wieder gefrieren. An einigen Stellen ragten schwarze, scharfkantige Felsgruppen aus der fast dreitausend Meter dicken Decke des Inlandeises hervor. Es waren die steinernen Riesen, die die Eingebo-renen »Nunataks« nennen. Schnell verschwanden unter uns auch die letzten gelben und grauen gewölbeförmigen Alteisfelsen der Küstengebirge. Meilen-breite Gletscherspalten mit dunklem Felsgeröll verloren sich in der weißen Mo-notonie der arktischen Eisfelder.

Schon früh am Abend herrschte nächtliche Stille im Flugzeug. Die eintönige Eis-landschaft unter uns wirkte einschläfernd. Die Nachtruhe war indes nur kurz. Helles Sonnenlicht drang zwischen den roten Vorhängen durch die runden Kabinenfenster, als uns die Stimme des Flugkapitäns weckte: »Wir überfliegen den Nordpol. Genießen Sie den Anblick, und trinken Sie mit uns ein Glas Sekt auf das große Ereignis. Wir werden Ihnen die Überquerung des Nordpols durch eine Urkunde bescheinigen und gehen jetzt in einer großen Schleife auf niedrigste Flughöhe.«

Ich nahm das Fernglas zur Hand, um mir den Nordpol einmal genau anzusehen. Dabei entdeckte ich zwei gelbliche Punkte, die sich bewegten.

»Sie sehen links unten zwei Bären auf dem Eis«, gab der Flugzeugführer durch das Mikrofon bekannt. Viele Spuren und Fährten führten zu einer breiten dunklen Spalte im Eis, rund um einen bläulich schimmernden See, der von größeren Eisbrocken umgeben war. Durch das Glas konnte ich sogar einen roten Fleck ausmachen, vermutlich Reste einer geschlagenen Robbe. Die Fluggäste konnten die Bären auch ohne Glas gut erkennen.

Damit ist bewiesen, daß es unmittelbar am Nordpol Eisbären gibt. Zoodirektor Professor Grzimek muß sich also irren, wenn er in seinem Buch »Wildes Tier, weißer Mann« schreibt: »Am Nordpol selbst, auf der großen festen Eiskappe, gibt es keine weißen Bären. Sie ziehen mit der großen Treibeistrift um den Pol herum, in den Meeren nördlich von Sibirien, Skandinavien, Grönland, Kanada und Alaska.«

Der Flug über das gefrorene Meer ging weiter, bis die Küste Alaskas in Sicht kam. Wir überquerten »Point Barrow«, die größte Eskimosiedlung des Landes. Nur winzige dunkle Punkte in der weißen Landschaft verrieten die hölzernen Hütten des nördlichsten Jägervolkes der Erde. Der Colvill-River, ein breiter Strom mit unzähligen Nebenarmen, der seine reißenden Wassermassen aus dem vereisten Küstengebirge direkt in den arktischen Ozean führt, war streckenweise zugefroren. Wir überflogen die Kette der felsigen Brooksberge, die sich in einen glitzernden Wall aus Eis und Schnee verwandelt hatten, und sahen bald Fairbanks unter uns, die zweitgrößte Stadt Alaskas. Sie hat fünfzigtausend Einwohner, besitzt eine Universität und wurde zum Zentrum der Ölwirtschaft, als man an der Eismeerküste riesige Ölfelder entdeckte. Eine breite Straße und die einzige Eisenbahnlinie Alaskas verbinden sie mit der größten Stadt Anchorage und dem Süden des Landes. In ihr endet auch der 2450 Kilometer lange Alcan-Highway, eine autobahnähnliche Fernstraße, die Alaska quer durch Kanada mit den Vereinigten Staaten verbindet.

Der Flugkapitän meldete den 6239 Meter hohen »Mount McKinley« querab, die höchste Erhebung Alaskas. Er ist um 300 Meter höher als der Kilimandscharo in Ostafrika. Wir hatten Glück, denn sein meistens in Dunst und Wolken gehülltes eisbedecktes Haupt leuchtete blendendweiß vor dem blauen Horizont in der strahlenden Wintersonne.

Über der großen Bucht vor Anchorage flog unsere sechsstrahlige Düsenmaschine mit ihren einhundertfünfzig Passagieren noch eine weite Kehre und schwenkte dann in die Landegerade ein. Gespensterhaft huschte der dunkle Schatten des silbernen Metallvogels über das von der Sonne bis auf den Grund erhellte seichte Wasser des Hafenbeckens. Die Geräusche der Triebwerke verstummten, und nach einigen leichten Hupfern setzte der große Vogel sanft auf der Rollbahn des internationalen Flughafens auf.

Ich traute meinen Augen und Ohren nicht. In Anchorage regnete es! Klatschend schlugen Regen und Hagelkörner gegen die Kabinenfenster der Maschine. Auf der betonierten Landebahn standen große Pfützen. Alaska — das Land der Arktis — empfing mich mit Regen! Weit und breit war nicht einmal ein Rest von Schnee zu sehen. Ist der Alaska-Winter denn so mild? fragte ich mich und überlegte ernsthaft, ob ich mir noch die fehlende Winterkleidung wirklich kaufen sollte.

Die Einheimischen warnten mich jedoch. Anchorage liegt im Süden des Landes, am Pazifischen Ozean, im Einflußbereich des warmen Japan-Stromes, Point Hope indes schon oberhalb des Polarkreises und direkt am Eismeer. Dort herrschten seit Wochen tiefste Wintertemperaturen. Die Argumente der Alaskaner leuchteten mir ein, und ich kaufte rasch den Rest der warmen Winterkleidung. Schon am nächsten Tag erfuhr ich, wie gut der Tip war.

Mein Aufenthalt in Anchorage dauerte nur wenige Stunden. Noch am Abend flog ich nach Kotzebue weiter. Die Fluggäste drängten sich dicht am Ausgang der großen Wartehalle, in deren Mitte sie einen in Lebensgröße ausgestopften Eisbären bestaunen konnten. Das taten sie auch, ob nun Eskimo, Indianer, Japaner oder Neger. Es umgab mich ein buntes Völkergemisch. Menschen aller Herren Länder waren hier vertreten und machten deutlich, daß es in Alaska keine Rassenprobleme gibt. Überzeugend bestätigten das die im Lande stationierten Streitkräfte der US-Army. Ihre Angehörigen sind fast im gleichen Verhältnis Weiße und Farbige. Sie alle tragen die gleichen Uniformen, alle benutzen das gleiche Verkehrsmittel, das einzige oberhalb des Polarkreises — das Flugzeug.

Unter den Fluggästen waren Greise, Schulkinder und Säuglinge. Mütter reisten ausnahmslos mit ihrem Nachwuchs, trugen ihn auf dem Rücken in der Kapuze, in unten verschnürte Parkas, Tragtaschen oder auf dem Arm. Während wir in Europa nur bei besonderen Anlässen fliegen, ist das Reisen mit dem Flugzeug für Alaskaner eine unbedingte Notwendigkeit.

Bunt gemischt waren nicht nur Menschen nach Herkunft und Alter, sondern auch Kleidung und Aussehen. Man trug knallrote Hemden, Fellwesten, farbige Pelzkragenanoraks; bunte, gesteppte Daunenjacken, Hut, Mütze oder Perücke; strähniges Haar, blau-schwarz, rot oder superblondgefärbt; Stiefel, Schleichsandalen aus Bärenfell, Halbschuhe, Mokassins oder moderne Stöckelschuhe. Der eine roch angenehm, der andere stank, man war hübsch oder häßlich, rund oder schlaksig, dick oder dürr, riesengroß oder klein, sauber oder schmutzig, gepflegt oder verwildert. Noch niemals war ich in meinem Leben von soviel Gegensätzlichem umgeben.

Endlich öffneten sich die Ausgangstüren zum Flugfeld und ließen frische Luft in die Halle strömen. Das Geschubse und Gedränge wurde lebensgefährlich. Kinder schrien, Hunde bellten, und ich mußte alle Kraft aufwenden, um nicht im Gewoge der Masse meine Koffer, die Waffe und den Fotoapparat zu verlieren. So ziemlich als letzter erreichte ich die Maschine.

Ein freundliches Eskimomädchen in schmucker Steward-Kleidung reichte uns erfrischende Getränke. Die kunstvoll verzierte Menükarte enthielt trotz des kurzen Fluges eine große Auswahl pikanter Gerichte. Es gab gebratenes Hühnerfleisch, Patna-Reis, gemischten Salat, Pommer frites, Artischocken, Ananas, Kaffee, Tee und Schokolade. Mein Magen knurrte vor Hunger. Mit großer Hingabe verhalf ich ihm schnell zu seinem Recht, zumal ich daran denken mußte, daß ich in wenigen Stunden nur noch Seehundsfleisch zu essen bekommen würde.

Beißender Wind und brennende Kälte schlugen mit entgegen, als ich nach kurzer Flugzeit die Maschine verließ und durch meterhohe Schneeverwehungen zum einzigen Flughafengebäude von Kotzebue, einer naturfarbenen Holzbaracke, stapfte. Meine Maschine nach Point Hope ging erst am nächsten Tag weiter. Ein uralter Ford, nach unseren Begriffen schon längst schrottreif, brachte mich deshalb mit allem Gepäck ins »Kotzebue-Hotel«, eines der wenigen zweistöckigen Gebäude des Ortes. Schon am Eingang empfing mich stickige, nach Tran und Fisch riechende Luft. Mein Zimmer war sehr klein, der Preis dafür aber so hoch, daß ich in Deutschland für das Geld eine ganze Woche in einem guten Hotel hätte wohnen können.

Die Ortschaft beherbergt knapp zweitausend Einwohner, zu neunzig Prozent Eskimos, die ihre Gemeinde selbst verwalten. Diese ist in einem großen Bogen um die Meeresbucht gebaut. Viele Häuser stehen direkt am Meer, sind aus Treibholz, Walknochen oder Kistenbrettern zusammengebaut und mit Blechen von Ölfässern verkleidet. Einzige Lichtquelle: kleine Fenster mit Scheiben aus Walroßhaut.

Die ärmsten Einwohner hausten in einem an Land bugsierten Fischerboot, dessen Inneres mit Fellen und Häuten verkleidet war, um die Kälte abzuhalten. Nur eine mittschiffs aufgestellte Stiege und die mit Pappe verklebten runden Lichtlöcher ließen auf den Wohncharakter des gestrandeten Kahnes schließen. Einige Eskimos wohnten in mannshohen Transportkisten, deren Dach und Wände mit Blech verkleidet waren. Ein brauner Farbanstrich gab dem Container-Kasten

Anchorage – größte Stadt Alaskas

Eskimohütte in Point Hope

ein wohnliches Gepräge. Die einzigen stattlichen Gebäuden waren Post, Bank, Schule, Kirche und eine Gaststätte, die man aus eingeflogenem Bauholz errichtet hatte.

Ich ging früh zu Bett und bummelte am nächsten Morgen erneut durch das Eskimodorf. Über Nacht hatte es geschneit. Trotz hoher Schneedecke gab es überall Schmutz und Unrat. Neben den Häusern lagen Abfälle aller Art, Kartons, verrostete Öltonnen, Papier, zerbrochene Schlitten, ausgeschlachtete Autos und Motorroller. Wolfshunde und Huskys heulten, Bastarde bellten. Die Tiere waren angepflockt und trugen enge Fellbänder oder schwere Ketten um den Hals. Meistens waren es Huskys — die Schlittenhunde der Eskimos.

Lärmten sie zu viel, dann wurden sie von den Eskimos geschlagen. Nur ganz selten wurde ihnen ein Stück Speck oder Fisch zugeworfen. Meistens lagen sie, teilnahmslos umherblickend, eingerollt auf dem Eis oder in flachen Schneemulden. Ihre glasigen Augen schauten mich traurig und fast leblos an. Starb eines der Geschöpfe, dann gefror es sofort zu einem Eisklumpen. Sein Kadaver wurde den anderen Kötern genauso zum Fraß vorgeworfen wie Fische oder Seehunde. Viele Hunde verschwanden und wurden nie wiedergefunden. Oft waren sie nach einer tödlichen Rauferei von ihren hungrigen Artgenossen mit Haut und Haar verschlungen worden.

An vielen Unterkünften oder auf Holzgestellen hingen gesalzene Fische zum Trocknen, in Streifen geschnittenes Robbenfleisch oder Bündel verschiedener Seevögel. Dächer und Wände der Hütten waren mit Seehundsfellen oder Walroßhaut behangen. Vor den Häusern saßen trotz der Kälte leichtgekleidete Eskimofrauen, die miteinander plauderten oder Felle schabten. Meist waren es pummelige, schmuddelige und unsaubere Geschöpfe. Vor einer Behausung schlug ein Eskimo mit der Axt handtellergroße Fleischstücke aus einer gefrorenen Karibukeule. Zwei junge Eskimofrauen zersägten auf einer Öltonne eine eisharte Robbe samt Fell in mahlzeitgroße Scheiben, die wie Rouladen mit gekringelten, grünweißen Innereien gefüllt waren. Mit Robbenspeck umwickelt und gebraten, sollen sie besser schmecken als gefüllte Peking-Ente!

Auf den Straßen, in Gasthaus und Kaufläden lungerten ungepflegte, schmutzige Eskimokinder herum. Sie steckten überall, wo es warm war. Ungeheuer wißbegierig, bestaunten sie alles Fremde und zeigten sich genauso freundlich und hilfsbereit wie die meisten Erwachsenen. Über den kleinsten Spaß konnten sie herzhaft lachen. Verstanden sie einen Scherz nicht, dann grinsten sie aus ihren flachen Gesichtern und sahen mich mit ihren schräggestellten Schlitzaugen treuherzig an.

Eskimokinder werden von ihren Eltern maßlos verwöhnt. Sie dürfen sich praktisch alles erlauben. Das Leben in den engen, meist einräumigen Hütten ist ja

◀ Eskimofamilie

auch so eintönig, daß Kinder jede Abwechslung freudig begrüßen müssen. Alles Neue erregt ihre Bewunderung. In vielen Eskimofamilien gibt es zehn bis fünfzehn Kinder und mehr. Nirgends in der Welt hatte ich zuvor soviel kleine Menschenkinder gesehen wie bei den Eskimos in Alaska. Aber lieb waren sie — diese rotnasigen, ungewaschenen, immer lachenden Eskimobälge.

Herzliche Freundlichkeit und Hilfsbereitschaft begegneten mir überall. Natürlich machen sich die Eskimos die Vorteile der Zivilisation zu Nutze und auch die Annehmlichkeiten moderner Technik. Sie kassieren von Touristen und Jagdgästen für jede Dienstleistung harte Dollars und kaufen dafür Motorschlitten und Benzin. Der viel langsamere und unbequeme Hundeschlitten wird allmählich ausrangiert, besonders von den jüngeren Männern. Der Motorschlitten erspart ihnen das mühevolle Beschaffen von Hundefutter durch zeitraubende und gefahrvolle Robbenjagd.

Obwohl das Dorf nur über zwei größere Straßen verfügt und den Eskimos ganze zehn bis fünfzehn Kilometer Straßennetz zur Verfügung standen, parkten mehrere Autos vor den Häusern.

»Was machen die Menschen nur mit den Autos?« fragte ich den Hotelbesitzer. »Oh«, sagte er, »sie besuchen damit ihre Freunde und Verwandten oder benutzen das Auto für Transporte aller Art. Auch bei den Eskimos ist der eigene Wagen ein Zeichen des Wohlstandes. Wer reich ist, besitzt zudem noch ein Fernsehgerät.« Dieser fragwürdige Reichtum in Kotzebue ist vor allem darauf zurückzuführen, daß der Ort viele Jahre das Ziel fliegender Eisbärjäger aus aller Welt war. Sie stellten den Polarbären ausschließlich mit dem Flugzeug nach. Hatten sie Glück und gutes Wetter, dann konnte der weiße Bär in ein bis zwei Tagen erlegt sein. Die übrige Zeit des gebuchten Jagdurlaubs hockten die Jäger in den gemütlichen Räumen des Restaurants und spielten Karten. Beim Erzählen ihrer Jagdgeschichten wurde dann so manches Glas Whisky geleert. Die Eingeborenen brachten ihre Schnitzereien an den Mann, verkauften Walroßzähne, Robbenfelle, handgefertigte Seehundsstiefel, Anoraks und andere Bekleidungsstücke aus Fellen oder Pelzen. So bekamen sie Geld in die Hand.

Auf der glitzernden Eisfläche der Kotzebue-Bucht standen zwanzig einmotorige Sportflugzeuge mit Schlittenkufen. Ihre Tragflächen waren meist rot, weil sich diese Farbe auf den Eisfeldern am besten abhebt. Sämtliche Maschinen waren mit zusätzlichen Benzintanks ausgerüstet. Sie standen paarweise nebeneinander, genau so, wie sie aus Sicherheitsgründen auch während des Jagdfluges über dem gefrorenen Ozean operierten.

Gegen Mittag ließ ich mich rechtzeitig zum Flughafen bringen, um die Maschine nach Point Hope nicht zu verpassen. Ich entdeckte eine Holztafel, auf der die wichtigsten Daten der Geschichte des Eskimodorfes eingebrannt waren. Es verdankt seinen Namen dem deutschen Forscher Otto von Kotzebue. Dieser war einer der ersten wissenschaftlich ausgebildeten Geographen, der in russischen Diensten stand. Zar Alexander I. beauftragte ihn im Jahre 1800, das jenseits der Beringstraße liegende russische Alaska zu erforschen und zu vermessen. Der Deutsche bereiste wichtige geographische Punkte während seiner Segelfahrten und trug sie in die von ihm angefertigten Land- und Seekarten ein. Während seiner Reisen lebte er mit den Eskimos und wurde dabei ihr großer weißer Freund. Ihm zu Ehren gab man der großen Bucht oberhalb der Beringstraße seinen Namen, auch benannte man die alte Eskimosiedlung »Nashikoolgit« nach ihm. Er war der Sohn des deutschen Dramatikers August von Kotzebue, der ebenfalls in russischen Diensten stand und einer der erfolgreichsten Bühnendichter der damaligen Zeit gewesen ist.

Die Linienmaschine nach Point Hope konnte nicht alle Fluggäste mitnehmen. Das Befördern der Post und Lebensmittel ging vor, da wegen des schlechten Wetters seit acht Tagen kein Flugzeug in Point Hope gelandet war. Ich flog deshalb mit einer Chartermaschine, einer sechssitzigen »Cessna 402« mit zwei Motoren, die zwei jungen Eskimopiloten gehörte. Sie war ihr gemeinsames Eigentum und wurde von ihnen abwechselnd als Pilot und Kopilot geflogen. Als Brüder teilten sie sich Kosten und Gewinn. Eskimos sind wegen ihrer Bodenständigkeit und der Hilfsbereitschaft ihrer ganzen Sippe besonders kreditwürdig. Bei einer Anzahlung von fünf bis zehn Prozent verkauft man ihnen alles. Und wer berufliches Können nachweist, bekommt jeden benötigten Kredit, wobei der Staat oft Bürge steht.

Der Eskimopilot warf die Motoren an, ließ sie eine Zeitlang warmlaufen, kontrollierte sämtliche Meß- und Anzeigeninstrumente, prüfte den Benzindurchlauf und die Start- und Landeklappen. Die Tourenzahl der Maschine wurde immer größer, und die Propeller pfiffen im Kreise. Langsam rollte die Maschine bis zum Ende der Startbahn. Der Pilot wendete sie gegen den Wind, gab Vollgas und raste in erschreckendem Tempo über die Piste. Die Cessna löste sich vom Eis, steilte gegen den einsetzenden Schneesturm in die Luft und durchstieß den Rest einer Schicht aus Wolken und Nebel. Schnell nahm sie Kurs nordwest, überflog den Norden der Kotzebue-Bucht und schwebte nur wenige hundert Meter über der vereisten Ostküste der Chukchi-See.

Minuten später waren Wolken und Schneesturm verschwunden. Im gleißenden Sonnenlicht lag eine endlos weiße Ebene unter uns, unterbrochen von dunklen Rissen und Spalten. Stürme und Orkane hatten über dem Meer gewütet und hohe Wellen gegen das Land geworfen, die in der arktischen Kälte sofort zu seltsamen Eisgebilden erstarrten. In Höhe der Eskimosiedlung Kivalina verließ unser dröhnender Vogel die Seeseite der Küste und brauste in einer Höhe von nur einhundertfünfzig Meter über die schneebedeckte Tundra. Ein Rudel von schätzungsweise hundert Karibus jagte in wilder Hast davon. Große Scharen von Wildenten und Gänsen erhoben sich von blau schimmernden kleinen Seen und flatterten mit wildem Flügelschlag aufs Meer hinaus. Es waren unvergeßliche Bilder.

Nach einstündigem Flug landeten wir auf dem vereisten Rollfeld von Point Hope. Es grenzte an ein Wunder, daß die Maschine mit ihren kleinen Rädern in solch hohem Schnee sicher landen konnte. Als sie ausgerollt war, steckte sie bis zum Rand des Fahrgestells im Schnee.

Bei der Landung begrüßten uns einige Dutzend Eskimos, darunter viele Kinder. Jede Flugzeugankunft ist ein besonderes Ereignis.

Es konnte Post eintreffen, ein Paket vom Versandhaus oder gar ein unerwarteter Gast. Das Rollfeld liegt unmittelbar am Ortsrand. Sobald ein Flugzeuggeräusch vernommen wird, rennt oder fährt jeder, der eben abkömmlich ist, zur Landebahn.

William Lisburne, ein stämmiger, schlitzäugiger Eskimo mit wetterverbranntem Gesicht und recht orientalischen Zügen darin, begrüßte mich mit breitem Lächeln. Seine Frau, eine kleine, rundliche Erscheinung mit roten Wangen, glänzenden Augen und glattem schwarzen Haar, war ebenfalls zur Begrüßung ans Flugzeug gekommen. Sie hatte sich mit einer silbergrauen, pelzbesetzten Fellparka bekleidet und kniehohe Seehundsstiefel angezogen. In ihrer geräumigen Kapuze, die mit weichem Wolfsfell besetzt war, trug sie ihren jüngsten Sprößling, der trotz Kälte und leichtem Schneefall seelenruhig schlief. William war mit seinem Hundegespann gekommen und packte mein Gepäck auf den Schlitten.

»Komm zu uns ins Haus, wir trinken erst einmal eine Tasse heißen Kaffee«, lud er mich ein. Seine Frau setzte sich vorn auf den Schlitten, ich kletterte auf die Gepäckstücke, und William sprang auf die Kufenenden. Die Peitsche knallte durch die Luft, und schon jagten die Hunde mit lautem Geheul davon. In wenigen Minuten erreichten wir das schneebedeckte Haus. Es hatte ein abgerundetes Dach, stand tief in der Erde und war rundum von hohen Schneemauern umgeben, die den eisigen Wind und die große Kälte von den dünnen Wänden aus Treibholz abhielten. Das Haus war derart von Schnee überdeckt, daß es einem Iglu glich. Feinkantig geschnittene Bausteine aus gefrorenem Schnee bildeten einen kuppelförmigen Windfang. Eine niedrige Öffnung führte ins Innere des Hauses. Während die kleinen Eskimos fast aufrecht durch den Tunnel liefen, mußte ich meinen Kopf einziehen und stolperte gebückt über den rauhen Eisuntergrund in die warme Stube. Es roch so stark nach Fisch, Tran und verfaultem Fleisch, daß mir fast der Atem stockte. Zunächst aber waren mir Mief und Modder lieber als die fürchterliche Kälte draußen, die schlimmer war, als ich erwartet hatte.

»Setz dich und zieh die Jacke aus«, drängte mich Frau Lisburne und servierte heißen Kaffee, dazu selbstgebackenes Brot. Sie wie ihr Mann strahlten eine herzliche Freundlichkeit aus. Während mir William erzählte, daß es in diesem Jahr außergewöhnlich kalt sei und sich die Bären weit draußen auf dem Meer am Rande des Küsteneises aufhielten, hatte sich Frau Lisburne rasch umgezogen. Sie trug ein rotes Wollkleid und darüber eine knielange Sommerparka aus zartem Karibuleder, die am unteren Rand mit weißem Fuchsfell umrandet war. Eskimos nennen solche langen Felljacken »Kamleika«. Ihre kurzen »Mukluks«, knöchelhohe Stiefel, waren von weichem Seehundsfell und innen mit weißem Hasenfell gefüttert.

In einer dunklen Ecke saß der älteste der Familie, vermutlich der Großvater. Er sprach kein Englisch und konnte mich auch nicht verstehen. Seine Hände schnitzten und feilten mit recht primitivem Handwerkszeug große, breite Elfenbeinhauer, die vielleicht Hunderte von Jahren unter der Erde gelegen und dadurch eine dunkelbraune Farbe angenommen hatten. Möglicherweise waren es auch Mammutzähne, die man noch heute in Alaska findet. Sie sind durch das Lagern unter der Erde ebenfalls braun bis dunkelgrau geworden. Zur Zeit der russischen Herrschaft über Alaska sollen noch so viel Mammutzähne gefunden worden sein, daß das prähistorische Elfenbein ein gewinnbringender Exportartikel war.

Der Alte schnitt aus weißem Elfenbein Plättchen für ein Armband, bohrte Löcher hinein oder schnitzte tiefe, breite Kerben, die er dann mit dunklem Elfenbein füllte. So entstanden mehrfarbige Broschen, Halsketten und allerlei Tierfiguren. Besonders wertvoll und entsprechend teuer waren elfenbeinerne Schachfiguren mit kunstvoll geschnitzten Tierköpfen. In einen ganzen, fast siebzig Zentimeter langen Stoßzahn hatte der alte Künstler die Szene einer Eisbärenjagd mit Speeren und Hundeschlitten eingearbeitet. Hochpolierte, glänzende Walroßhauer trugen eingeritzte Bildnisse von Seehunden auf dem Eis, Eisbären, Walrossen und Wölfen. Williams Frau zierte ein besonders schöner Ring mit Elfenbeinplatte und eingraviertem Bärenkopf, dazu ein wertvolles Ohrgehänge. Beides hatte sie selbst geschnitzt — wie sie mir stolz berichtete.

Hinter einem Fellvorhang, der den Hauptraum des Hauses zum Schlafgemach trennte, leuchteten ab und zu dunkle Kinderaugen hervor. Ich hörte fröhliches Kichern und Schreien, aber ganz zeigten sich die scheuen Knirpse nicht. Erst als ich ihnen ein Stück Schokolade durch die Öffnung des Vorhanges reichte, war der Bann bald gebrochen. Der kleinste Sprößling, ein rotbackiger Bub von zwei Jahren, lugte vorsichtig um die Ecke, ob nicht doch noch ein Stück Schokolade kommen würde. Nach und nach kroch er weiter vor, und dann dauerte es nicht mehr lange, bis er auf meinem Schoß saß. Immer mehr kleine, breite Gesichter mit langen blauschwarzen Haarsträhnen über der Nase und dem Mund tauchten hinter der Fellwand hervor. Mit ihren laufenden Nasen, dreckverschmierten Mündchen und plumpen Pelzjacken sahen sie recht eskimoisch — aber auch lieb und sympathisch aus. William war ganz stolz auf seine Kinder. Ich glaube, er hatte insgesamt sieben Buben und fünf Mädel.

Allmählich war der Gestank — als solchen empfand ich den Duft der eskimoischen Lieblingsspeisen — fast unerträglich geworden. Aber William goß immer wieder Kaffee ein und berichtete vom Ablauf der geplanten Jagdtouren, die er mit den Eskimos für die nächsten Tage vereinbart hatte, so daß ein Ausrücken nicht möglich war. Überall im Raum hingen getrocknete Fische oder Bündel in Streifen geschnittenen Robbenfleisches. Auf Jagdreisen tragen Eskimos Dörrfleischbrocken und Trockenfisch in ihren Kleidertaschen mit sich. Sie kauen ständig darauf — sei es vor lauter Hunger oder aus Langeweile. William meinte, diese Art des Fleischverzehrs halte die Zähne gesund. Mag sein, daß die ständig in Bewegung befindlichen Kaumuskeln für eine ausreichende Durchblutung des Zahnfleisches sorgen und so eine Paradentose verhindern. Nur gut, daß ich nicht an solcher Krankheit litt. Das Heilmittel wäre mir zu unappetitlich gewesen.

In der Mitte des Raumes stand ein Blechofen, der aus einer Ölwanne geschnitten war. Er wurde zum Kochen und Heizen benutzt. William heizte noch mit Seehundsfett, obwohl in vielen Häusern der Ortschaft schon Heizöl verbrannt wurde. Ein viereckiger Blechkanister, in dem normalerweise Flugbenzin transportiert wird, war bis zum Rand mit Brennstoff für den Blechofen gefüllt — mit gelbbraunem Blubber, ranzigem Walspeck.

Die einzige Lichtquelle im Haus stellte eine uralte Specksteinleuchte dar, die auf einem Holzgesims stand und vom Großvater geschnitzt war, wie Frau Lisburne mir berichtete. Sie bestand aus einer halbmondförmigen Schale aus weichem Speckstein. Die Dochte waren aus Tundragras gedreht. Früher, als es noch keine Zündhölzer gab, entfachte man Feuer mit Hilfe eines Drillbohrers, der durch Sehnenriemen bewegt wurde. Einige Eskimostämme in Zentralalaska schlugen Feuer auch mit Schwefelsteinen.

Die Lampe in Lisburnes Haus brannte den ganzen Tag. Sie wärmte und spendete Licht zugleich. Nur stank sie fürchterlich. Ihr Qualm setzte sich in die Kleidung und ließ die Augen tränen. Blechöfen heizen einen Raum sehr rasch auf, aber lassen ihn ebenso schnell wieder erkalten, wenn sie kein Futter bekommen. Specksteinleuchten dagegen strahlen ständig eine beträchtliche Hitze aus und spenden dazu ein mildes, angenehmes Licht. Sie halten die Häuser im Winter um null Grad temperiert, was von den Eskimos in ihrer warmen Fellkleidung und im Hinblick auf die arktische Kälte draußen noch als recht angenehm empfunden wird.

Zum Schutz gegen die tiefen Wintertemperaturen hatte William alle Innenwände mit dicker, ungespaltener Walroßhaut verkleidet. Kleine Fenster boten den wütenden Stürmen kaum Angriffsflächen und Schneegestöbern keinen Eingang. Dünngeschabte, lichtdurchlässige Robbenhaut ersetzte die Glasscheiben. Wurde es kalt, dann schloß man den Kuppeleingang mit Schneeblöcken und benutzte nur noch einen tunnelartigen Zugang unter der schneebedeckten Erdoberfläche, der an einer windgeschützten Seite des Hauses lag.

Im Dach des Hauses befand sich ein enger Luftschacht, der mit einer Felsplatte abgedeckt war. Man drückt sie von innen hoch, um reine frische Luft hereinzulassen. Gleichzeitig kann der Geruch von altem Speck, gegorenem Fleisch und abgestandenem Urin abziehen.

»Unsere Haustür hängt noch schief in den Angeln«, sagte William und schob sich erneut ein Stück Fleisch in den Mund. »Ein Eisbär hat sie zerschlagen. Er wäre bald über meine Frau hergefallen.«

»War das ein einzelner Bär? Kam er nachts oder am Tage?« wollte ich wissen. Die Geschichte interessierte mich natürlich. Frau Lisburne erzählte sie mir. Ihr Erlebnis war in der Tat aufregend genug:

An einem Sonntag im Januar des vergangenen Jahres hatte es den ganzen Tag ununterbrochen geschneit. Es war kaum richtig hell geworden. Draußen herrschte eine derart große Kälte, daß sich niemand aus dem Hause wagte. Frau Lisburne und ihr Mann waren mit den Kindern früh schlafen gegangen. In der Nacht erwachte sie plötzlich vom Donnern und Krachen des Eises. Heftiger Sturm heulte um das Haus und schob das Packeis vor der Küste zusammen. Auf einmal polterte es auf dem Dach, dann klopfte und scharrte es an der Haustür. Frau Lisburne glaubte, ein Eskimo habe sich verirrt und wolle herein. Sie sprang aus dem Bett, schlüpfte in ihren Fellrock und hastete zum Eingang.

»Ist da jemand?« rief sie. Aber es kam keine Antwort. Sie drückte gegen die Tür, doch diese klemmte oder war festgefroren. Dann stemmte sie sich mit aller Kraft erneut dagegen. Da sprang die Tür endlich auf.

Entsetzt wich sie zurück. Ein Riesenbär fauchte sie an. »William! ... Ein Bär!« schrie sie aus Leibeskräften. Ihr Mann sprang aus dem Bett, riß sein Gewehr vom Haken und stürzte nach draußen. Der Bär war fort! Er hatte die Tür mit einem Prankenhieb zerschlagen, war über das schneebedeckte Dach geklettert und im Eis verschwunden. Rund um das Haus standen die mächtigen Fährten einer Bärin und ihres Jungen im Schnee. Durch den Luftschacht hatten sie den Duft des verbrannten Robbenspecks in die Nase bekommen und waren der Witterung gefolgt. Zunächst durchwühlten sie den Abfallhaufen vor der Hütte, darauf untersuchten sie das Dach nach der Quelle des gaumenkitzelnden Lüftchens und scharrten den Luftschacht auf. Die Bärin kratzte gerade die Haustür frei, als Frau Lisburne sie öffnete, und fauchte deshalb so grimmig.

Nach dieser Geschichte drängte ich William aufzubrechen, um mir meine Unterkunft zu zeigen, die er mir beschaffen sollte. Wir tranken noch eine Tasse Kaffee und gingen dann gemeinsam zu einer Eskimofamilie, die in einem erdvertieften Winterhaus wohnte. Es war fast vom Schnee begraben. Das Gerüst des Hauses bestand aus Treibholzbalken, während das Dach mit Häuten und Grassoden abgedeckt war. Ein schmaler Tunnel aus Schneesteinen führte zum Eingang der Behausung.

An der Tür begrüßte uns eine kurzbeinige, vollschlanke Eskimofrau. Sie trug ein formlos lappiges Kattunkleid, das unordentlich unter der Parka hervorschaute. Aus ihrer gefütterten Kapuze blickte uns ein lachendes Kindergesicht an. Ihr breites Gesicht war tätowiert und von tiefen Falten durchzogen. Das fettige schwarze Haar hatte sie glatt nach hinten gekämmt. Sie bat uns mit liebenswürdigem Lächeln herein und stellte uns gleich ein Stück Speck mit »Banek« vor, ein hefeloses Brot der Eskimos.

»Wie lange du bleiben möchtest?« übersetzte William die Frage der Eskimofrau. Ich sah mich ein wenig um. Die Innenwände des Erdbunkers zierten große Karibufelle mit dickem Winterhaar. Auf einem Rahmen zwischen Fenster und Tür waren Robbenhäute zum Trocknen aufgespannt. Neben einem fast völlig durchgerosteten, aber noch glühendem Blechofen lag der abgetrennte Schädel eines Karibu-Bullen, aus dem mir zwei erstarrte Lichter entgegenglotzten. Den wackeligen Kistenholztisch bedeckten durchschossene Kariburippen und Berge von Robbenspeck. Durch die mit Darm verklebten Fensteröffnungen drang nur gedämpftes Licht in das Erdhaus. Feuchtwarme, stockige Luft erfüllte den ganzen Raum. Es roch nach verbrannten Vogelfedern, verwestem Fleisch und dem Darminhalt eines Seehundes, den eine ältere Eskimofrau — vermutlich die Mutter — gerade aufbrach. In der Öllampe brannte nur ein dünner Moosdocht mit großer Flamme, während die anderen lediglich glühten und qualmten. Der vereiste Boden der tief in die Erde gebauten Behausung hatte keinen Belag und war übersät mit festgetretenen Knochen, Fellresten und Holz- oder Elfenbeinspänen, die von irgendeiner Schnitzerei herrührten. Aus einem Blechkübel schlug mir entsetzlicher Gestank entgegen.

»Heute ist wohl großer Waschtag?« fragte ich verlegen zurück und deutete auf das ekelhaft riechende Gefäß.

»Nein, nein«, erwiderte sie erklärend, »wir haben gerade Walroßleber gekocht und sind dabei, die Därme zu reinigen.« Auf mein wohl ungläubiges Gesicht hin erzählte William, daß die Eskimos daraus Regenmäntel nähen, den Darm zu Unterwäsche und Kinderkleidung verarbeiten, Zelte davon fertigen und ihn als Spannhaut für ihre Trommeln verwenden. Für kurze Hosen und Babysachen nehmen sie Robbendarm, weil er geschmeidiger und zudem wasserdicht ist.

66

Ich hatte genug von der Besichtigung meiner möglichen Bleibe und drängte — wie die Eskimos freundlich lächelnd — zur Tür, denn es war schon sehr spät geworden. »Ich möchte mir noch ein anderes Haus ansehen«, klopfte ich William auf die Schulter, der sich bei der freundlichen Frau für die Gastlichkeit bedankte und sich im Gegensatz zu mir in der warmen Hütte recht wohl gefühlt hatte.

Die Suche ging weiter. Wir liefen kreuz und quer durch den Ort. Endlich standen wir vor einem richtigen Holzhaus mit stabilem Rundholzfundament, echten Holzfußböden und Glasscheiben in den Fenstern. Die Wände waren rotbraun gestrichen und innen mit Sperrholzplatten aus alten Soldatenschränken verkleidet, die sich die Eskimos aus dem nördlich von Point Hope liegenden Militärstützpunkt »Cape Lisburne« beschafft hatten.

Williams Mutter »Dasy« war die Besitzerin des Hauses. »Kommt herein, draußen ist es zu kalt«, begrüßte sie uns, freundlich lachend. Rasch eilte sie zum gußeisernen Ölofen, der mitten im quadratischen Wohnraum stand und brachte uns heißen Tee mit dampfendem Ölgebäck.

Ein langer, schmaler Eßtisch mit Plastikdecke, drei Stühle, zwei lederbezogene Hocker, eine mit Bärenfell bedeckte Liege, mit Stickereien verzierte Vorhänge aus silbrig getöntem Seehundsfell und buntgemusterte Gardinen vor den Fenstern machten die große Stube gemütlich und angenehm bewohnbar. Große Fellvorhänge teilten das einräumige Haus, neben dem Wohnraum, in drei schmale Schlafplätze mit je zwei Betten übereinander, eine Abortecke und Windfang mit Lagerraum. Mutter Dasy hatte eine große Familie, die gern bei ihr zu Besuch war, und deshalb waren so viele Betten erforderlich. Der Ölofen machte den großen Raum wunderbar warm, verbreitete aber keinen Geruch von verbranntem Robbenspeck. Es war ein weiches Bett da, und für ausreichende Beleuchtung sorgte eine alte Petroleumlampe.

»Hier bleibe ich«, hieß die Entscheidung, die ich William spontan zurief. Mir war nämlich sofort klar geworden, daß ich mit Dasys Haus den besten Fang gemacht hatte. Dasy lachte gutmütig. Sie hatte meine Worte wohl verstanden.

»Ich hoffe, du wirst dich in meinem Haus wohlfühlen«, bestätigte sie dann das Mietabkommen.

Nicht nur Dasys Haus war sauber und gepflegt, sondern auch sie selbst und ihre Wäsche. Sie trug ein bis auf den Boden wallendes, mit großen Blumen und Blättern blaugrün gemustertes Wollkleid und darüber eine bis zu den Hüften reichende Fellparka. Obwohl sich in ihrem dunklen Haar schon graue Strähnen zeigten, sah man ihr nicht an, daß sie schon sechzig Jahre alt war und zwölf Kinder geboren hatte, die übrigens alle noch lebten. Drei Söhne hatten bereits als Soldat gedient und die große Welt kennengelernt. Sie halfen Dasy bei der

Pflege ihres Hauses, besorgten ihr Eisbrocken für Trinkwasser und jagten für sie Robben und Karibus, damit sie ausreichend Fleisch und Fett hatte.

Der Abend wurde sehr lang. Dasy erhielt nach meiner Ankunft laufend Besuch aus ihrer großen Familie. Jeder wollte den Weißen sehen. Vor allem Kinder drängten sich ungeniert in die warme Stube, lachten, kicherten und balgten sich. Erst bestaunten sie mich, dann bewunderten sie die blanken Waffen, mein Fernglas und die Kameras. Zum Schluß betasteten sie mit Neugier sämtliche Gepäckstücke und stellten wißbegierig tausend Fragen. Erst als alle Kinder ein Stück Kaugummi oder Schokolade bekommen hatten, verschwanden sie nach und nach in die kalte Nacht.

Nur die Erwachsenen blieben noch. Mutter Dasy versorgte sie mit Tee und Brot. Im Laufe des Abends besuchten immer mehr Eskimos das von mir bewohnte Haus. Sie traten — ohne anzuklopfen — ein, lächelten, zogen ihre Wetterkleidung aus und setzten sich gemütlich irgendwo in eine Ecke. Eskimos begrüßen sich nicht mit großem Hallo. Wenn sie sich begegnen, dann lächeln sie, zeigen damit, daß sie freundlich sind, und warten danach so lange, bis sich ihre Gefühle und Gedanken einander nähern. Erst dann beginnen sie zu sprechen. Dasys Besucher aber schwiegen; niemand sprach ein Wort, niemand schien einen Wunsch zu haben. Gierig schlürften sie das wärmende Getränk. Nach einer Viertelstunde gingen sie wieder — ohne zu grüßen, sich zu verabschieden — mit verbindlichem, freundlichen Lächeln.

»William, warum kommen die Eskimos alle hier ins Haus?«

»Das weiß ich auch nicht«, antwortete er verlegen. »Sie wollen sich aufwärmen. Vielleicht möchten sie dich sehen, einen weißen Jäger aus Europa.«

So war es wohl in der Tat. Eskimos interessiert alles Neue, jeder fremde Gegenstand. Sie betrachten Unbekanntes gern aus der Nähe. Wenn ihre Neugierde befriedigt ist und sie sich aufgewärmt haben, dann gehen sie wieder.

Dasy verabschiedete sich kurz vor Mitternacht mit guten Wünschen für die Jagd. Sie überließ mir für die Nacht das Haus allein und schlief bei einem ihrer Kinder. Kaum war sie gegangen, da kam schon wieder Besuch. Allmählich wurde ich ungehalten, denn ich war totmüde.

Die neue Störung entpuppte sich als der Besuch von John Trent, eines netten jungen Beamten des »Alaska Department of Fish and Game«, des Ministeriums für Fischerei und Jagd. Er kannte die Landessitten sehr genau und hatte sich die Zeitlosigkeit der Eskimos schon zu eigen gemacht. Er kam — wie die Eskimos — ohne anzuklopfen herein, brachte aber vorsichtshalber eine Flasche gut gelagerten Whiskys mit, denn er konnte nicht wissen, wie die Reaktion eines weißen Jägers auf seine nächtliche Ruhestörung sein würde. Aber freundliche Gäste, zumal wenn sie Feuerwasser mitbringen, sind allzeit willkommen.

Dienstlich hatte er die Jagdlizenzen zu prüfen, privat berichtete er über seine Jagderlebnisse in Deutschland. Die amerikanische Armee hatte ihn zur Forstausbildung in den Raum Stuttgart abkommandiert. Dabei lernte er auch die deutsche Jagd kennen. Er lobte das deutsche Waidwerk und dessen Organisation, machte sich aber auf der anderen Seite über die für ihn seltsame Tierliebe lustig, die in keinen Zusammenhang mit der ihm bekannten Urweltnatur und dem arktischen Wild zu bringen war. Wir würden im Hinblick auf Tierschutz und Wildgehege des Guten zu viel tun, meinte er. Unbegreiflich war es für ihn, wenn deutsche Zeitschriften wehklagend vom Verkehrstod eines Rehes, Eichhörnchens, Hasen oder über den Erfrierungstod einer altersschwachen Eule berichteten. Der Alaskaner konnte es auch nicht verstehen, daß in Deutschland beispielsweise Eiderenten völlig geschützt seien, während es davon in den Brutgebieten des Nordens noch fünf Millionen Exemplare gäbe.

Nachdem mein letzter Besuch sich verabschiedet hatte, war die erste Winternacht im arktischen Point Hope nur noch kurz. Trotz des dicken Daunenschlafsackes lag ich morgens unterkühlt im Bett. Mein Körper mußte sich wohl erst an die tiefen Temperaturen in Alaska gewöhnen. Das Thermometer draußen am Fenster zeigte fünfunddreißig Grad unter Null. Es war kein normaler Temperaturmesser, sondern der Kälteanzeiger aus meiner Gefriertruhe. Gewöhnliche Thermometer mit Quecksilberfüllung messen Kälte meist nur bis dreißig Grad.

In der Nacht hatten heftige Südostwinde die vor der Küste liegenden Treibeismassen weit in die Chukchi-See geschoben und den Himmel leergefegt. Bis zum Morgen wütete der Sturm mit verheerender Gewalt und wehte das letzte Stäubchen Pulverschnee von den glatten Eisflächen. Die Sonne war verhältnismäßig früh aufgegangen, aber ihre Strahlen blieben kraftlos. Als meine eingeborenen Begleiter am Morgen eintrafen, blendete der sonnenbeschienene Schnee derart, daß die Augen schmerzten. Ich war froh, meine Sonnenbrille aufsetzen zu können, die ich von Deutschland mitgebracht hatte.

»Glaubst du, daß wir Bären sehen werden?« fragte ich Karlik, den ältesten der Eskimos, den William mir als einen der besten Jäger vorgestellt hatte.

»Vielleicht ja, vielleicht nein«, war seine weise Antwort. Er schien hohes Ansehen bei den Eskimos zu genießen. Kritisch begutachtete er dann mein Gewehr und testete die mitgebrachte Kleidung.

»Du solltest dir Mukluks anfertigen lassen«, riet er. »Deine Stiefel sind viel zu schwer und zu kurz. Die Füße werden dir darin erfrieren.«

Mutter Dasy, die mit den Eskimos zu mir ins Haus gekommen war, bot sich sofort an, mir kniehohe Mukluks aus silberweißem Seehundsfell anzufertigen. Ich stimmte gleich zu — und schon nach zwei Tagen standen herrliche Fellstiefel aus weicher Robbenhaut vor meinem Bett.

»Sind die Hunde angeschirrt und die Schlitten beladen? Wann brechen wir auf?« fragte ich William.

»Oh, heute jagen wir nicht. Am Sonntag wird nur gebetet und nicht getötet«, belehrte mich der Jäger...

Die Christenlehre hat viele Gewohnheiten der Eskimos verändert. Sie mag ihnen Gutes gebracht haben — zweifellos aber hat sie in die Seelen der Polarmenschen auch Zwiespalt und Unsicherheit gesät.

Die unerbittliche Natur ihrer eisigen, gnadenlosen Umwelt zwang die Eskimos, immer wieder den materiellen Dingen des Lebens den Vorzug zu geben. Der Gedanke an Kleidung und Nahrung war Mittelpunkt ihres Handelns und Denkens. Nur so wird es verständlich, wenn der Himmel für Eskimos ein großes Land ist, das »Land des Tages«, in dem immer die Sonne scheint und es so viel Karibus, Moschusochsen, Walrosse, Bären und Seehunde gibt, daß alle Seelen satt werden und glücklich sind. Nur die tapferen Jäger, die ertrunken sind oder von Tieren getötet wurden, kommen in das große Land.

Wer sein Leben nicht im Kampf mit Feinden, der Natur oder dem Wild verlor, dessen Seele wird nur in das »Kleine Land« einziehen. Er ist keine Hölle, vor der man sich fürchten muß, sondern eine schmale Insel ohne Hinterland und Sonne, ein Reich der dauernden Finsternis. Dort gibt es keine Karibus, Bären oder Büffel, sondern nur kleine Seehunde und Fische. Niemand braucht im schmalen Land zu verhungern, aber es fehlen Freude, Licht und Sonne.

Das Bestreben, ins »Land des Tages« zu kommen, ist deshalb bei den Eskimos so groß, daß sie sich unerschrocken ihren Feinden stellen, mit Todesverachtung kämpfen und sich — meist als Nichtschwimmer — furchtlos mit ihren winzigen Fellbooten auf das stürmische Eismeer wagen.

Eskimos waren mit ihrem freien Leben im eigenen, freien Land immer zufrieden. Sie kannten keine Polizei oder Verwaltung, hatten keine Regierung über sich. Niemand zwang sie, dieses oder jenes zu tun. All ihr Handeln bestimmte einzig und allein der immerwährende Kampf gegen Hunger und Kälte. Ihr Wirken galt der Sorge für ihre Familien und der Unterstützung der Gemeinschaft. Geld und Gewinn waren ihnen fremd. Innerhalb ihrer Sippen gab es keine Verbrechen wie Mord, Diebstahl und Erpressung. Ihr Leben war immer gut — und das einzige für sie auf der Welt. Es hatte seine eigene Ordnung und Gesetze, aus Generationen gewachsene Formen, getragen von einem unerschütterlichen Glauben an die Macht der verstorbenen Seelen, des Eises, der Berge und des Meeres — bis das Christentum kam.

Plötzlich war der Mensch ein armseliges Wesen. Ein Mann mit urstarker Natur, mit mächtigen körperlichen Fähigkeiten, der in seinem Kajak mit dem Meer kämpfte, ihm trotzte und dem Tod unerschrocken ins Auge sah, wurde zu einem Nichts vor Gott, dem großen unsichtbaren Geist des Weißen Mannes. Sein Leben sollte mit einem Male fruchtlos, ohne Inhalt sein. Die Eskimos galten als Heiden, Ungläubige, primitive Eingeborene, als armes Volk, das zu Christus, dem Erlöser, geführt werden mußte, zum großen Geist des Himmels.

Wer vermag in die Seelen dieser vom Christentum heimgesuchten Menschen zu schauen? Erst die Missionare predigten von Sünde, Moral und der Hölle, von fürchterlichen Leiden nach dem Tode. All das war den Eskimos vorher unbekannt. Unfaßbar für die einfältige Denkungsart so primitiver Naturmenschen waren vor allem die Mysterien der katholischen Kirche, wie die Gegenwart Gottes im Altarssakrament, die Dreifaltigkeit sowie die vaterlose Menschwerdung des Jesus Christus.

Eskimos haben ein unbegrenztes Vertrauen in das Wort ihrer Mitmenschen. Sie glauben, was man ihnen sagt. So ließen sich denn auch viele bekehren, gingen zum Gottesdienst, lauschten den Worten der Fallas — der weißen Priester und Missionare. Neue Kirchen wurden zu warmen Gemeinschaftsräumen und beliebten Treffpunkten für Familien und Stammesangehörige. Kluge Missionare unterrichteten die Eskimos nicht nur über Religion, sondern auch über Sitten und jagdliches Brauchtum ihrer Vorfahren. Andere Priester zogen die Eingeborenen durch Musik und Tanz in die Kirche, um sie den Gottesglauben der Weißen zu lehren. Ja, es gab Missionare, die mit den Eskimos lebten, wohnten und zur Jagd gingen, um sich so deren Vertrauen zu erwerben.

Wie man auch über die Bekehrung der Eskimos zum christlichen Glauben denken mag — möglich war sie nur durch den persönlichen und oft strapaziösen Einsatz der Priester, Missionare und Bischöfe. Sie verstanden es, sich den Eskimos in ihrer Welt des Eises, der Dämonen und Geister rasch anzupassen und Vertrauen zu gewinnen. Die Missionare halfen immer und überall in Dingen des täglichen Lebens — oft unter großen persönlichen Opfern. Viele Eskimos sind Christen geworden und wurden getauft. Der alte Geisterglaube aber lebt in ihnen weiter, wird sicherlich auch noch etliche Generationen weitergegeben werden.

Das wurde mir besonders deutlich, als ich am Vormittag einen Gang durch den Ort machte. Auf dem Friedhof von Point Hope, einem sandigen Hügel, der in der Tundra verläuft, entdeckte ich auf einem vom Schnee freigefegten, drei Meter langen und einem Meter hohen Holzkasten — vermutlich dem Sarg — eine außergewöhnlich große Geistermaske. Sie war aus den Wirbelknochen eines Wales geschnitzt — sicherlich vom Verstorbenen selbst. Die Hinterbliebenen hatten sie mit Sehnenbänder an einen dicken Stein gebunden. An der Spitze des Kreuzes hing das Amulett des Toten — zwei ausgetrocknete, weißbefiederte Ständer einer Schnee-Eule mit schwarz-silbernen Krallen. In Point Hope und bei vielen Eskimos an der Beringstraße war der Amulettglaube weit verbreitet. Auf Gräbern mit christlichen Kreuzen findet man auch heute noch hier und da persönlichen Besitz der Verstorbenen, meist Schmuck, Kleidung, Harpunen, Speere und andere Jagdgeräte, die ihnen für das Weiterleben im Jenseits mitgegeben wurden. Schamanen, die Zauberpriester und Beschwörer guter und böser Geister, werden noch lange und oft tätig sein, um Ereignisse vorauszusagen, drohende Gefahren abzuwenden, Mächte der Finsternis zu vertreiben und die guten Geister um Jagdglück zu bitten. Die Eskimos glaubten, alle Tiere hätten eine Seele, bis die Missionare versuchten, ihnen das auszureden. Ganz ist ihnen dieses nicht gelungen; denn nach der Geschichte der Weißen, die sie Bibel nennen — so argumentieren die Eskimos — habe die Schlange im Paradies auch gesprochen. Sie müsse also auch eine Seele gehabt haben.

»Alles Unglück dieser Welt liegt darin, daß die Nahrung der Menschen aus Seelen besteht«, behauptete ein Schamane der Eskimos und meinte damit, daß der Mensch Tiere mit Seelen töten müsse, um leben zu können — womit er aus der Sicht der Eskimos nicht ganz unrecht hatte.

Der erste Sonntag in Alaska wurde für mich auch ohne Jagd zu einem unvergeßlichen Erlebnis. Einer der Jäger, nämlich Kirk mit Namen, ein verhältnismäßig langer Eskimo mit wuchtigen dunklen Augenbrauen, wetterverbranntem Gesicht und blitzend weißen Zähnen, erklärte sich bereit, mit mir zum südöstlichen Strand ans offene Wasser zu pirschen. Ich zog meinen Anorak über, setzte die Wollmütze auf und legte dicke Fausthandschuhe an, denn es sollte ja nur ein kurzer Spaziergang werden. Draußen fegte aber ein Sturm ums Haus, der mich fast umwarf. Seine heftigen Windstöße wirbelten weiße Flocken durch die Luft. Beißende Kälte schlug mir ins Gesicht und stach wie tausend Nadeln. Mein Atem verwandelte sich in weißen Kristallnebel. Die Temperatur lag bei minus dreißig Grad. Der kalte Wind pfiff mir durch Hemd und Hose. Blitzschnell verschwand ich wieder ins Haus und zog mir warme Unterwäsche, winddichte Hosen, armlange Pelzhandschuhe, Felljacke und hohe Stiefel an. Fettcreme schützte mein Gesicht gegen Sonnenbrand, und eine breite Brille schirmte die Augen gegen grelles Licht und eisigen Wind. Nach Eingeborenenart eingemummt, mit Gewehr und Fotoapparat ausgerüstet, stapfte ich mit meinem Eskimo über den knirschenden Schnee und hoffte, Seehunde oder Bärenfährten zu sehen. Aber es kam anders ...!

Parallel zur Küstenlinie lag ein breiter Packeisstreifen mit hoch aufgetürmten Schollen. Jenseits davon war das offene Wasser, wo wir Robben, Walrosse oder Bären vermuteten. Bei gutem Wind pirschten wir am Wasserrand über glattes, aber noch recht dünnes Neueis, das uns rasch vorwärts kommen ließ. Kirk prüfte laufend die Eisstärke. Dazu benutzte er seinen »Unaak«, einen drei Meter langen

Holzstab mit einer Metallspitze am oberen Ende und einem gedrehten Haken an der unteren Seite. Für Jäger im arktischen Eis ist dieses Werkzeug genauso wichtig wie für Bergsteiger ein Eispickel. Mit der scharfen Spitze des Unaaks konnte Kirk das Eis leicht durchstechen.

»Ich glaube, das Eis ist zu dünn«, warnte der Eskimo und lief etwas langsamer. »Ach, es wird schon halten«, meinte ich leichtfertig und ging vorsichtig weiter. Kirk folgte im vergrößerten Abstand, um das Eis nicht doppelt zu belasten. Unentwegt durchstach er die Eisfläche mit der Spitze seines Unaaks. Vor einer haushohen Packeiskante hielt ich an und wartete auf ihn. Das Eis schwankte bedrohlich, aber bei gefrorenem Salzwasser ist das üblich. Süßwassereis dagegen schwingt nicht und bricht ruckartig.

Unter mir wurde es allmählich feucht. Der Schnee lief voll Wasser und wirkte merkwürdig grün. Vorher hatte der weiße Grund noch recht vertrauensvoll ausgesehen. Der mit Frostblumen gemusterte Eisrand war auf einmal verdächtig hell und durchscheinend. Endlich kam Kirk! Ich gab ihm meine Waffe und stellte den Fotoapparat ein, damit er mich fotografieren konnte. Kirk lief zurück und legte das Gewehr an den Eisrand. Im selben Augenblick knackte es. Ich erschrak, drehte mich um, ging Schritt für Schritt zurück und . . . rums!

Das Eis splitterte und krachte. Im Nu umsprudelte mich grünweiß schäumendes Wasser, hatte ich keinen Boden mehr unter den Füßen. Unbeschreiblich — das Leeregefühl unter mir! Entsetzen packte mich. Ich strampelte wie ein ertrinkendes Kind. Nur nicht unter das Eis geraten — war mein einziger Gedanke. Beißend kaltes Wasser stieg mir bis zur Brust und drang durch die Kleider. Sobald es mit Haut in Berührung kam, brannte es wie Feuer. Sekundenlang stand ich Todesängste aus. So schnell wollte ich nun doch nicht sterben. Ich dachte an Haie und »Mörderwale«. Hastig krallte ich meine Finger in die schneebedeckte Eisbank und zog mich nach vorn. Aber die Kante brach ab und versank. Meine hektischen Schwimmbewegungen hielten mich zwar hoch, doch die nassen Kleider begannen mich in die Tiefe zu ziehen. Der Sog der Ebbe trieb mich vom Eisrand ab. Mit letzter Kraft klammerte ich mich erneut an den bröckeligen Eisrand — und er hielt.

»Halt' dich fest«, schrie Kirk aufgeregt, der sich langsam über das Eis herangearbeitet hatte. »Beweg' dich nicht!«

Wie eine Robbe rutschte er mit dem Bauch übers Eis und schob mir seinen Unaak entgegen. Ich ergriff ihn wie einen rettenden Strohhalm und ließ mich aufs Eis ziehen. Erschöpft blieb ich liegen, vor Anstrengung oder Schreck — ich weiß es nicht.

»Schnell aufstehen!« befahl jedoch Kirk. »Du mußt sofort laufen!« Er riß mich hoch, rieb mich mit trocknem Schnee ab und schob mich vor sich her übers Eis, bis ich mich wieder voll bewegen konnte. Meine Kamera hing geöffnet vor meiner Brust, umschlossen von einer dicken Eissschicht. Die Kleider gefroren augenblicklich zu einem Eispanzer. Nur die Hose blieb durch die sofortige Bewegung einigermaßen elastisch. So schnell es ging, hastete ich mit Kirk über das Eis zurück nach Point Hope. Die Angorauntersuche und das Laufen hielten mich einigermaßen warm, wenngleich der kalte Wind schneidend durch alle Ritzen meiner Kleidung drang. »O Teufel, ist das kalt!« rief Kirk und schlug seine Arme quer über die Brust, die völlig naß geworden war, als er über das wasserbedeckte Eis robbte, um mir zur Hilfe zu kommen.

Nach langem Marsch über rauhes Küsteneis, schneebedeckte Höcker und Spalten erreichten wir nach fast zwei Stunden meine warme Unterkunft. Die glitzernden Eisperlen in Bart und Haare verwandelten sich bald in große Tautropfen. William und die übrigen Eskimojäger, die sich in Mutter Dasys Haus versammelt hatten, hielten sich den Bauch vor Lachen, als wir erzählt hatten, was geschehen war. Sie sprangen aber hilfsbereit herbei, um mir die brettsteif gefrorenen Sachen vom Körper zu ziehen. Trockne Wäsche, wohlige Wärme und heißer Trunk weckten meine Lebensgeister wieder und ließen das lebensgefährliche Bad im kalten Polarwasser bald vergessen. Seltsamerweise blieb nicht einmal eine Erkältung zurück. Waffe und Kamera tauten im warmen Raum bald auf, wurden sorgfältig getrocknet und blieben ohne Schaden. Einziger Verlust war ein 90-Millimeter-Objektiv, das durch eingedrungenes Salzwasser völlig verrostete. Bei den Eskimos war ich an jenem Tage das Dorfgespräch Nummer eins. Für den Rest meiner Jagdzeit in Point Hope nannten sie mich nur noch den »schwimmenden Eisbärjäger«.

Gegen Abend pochte jemand kräftig an der Tür. Es war Karlik mit großem Hundegespann, der von der Küste kam und auf seinen Händen einen blanken Eisbrocken trug. »Ich bringe euch Trinkwasser«, verkündete er stolz und warf den kantigen Frostklumpen in eine Tonne neben dem Ofen. Sein Schlitten war turmhoch mit glasklaren Eiswürfeln beladen, die er aus einer mehrere Meilen entfernten Süßwasserlagune geholt hatte. Eine angenehme Arbeit ist es nicht, bei Kälte, Schneetreiben und Sturm die schweren Eisbrocken aus dem eisigen Wasser zu fischen und die schwere Last mit Schlitten ins Dorf zu schaffen. Zu Beginn des langen Polarwinters mit mehreren Monaten völliger Finsternis muß vor den Hütten bereits ein großer Vorrat Eisblöcke aufgestapelt sein, denn bei Temperaturen von fünfzig Grad minus und mehr wagt sich in der Dunkelheit kein Mensch aus seiner Hütte. Wasser aus geschmolzenem Eis schmeckt so köstlich und frisch wie das Quellwasser der Berge. Aufgetauter Schnee wird als Waschwasser verwendet.

In größeren Eskimosiedlungen, wie beispielsweise Kotzebue, fahren nicht alle

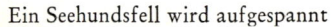

Motorroller mit Schlitten und Boot für die Robbenjagd

Ein Seehundsfell wird aufgespannt

Eskimos hinaus, um Trinkwassereis zu brechen, sondern dort versorgt gewöhnlich nur einer die Haushalte mit gefrorenem Wasser — natürlich gegen Entgelt.

William besprach mit den Eskimos die für den nächsten Tag vorgesehene Jagdreise. Man einigte sich auf die Zahl der Hunde in jedem Gespann. Die Führung sollte Karlik übernehmen, da William daheim bleiben wollte, um seinen Motorroller zu reparieren. Die Diskussion über Fleisch für die Huskys, ob Zelte mitgenommen werden sollten und welches wohl der beste Reiseweg übers Eis sei, zog sich fast bis Mitternacht hin. Erst als Mutter Dasy aufbrach, verließen auch die übrigen Eskimos das warme Haus.

Bevor ich zu Bett ging, kontrollierte ich noch das an der Windseite des Hauses angebrachte Thermometer und hielt die abgelesenen Werte in meinem Tagebuch fest. Dabei ging es mir um ein kleines Experiment. Bei tiefen Temperaturen versagten immer wieder Kameras, Filmapparate und Gewehre, weil Fette und Öle gefroren und die Funktion der beweglichen Teile behinderten. Kameraverschlüsse klemmten, Filmapparate liefen unregelmäßig oder zu langsam und Gewehrschlösser ließen sich nicht verriegeln. Ich testete deshalb fünf der bekanntesten Waffenöle und Schmierfette, von denen ich je eine Probe vor dem Hause aufstellte, so daß Kälte und Wind gleichzeitig einwirken konnten. Überraschend gefror das von Jägern meines Wissens meistgekaufte Spezialöl zuerst, obwohl es als »Rostschutz in Tropen und Arktis« angepriesen wird. Sodann erstarrte eine viel verkaufte »Vaseline« zu Eis. Nur ein Schmierpräparat, das in Spraydosen verkauft und als »kälte- und hitzebeständig von 40 bis 200 Grad Celsius« propagiert wird, war bei der tiefsten von mir gemessenen Temperatur von 58 Grad minus noch so flüssig, daß es wie Salatöl aus dem Probeglas floß. Ein Zerstäuben — selbst nach kräftigem Schütteln — war allerdings nicht mehr möglich.

Allen Arktisfahrern kann ich deshalb nur ein solch gutes Schmiermittel empfehlen. Zur äußeren Pflege der Waffe ist ein zusätzliches Rostverhütungspräparat von Nutzen. Kompromißlos aber sollte man Kameras und Filmapparate zur »Polarisierung« ins Herstellerwerk schicken. Dort werden sie vollkommen von Fett befreit und konserviert, so daß alle Verschlüsse und Mechanismen auch bei größter Kälte arbeiten. Der Kostenaufwand lohnt sich immer und steht gewiß in einem vernünftigen Verhältnis zum Gesamtaufwand für die Expedition und dem Risiko eines Mißerfolges. Das Gefrieren der Batterien von Taschenlampen, Belichtungsmessern oder Blitzlichtgeräten verhindert man dadurch, daß man sie in Plastikhüllen wickelt, in der Hosentasche trägt und nachts mit in den Schlafsack nimmt. Wer ganz vorsichtig ist, nimmt je eine Reservebatterie mit auf die Reise.

Der erste Jagdtag in Alaska begann mit Sonnenschein. Über Nacht hatte sich der Wind gelegt, und das Eis war mit einer flimmernden Schicht Neuschee überzogen. Meine eingeborenen Jagdbegleiter Karlik und Kirk holten mich schon am Morgen ab. Sie grüßten lachend und schienen guter Laune zu sein. Ihre Schlitten standen, mit Fellen und Proviant beladen, vor dem Hause. Zwanzig bellende Hunde zerrten ungeduldig an den Leinen. Sie konnten es kaum erwarten, mit den Schlitten wild über das Eis rennen zu dürfen. Es war schwierig, sich zwischen den kläffenden Tieren zu verständigen. Kirk warf ihnen einige Brocken Robbenspeck zu, so daß sie sich vorerst beruhigten. Er hatte neun Hunde vor seinen Schlitten gespannt, während Karlik über elf Huskys verfügte. Würde und Ansehen eines Eskimos erkennt man an der Zahl seiner ausgebildeten Schlittenhunde. Sie ist Maßstab für Autorität und Wohlstand. Karlik, der ältere der Eskimos, nahm gern das Privileg der Würde für sich in Anspruch und steuerte seinen Schlitten niemals mit weniger als elf Hunden, wenn es zur Jagd ging.

Endlich war es soweit! Ich sprang auf Karliks Schlitten, setzte mich hinter die Gepäckstücke und hüllte mich mit allen greifbaren Fellen ein, denn trotz der Sonne war es eisig kalt. Kaum hatte mein Gefährte den Eisanker gelöst, da schnellten die Hunde in einem Tempo los, daß ich fast vom Schlitten gepurzelt wäre. In ihrer Wildheit hätten sie Kirks Gespann beinahe über den Haufen gerannt. Der weiche Pulverschnee stob unter ihren Läufen in hellem Wirbel empor. Die Reise durch die eintönige Schneewüste, durch die Welt des eisigen Schweigen, hatte begonnen.

Die Sonne strahlte auf eine Region aus Eis und Schnee. Ihr greller Schein ließ Millionen von Kristalle und Schneesternchen glitzern und funkeln. Es war bitter kalt: Die Temperatur betrug bei der Abfahrt 35 Grad unter Null. Der Atem der keuchenden Hunde zog in weißen Wolken über die Gespanne, die Stunde um Stunde über das Eis dahinflogen. Die Huskys verfielen in ein immer schnelleres Tempo. Es gibt kaum etwas Erregenderes als eine solche Fahrt mit Hundeschlitten.

Karlik lehnte sich über meine Schulter, um meine Wangen nach Zeichen von Frost zu untersuchen. Diese Kontrolle wurde uns zur ständigen Gewohnheit bei allen Reisen. Häufig mußten wir die Handschuhe ausziehen, um verräterische weiße Flecken auf Backen und Nase mit der Hand aufzutauen. Sie waren erste sichere Anzeichen des Erfrierens ungeschützter Körperteile.

Die Eskimos standen aufrecht auf den Schlittenkufen. Der Sturm peitsche gegen ihre Körper, und Eisnadeln verklebten Wimpern, Haare und Augenbrauen. Immer wieder über das hochgetürmte Eis blickend, um nach Bären Ausschau zu halten, lenkten sie ihre Gespanne unentwegt nach Norden, ständig der Küstenlinie folgend.

»Das ist wenigstens noch eine Bärenjagd«, rief ich Kirk zu, der uns gerade mit seinem Schlitten überholte. Er aber schien — seinem Gesichtsausdruck nach — meine Begeisterung nicht zu teilen und anderer Meinung zu sein.

Meine Hände waren noch nicht steif gefroren, so daß ich von seinem vorbei-
rauschenden Schlittenzug Fotos machen konnte. So weit das Auge reichte, umgab
uns eine zauberhafte Landschaft mit geheimnisvollen Eisformationen, haushohen
Gletscherbrocken, unendlichen Schneefeldern und unübersehbaren Schollenbergen,
die durch Gezeitenströme und orkanartige Stürme aufeinandergeschoben worden
waren.

Unsere Hunde strengten sich gewaltig an, um ihr Kufengefährt über Eisgeröll und
hartgefrorene Schneeverwehungen zu ziehen. Viele Male brachen sie mit ihren
Schlitten durch dünne Eiskrusten und versanken bis zum Bauch im salzigen Meer-
wasser. Sie rannten ununterbrochen, ohne müde zu werden, hetzten mit den
Gespannen über das Eis, von Schlitten zu Schlitten sich gegenseitig anfeuernd.
Jeder Leithund wollte mit seinem Gefährt in Führung gehen. Mit unfehlbarem
Spürsinn suchten sie sich stets die besten Gleitbahnen aus oder folgten stur den
ihnen bekannten Fährten. Der Schweiß auf ihren Lenden gefror zu einer weißen
Schicht. Das ganze langbehaarte Fell überzog sich nach und nach mit einer glit-
zernden Kruste aus Reif und Eis.

»Drüben offenes Wasser!« rief Kirk und stoppte sein Gefährt. Auch Karlik hielt
den Schlitten an, der ebenfalls die grauen Wasserwolken über dem Eis entdeckt
hatte. »Dort werden wir Eisbären sehen, oder Seehunde«, ergänzte der Eskimo
seine Entdeckung, zog die Handschuhe aus und schneuzte in den Schnee. Mühsam
kletterte ich vom Schlitten. Meine Glieder waren steif und kalt. Selbst die Eskimos
klapperten mit den Zähnen.

Karlik wurde von einem beängstigenden Hustenanfall geschüttelt. Er würgte,
röchelte und übergab sich. Sein Gesicht war feuerrot.

»Was ist los mit dir« fragte ich erschrocken. »Bist du erkältet?«

»Ach, das macht nichts — das ist nicht schlimm!« antwortete er und hustete erneut. Diesmal hielt er aber seine Handschuhe vor dem Mund.

Viele Eskimos leiden an einer chronischen Luftröhrenentzündung. Die ständige
feuchte Luft in ihren Iglus und Behausungen führt oft zur Erkrankung ganzer
Familien. Schweiß und feuchter Atem werden bei der großen Kälte von der
Wäsche nicht mehr aufgesogen, können nicht verdunsten, sondern verdampfen
nur auf der Haut und gefrieren wieder zu Schnee und Eis. Wenn Eskimos sich
ganz ausziehen — was selten vorkommt — dann rieseln Schnee und Eis aus ihrer
Wäsche. Früher waren die Eingeborenen noch in Felle gekleidet, die keine Feuchtigkeit annahmen oder diese gleich wieder abstießen. Heute tragen Eskimos
häufig Wäsche wie wir, wechseln und trocknen sie aber nicht oft genug.

Karlik und Kirk zurrten die Lederriemen um kantige Eisblöcke, verankerten die
Schlitten und lockerten alle Leinen der Hunde. Den Huskys war die Verschnauf-
pause sehr willkommen. Sie scharrten tiefe Mulden in den Schnee, rollten sich

ein wie Igel und fielen in tiefen Schlaf. Wir nahmen unsere Gewehre und stapften über das rauhe Eis, fortwährend in Richtung der dunklen Wolken. Mit den glatten Fellsohlen meiner neuen Mukluks rutschte ich immer wieder von den blanken Scholleneisplatten. Wir stolperten über verschneite Eishöcker, fielen in Spalten oder versteckte Schneegruben. Es war ein anstrengendes Turnen und Klettern. Nach einer vollen Stunde erreichten wir das offene Wasser, ich war schweißgebadet, denn meine Daunenkleidung war für eine solche Anstrengung zu warm.

Aus dem eisfreien Kanal stiegen dünne Dampfschwaden empor, weil das Wasser wärmer war als die Luft. Sie ballten sich am blauen Himmel zu flockigen, grauen Wolken zusammen. Hier und da schwammen einzelne blaugrün schimmernde Eisgebilde auf dem See, aber sonst war kein Leben zu entdecken. Wir warteten und nutzten die Zeit zu einer Kaffeepause.

»Da, ein Seehund!« bedeutete Karlik und duckte sich aufs Eis. Ich warf mich ebenfalls hin und sah den Robbenkopf wie einen schwarzen Ball langsam auf dem Wasser treiben.

»Schießen, schnell, sonst taucht er unter«, stieß der Eskimo aufgeregt hervor. Vorsichtig schob ich den Gewehrlauf auf die höchste Eiskante, klemmte mein Taschentuch darunter und ging ins Ziel.

»Ist zu weit!«, zischelte ich Karlik zu, denn in meinem Jagdglas wippte nur ein kleiner dunkler Punkt über dem Zielstachel auf und ab.

»Versuch es, du mußt ihn treffen!« feuerte er mich an und schob mir seine Handschuhe als Unterlage für das Gewehr zu. Ich atmete tief durch, hielt die Luft an und ... peng! Der Schuß bellte über das Wasser.

Ist die Robbe getroffen? Sie springt hoch, quirlt das Wasser — und taucht unter. Für immer? Ringe — Blasen, sonst nichts!

»Nicht bewegen! Sie kommt wieder ... muß auftauchen, muß Luft holen«, beruhigt mich Karlik, der ein erfolgreicher Robbenjäger ist.

Minute um Minute vergeht, eine Viertelstunde — eine halbe Stunde. Die Ruhe wirkt unheimlich. Niemand spricht ein Wort. Nicht ein Vogel ist am Horizont zu sehen. Nur der Schatten der rasch an der Sonne vorbeiziehenden Wolken huscht geisterhaft über das dunkle Wasser.

Da! Neben dem Seeufer schwimmt er wieder. Der schwarze Kopf taucht nur zeitweise zwischen dem schaukelnden Eisbrei auf. Mein Gewehr liegt schußbereit auf dem Schnee. »Warte noch, der Hund wird näher kommen«, flüstert Karlik. Die Robbe lugt neben den treibenden Schollen unbewegt aus dem Wasser. Vermutlich lauert sie auf einen Fisch. Dann taucht sie weg.

»Aufpassen, sie schwimmt hierhin«, flüstert der Eskimo. Ich liege flach auf dem Bauch, meine Büchse fest im Anschlag. Die armlangen Handschuhe sind unter den Lauf geschoben. Die Kälte kriecht langsam durch den Körper, meine Hände werden steif. Da ist sie! Die Kugel fliegt — der Schuß kracht!

»Getroffen!« ruft Kirk, der wie eine Feder hochschnellt, die Wurfkeule schwingt und sie mit Wucht hinter der Robbe ins Wasser klatschen läßt. Aber das Holz mit den Widerhaken verfehlt sein Ziel. Der leblose Körper mit dem silbergrauen Fell treibt auf dem schwarzen Wasser. Noch einmal schwingt der Eskimo die Keule. Diesmal landet sie direkt hinter der Robbe. Ein Ruck an der Leine — und die gräßlichen Haken erfassen die Beute. Langsam zieht Kirk das fette Tier aufs Eis.

Karlik, ein urwüchsiger Eskimo mit breiten Schultern und dicken Muskelpaketen, zieht bedächtigt sein Taschenmesser aus der Jacke, läßt die scharfe Klinge aufspringen und schneidet der Robbe blitzschnell den Leib auf. Mit geübtem Griff schiebt er den Speck beiseite, drückt das Gescheide herunter, durchsticht das Zwerchfell, entfernt mit dem Messer die Galle und reißt die schwarzrote Leber heraus, die dampfend und rottropfend in den weißen Schnee fällt. Geschwind ritzt er vier Löcher in den Rand des aufgetrennten Bauchfells, drückt den Dünndarm leer und zieht ihn kreuz und quer durch die Bauchlappen. Die so wieder zugenähte Robbe schleppt Kirk zu den Schlitten. An Ort und Stelle wird die Leber von den Eskimos verzehrt. Sie ist für alle Arktismenschen eine Delikatesse.

Die Eskimos waren von der Leber aber noch nicht satt. Sie zogen getrocknetes Fleisch und entwässerten Fisch aus ihren Taschen und begannen, gemütlich zu kauen. Ich beschränkte mich auf eine Tafel Schokolade, die ich für die Reise mitgenommen hatte. Dazu heißer Kaffee — das reichte für die nächsten Stunden. Unsere Jagdausbeute war eine Ringelrobbe (Phoca hispida), die etwa ein Meter fünfzig lang war und fast einen Zentner wog. Sie hatte ein prachtvolles Fell mit dunklen Flecken und fast weißen Ringen darum. Ringelrobbenkinder gehen nach der Geburt nicht sofort ins Wasser, sondern tragen in den ersten Wochen ein weißes, wolliges Fellkleid. Viele Junge kommen in einer sonderbaren Höhle zwischen dem Meereis und Schnee zur Welt, die nur eine Öffnung nach unten zum Atemloch im Eis hat. Dort werden sie vom Wasser aus gefüttert, bis sie das silbergraue, dichtbehaarte Fell bekommen, mit dem sie schwimmen können, um sich dann selbt zu ernähren.

Über uns war blauer Himmel. Der Wind hatte die Wolkenschleier vertrieben. Schnee und Eis glitzerten im grellen Schein der Mittagssonne, die sogar wärmte, sobald wir windgeschützt zwischen dem aufgetürmten Eis hockten.

Die Eskimos waren inzwischen satt geworden.

»Wir wollen die Gewehre prüfen«, schlug Karlik als verantwortlicher Jagdleiter vor. Alle waren einverstanden, denn die Schüsse auf den Seehund hatten bestimmt die Bären vertrieben, wenn solche in der Nähe waren. Durch riesige Packeis-massen gegen die kalte Brise vom Meer abgeschirmt, probierten wir insbesondere die großkalibrigen Gewehre für die Bärenjagd aus. Wir legten uns auf den ver-harschten Schnee und beschossen leere Bierdosen. Das Schießergebnis war zu-friedenstellend. Nur Karlik brauchte einige Patronen mehr, bis er seine voll-kommen verrostete Kanone mit dem verbeulten Zielfernrohr und dem Treffpunkt in Übereinstimmung gebracht hatte. Bei Aufschubmontagen bedarf es nur weniger Umdrehungen der Stellschraube mit einem Geldstück, um das montierte Fernglas einzurichten.

Wir packten unsere Gewehre in die Schutzhüllen und stampften über das Eis zu den Gespannen zurück. Oh Schreck — wo waren die Hunde? Nicht einer war mehr zu sehen. Hatten sie sich losgerissen? Das war gut — weit draußen im Eis und dann ohne unsere Huskys! Es schien, als habe sie ein Geist verzaubert. Erst als wir den Schlitten näher kamen, klärte sich das Rätsel auf. Vor den Kufen-fahrzeugen entdeckte ich vier Reihen weißer Hügel.

»Gib mal acht!« rief Kirk und stieß mit dem Fuß gegen den vorderen Schneeberg. Der wurde plötzlich lebendig. Es war der Leithund! Im Nu stand die ganze Hundemeute auf ihren Läufen — vier Reihen weißverkrusteter Wolfsgestalten. Der Wind hatte ihre eingerollten Körper mit Treibschnee überweht, worunter es sich mollig warm schlafen ließ. Nun wedelten sie hellwach mit ihren Ruten, scharrten im Schnee, heulten mit zum Himmel erhobenen Fängen oder balgten sich um den besten Platz vor dem Schlitten. Karlik löste die Riemen von den Eisblöcken, lockerte die Bremse — und schon jagten die Hunde davon. Wir hielten weiter Kurs Nord.

Der Himmel hatte sich wieder bezogen. Gelbgraue Wolken verkündeten Schnee oder Sturm, vielleicht beides. Die Sonne wärmte nicht mehr, und sofort wurde es eisig kalt. Socken aus Karibufell, bei denen die Haarseite nach innen verarbeitet worden war, schützten die Füße vor dem Erfrieren. Über diesen Tierfellstrümpfen trug ich meine Mukluks aus Seehundsfell, die Eskimomutter Dasy mir genäht hatte. Meine Hose war von winddichtem Zellstoff, mit Eiderdaunen gefüttert und hatte durchgehende Reißverschlüsse. Dennoch drang der heftige Fahrtwind durch irgendwelche Ritzen der Kleidung. Ich bibberte vor Kälte und drückte mich immer tiefer zwischen das Gepäck und die glitschige Robbe, obgleich die abscheulich stank. Windboen jagten den Pulverschnee in staubenden Wirbeln über das Eis oder preßten ihn zu harten, welligen Dünen. Der Schlitten schaukelte über meterhohe Schneewehen und sprang von einem Eishöcker zum anderen. Halb schlafend und fast zum Eisklumpen erstarrt, hockte ich unter brettsteif gefrorenen Pelzen mit angezogenen Beinen auf dem eisüberzogenen Schlitten. Das Land-schaftsbild blieb unverändert: haushohe Schollentrümmer, scharfkantige Packeisblöcke und dazwischen unendliche Schneefelder. Aber kein Wasser, kein Bär, kein Seehund — ja nicht mal eine einzige Möwe am Himmel!

»Zu windig . . . keine Seehunde . . . unter Eis, Wasser zu unruhig . . . kein Bär!« rief Kirk mir von seinem Schlitten zu, während er versuchte, Karliks Gefährt zu überholen. Nur Wortfetzen drangen im tosenden Sturm an mein Ohr.

Wir überquerten einen gefrorenen Küstensee. Fast unhörbar glitten unsere Schlitten über die blankgefegte Eisfläche, auf der sich die Hunde kaum halten konnten, da sie nur kurze Krallen haben und ausschließlich mit den Ballen auftreten. Streckenweise fiel ich in Schlaf, wachte aber gleich wieder auf, sobald das Fahrzeug gegen einen Eisblock stieß oder zu kippen drohte. Ich wagte kaum, nach vorne zu schauen, denn trotz des Daunenanoraks mit pelzbesetzter Kapuze blieb das Gesicht unbedeckt, und der frostige Fahrtwind brannte auf der Haut wie tausend Nadelstiche.

»Du solltest etwas laufen«, weckte mich Karlik besorgt auf. Brav rollte ich mich kurzerhand vom Schlitten und rannte — so gut ich konnte — mit meinen froststeifen Beinen hinterdrein, aber unsere Hunde legten ein derartiges Tempo vor, daß es unmöglich war, dem Gespann zu folgen. Ich hing mich einfach mit einer Hand am Schlitten und ließ mich ziehen, halb stolpernd, halb rutschend — bis ich warm wurde. Dann sprang ich wieder auf.

Unter den Huskys entstand plötzlich große Unruhe. Sie bellten, bissen ihren Vordermann und sprangen über die Leinen. Karlik knallte mit der Peitsche, aber die Tiere beruhigten sich nicht. Das zweitletzte des Gespannes, ein großer und kräftiger Rüde, versuchte anzuhalten. Doch der Leithund rannte wie wild weiter, und alle Huskys mußten folgen. Da ließ der Rüde sich — auf den Hinterbeinen sitzend — einfach über das Eis schleifen, löste sich in aller Ruhe und legte sich dann erst wieder ins Geschirr. Nur wenn der Leithund mal »muß«, hält die ganze Karawane.

Die akrobatische Schlittenfahrt ging weiter. Wir gaben die Hoffnung nicht auf, einen Bären zu entdecken, denn zwischen dem hochgetürmten Eis waren überall Löcher und wassergefüllte Spalten, in denen Seehunde zum Luft holen auftauchten. Diese Atemlöcher aber zogen Bären von weit her an. Holpernd, tänzelnd und mit dem Hinterteil hin und her schlenkernd, sprang mein hölzerner Untersatz über das Eisgewirr. Krampfhaft umklammerte ich die Kufenbogen, um nicht heruntergeschleudert zu werden. Die Hunde legten sich mit Brust und Schulter voll ins Geschirr und sprangen ungestüm über alle Hindernisse. Mit einem Male bäumte sich der Schlitten auf, kippte zur Seite, überschlug sich und warf mich klatschend aufs Eis. Sämtliche Knochen taten mir weh. Der Eskimolenker war abgesprungen, die Hunde aber jagten zügellos vorwärts. Der Schlitten überrollte die zweite Hündin. Diese stürzte, lag auf dem Rücken, jaulte, bellte und stöhnte.

Die wilde Meute schleifte das jammernde Tier rücksichtslos hinter sich her, bis die Zugleinen total verwickelt waren und der Schlitten krachend gegen einen Eisblock schlug. Das ganze Gespann war nur noch ein hoffnungslos verwirrter Haufen fauchender, zähnefletschender und sich beißender Hunde. Karlik fuhr mit der Ledergerte dazwischen, bis Ruhe eintrat. Er riß den Schlitten hoch, zerrte den arg geschundenen Hund hervor und entwirrte die Leinen. Das Tier schüttelte sich, taumelte etwas benommen, sträubte die Rückenhaare zornig knurrend, beleckte die blutenden Wunden und ließ sich geduldig wieder anspannen. Mein Eskimo lächelte — für ihn war der Fall erledigt. Mir aber war das Lachen vergangen. Vom Sturz war das linke Bein verstaucht, das Gesicht brannte wie Feuer; dazu steife Hände und eiskalte Füße — ich hegte nur noch einen Wunsch: Schnell zurück! Aber das war unmöglich.

Am Nachmittag hatten wir die dreitausend Meter hohen Lisburne-Hügel noch erkennen können, die etwa zwanzig Meilen von uns entfernt waren. Inzwischen kamen vom Meer her graue Sturmwolken übers Eis gezogen, die uns die Sicht nahmen und sich jederzeit entladen konnten. Die dunstverhangene Feuerscheibe der Wintersonne leuchtete tiefrot über dem Horizont. Feiner Schneestaub fegte über die blanken Eisflächen, staute sich vor jedem Hindernis zu hohen Schneewehen.

»Wir fahren zurück«, schlug der ältere Eskimo vor und wendete gleichzeitig den Schlitten. »Es ist zu windig. Wir werden keine Bären sehen«, begründete er die Entscheidung.

Ich war froh. Der Körper braucht schon einige Tage, um sich an die arktische Kälte zu gewöhnen. Vor allem aber schien mir eine weitere Fahrt über das Eis sinnlos, denn der frische Seewind hatte sich zum Sturm entwickelt, der die Flächen des offenen Wassers zu hohen Wellen peitschte, so daß es kein Seehund mehr wagte aufzutauchen. Wo aber kaum Seehunde sind, da sucht man Eisbären vergebens. Sie ziehen sich während des Sturmes in das wildzerklüftete Eis zurück und lauern dort an Atemlöchern der Robben auf ihre Beute.

Gegen Abend wurde es immer kälter. Es begann zu schneien. In Windeseile stürmten die Hunde übers Eis. Sie merkten, daß es heimwärts ging. Außerdem waren sie recht hungrig. Die Gespanne holperten über Schollentrümmer und durchbrachen die dünnen Krusten zugefrorener Wasserpfützen. Selbst der feinkörnige Schnee — von der Mittagssonne erweicht — war zu knorrigem Eisboden geworden, nachdem starker Frost ihn mit einer Harschschicht überzogen hatte. Unsere Schlitten blieben in Schneewehen stecken, mußten hohen Packeisbarrieren ausweichen, quälten sich steile Hänge hinauf und schossen auf der anderen Seite in atemberaubender Fahrt durch enge Eisschluchten wieder hinunter. Ich hatte meine liebe Not, das Gleichgewicht zu halten.

Nach einer Stunde machten wir unsere Schlitten zwischen turmhohen Eisgrotten fest. Die Hunde zogen den buschigen Schwanz ein, wärmten ihre Nase und Schnauze damit und nahmen so zusammengerollt ihre kälteschützende Schlafstellung ein — nicht ohne zuvor noch eine gehörige Portion Schnee zu lecken, um den Durst zu stillen. Kirk, der ein wenig Ausschau gehalten hatte, entdeckte zwischen dem hochgeschobenen Scholleneis eine spiegelglatte Wake mit klarem Wasser. »Hier könnten Seehunde auftauchen«, meinte er und kauerte sich mit seinem Gewehr auf einen Randeissockel, während der unaufhörliche Schneefall die Sonne verfinsterte und uns in weiße Geistergestalten verwandelte. Wenigstens hockten wir windgeschützt zwischen dem Eis und nicht mehr auf dem kalten Schlitten. Die Eskimos kauten wieder Fleisch und Walspeckwürfel, während ich vor Hunger getrockneten Lachs verzehrte, der etwas salzig schmeckte, aber immerhin sättigte. Ich nahm mein Gewehr vom Schlitten und ließ mich neben dem Eskimo am Wasserrand nieder, der auf einen schwimmenden Schollenrest zeigte, wo er irgendetwas entdeckt haben mußte.

»Dort ... zwei Robben!« schrie Karlik. Rumms ... Bums ... Peng! Gleichzeitig bellten alle Gewehre auf. Beide Robben schwammen auf dem Wasser — verendet. Die Seeoberfläche färbte sich rot. Nur fünfzig Meter vor uns waren die Seehunde aufgetaucht. Im hohen Bogen flog das hölzerne Wurfgeschoß hinter die Robben. Karliks Keule hakte sich ein, während Kirk seine Beute erst mit dem dritten Wurf traf und aufs Eis ziehen konnte.

Nach dieser Mahlzeit waren die Hunde kaum noch zu zügeln. Mit freudigem Gebell sprangen sie über das knubbelige Eis davon. Der gute Orientierungssinn des Leithundes führte uns bald aus dem Eisgewirr auf die ausgefahrene Schlittenspur in Richtung Point Hope. Die Sonne versank im Meer. Ihr letztes Licht übergoß die Eiswelt des Polarmeeres mit einer zarten Abendröte. Der Mond schob sich hinter den Wolken hervor und warf seinen geisterhaft silbernen Schein auf die weite weiße Ebene. Zwei lange Reihen dickbefellter Wolfshunde jagten über die Schneefelder. Der Wind spielte in den langen Ruten und blies wirbelnden Treibschnee in ihre abstehenden spitzen Ohren. Von ihren Läufen aufgeworfene Schneekristalle glitzerten und funkelten. Lautlos, gespenstig ruhig und still, schoben sie sich mit den langen Schlitten über den weichen Neuschnee. Ihre Bewegungen waren ein beschwingtes Auf und Ab. Oft glaubte ich, mich mitten in einem Rudel angreifender Wölfe zu befinden, wenn der Eskimoführer die Peitsche schwang und die heulende Meute mit langgezogenem, kojotenähnlichen Jaulen, lange Schatten werfend, über die mondbeschienene Eisfläche stürmte.

Es dunkelte schon, als wir uns dem Dorfe näherten. Die Spuren von Hundeschlitten wurden immer dichter, gemischt mit Abdrücken kettengetriebener Motorroller. Nach Überqueren der letzten hohen Eiswälle erblickten wir die ersten

Lichter der Eskimohütten. Meine Behausung und das warme weiche Bett waren nicht mehr fern. Die zurückgebliebenen Huskys begrüßten uns bereits von weitem mit einem ergreifenden Heulkonzert. Mühsam kletterte ich vom Schlitten — erschöpft, durchgefroren, steif und hungrig. Nach einem langen Tag in kalter Luft ließ der ersehnte Schlaf nicht lange auf sich warten.

Der nächste Morgen war frostig und klar. Die Temperatur betrug minus 35 Grad, obwohl die Sonne schon früh am Himmel stand. Ihre hellen Strahlen brachen sich auf dem flimmernden und gleißenden Schnee. Sie warfen ein warmes Licht durch die großen Fenster meiner dunklen Hütte. Ich war kaum angezogen und noch beim Frühstück, als meine Eskimos schon in der Tür standen — wie immer, mit einem fröhlichen Grinsen auf ihren runden Gesichtern.

»Auf geht's — wir fahren heut nach Norden, nach Cape Lisburne«, munterte mich William auf, der anstelle von Karlik gekommen war. Mein Jagdführer vom Vortag mußte nämlich wieder für seine Sippe Trinkwasser beschaffen und war zum Eisbrechen zur Süßwasserlagune gefahren. Cape Lisburne liegt etwas mehr als sechzig Kilometer nördlich von Point Hope. Der Weg dorthin führt entlang der Küste oder über die hohen Berge hinter dem Meerufer. Weht der Wind ständig aus dem Norden, dann ziehen viele Bären vom Eis der Chukchisee an die Küste und wandern in Nord-Süd-Richtung von Cape Lisburne nach Point Hope.

Eskimo Kirk hatte schon seine elf Hunde ins Geschirr geboxt. Ungeduldig wedelten sie mit ihren langbehaarten Ruten. Knurrend und nervös rissen die Tiere an den Riemen und warteten auf das Zeichen zur Abfahrt. Einige fielen mit Heulen und Kläffen in das laute Konzert der übrigen neun Huskys ein, die vor dem zweiten Schlitten auf den Reisebeginn lauerten, den Kirk an die Haustür gebunden hatte. Er hielt mit der Gerte andauernd zwei starke Rüden in Schach, die sich wie erbitterte Feinde bissen oder zähnefletschend anfauchten.

Rasch waren Waffen und Ausrüstung verstaut, und mit kratzendem Geräusch glitten unsere schmalen Schlitten über die gefrorene Schneefläche des Küstenvorlandes. Für die Fahrt über Hindernisse, höckerbespickte Eisfelder und eine Wirrnis zerbrochenen Scholleneises hatten meine Eskimos die »Federbespannung« gewählt. Sie ermöglicht ein leichteres und genaueres Lenken der Hundeschlitten. Man verwendet dabei eine lange Leine aus rundgeschnittener Walroßhaut, an der die Hunde rechts und links — jeweils paarweise nebeneinander — mit kurzen Fellriemen angebunden werden. Das Gefährt lenkt ausschließlich der Leithund, gewöhnlich eine ältere Hündin. Sie ist auffallend intelligent und reich an Erfahrungen. Mit der unfehlbaren Sicherheit ihres Instinktes findet sie stets den besten Weg und die leichtesten Gleitfährten.

Wild vor Freude über den ersehnten Auslauf, galoppierten unsere grauen oder bernsteingelben Polarhunde im scharfen Tempo gen Norden. Sie zogen die schwer beladenen Schlitten über die ebene Eisfläche des »Maryatt-Inlet«, einer durch die hohe Nehrung geschützten Meeresbucht. Sie ist ein fischreiches Gewässer, das von den salzarmen Fluten des Kukpuk-Flusses gespeist wird. Im Sommer schlagen dort viele Eskimos ihre Zelte auf, um zu fischen.

William und Kirk waren stolz auf ihr Hundeteam. Jeder wollte mit seinem Gespann der Schnellste sein. Laut ließen sie ihre Lederpeitschen über die Hunderücken knallen, so daß die Tiere, die den Wettbewerb ihrer Herren spürten, ihr Letztes hergaben, um die Führung der Gespanne zu übernehmen. Das Hundeschlittenrennen war für die Eskimos ein tolles Vergnügen. Dabei werden Geschwindigkeiten von dreißig Kilometer pro Stunde erreicht. Die Huskys der Eskimo können zwanzig Stunden ununterbrochen ihre Schlitten ziehen. Gute Hunde mit leichtlaufenden Gespannen schaffen bei trocknem Schnee sechzig bis achtzig Kilometer am Tag, wie mir die Eingeborenen berichteten. Mit leeren Schlitten können täglich bis zu zweihundert Kilometer bewältigt werden.

Die Eskimos standen wie Eisstatuen auf ihren Schlitten. Frostiger Fahrtwind jagte ihnen tanzende Schneewirbel ins Gesicht. Trotzdem waren diese Arktismenschen fröhlich — ja, sie sangen sogar ihre strophenreichen Dämonenlieder dazu. Hin und wieder sprangen sie vom Schlitten und liefen etliche Meilen nebenher, um den Hunden die Arbeit zu erleichtern oder sich aufzuwärmen.

Unerwartet versperrten meterhohe Schneewehen unserem Gespann den Weg, ließen den schweren Schlitten versinken. Die Hunde plagten sich sehr, doch der Schlitten rührte sich nicht vom Fleck. Wir luden das Gepäck ab, kippten die Fahrzeuge um, reinigten die Kufen und stellten sie wieder auf. Die Fahrer feuerten ihre Hunde erneut an. Aber diese versanken bis zur Brust im Pulverschnee, rissen an den Leinen und keuchten vor Anstrengung. Kirks Gefährt kam uns zur Hilfe. Schon fauchten sich die Hunde der verschiedenen Züge böse an und stürmten aufeinander los. Der Eskimo konnte sie nur durch gezielte Peitschenhiebe auseinanderhalten. Die arktischen Menschen verstehen es meisterhaft, mit der Peitsche nur einen Hund oder ein bestimmtes Teil des Körpers zu treffen, wenn sie bei der Führung ihrer Hundegespanne ein Tier züchtigen müssen. Gemeinsam hoben wir den Schlitten hinten hoch, während die Hunde kräftig zogen. Langsam bewegte er sich vorwärts, bis er Gefälle bekam und wieder festes Eis unter sich hatte. Dann ging die dramatische Schlittenfahrt weiter.

Die Kälte wurde schier unerträglich. Heulender Wind und Schneegestöber schlugen uns entgegen. Unsere Hunde trotteten langsamer. Sie kämpften gegen einen Blizzard an, der unvermittelt über uns hereinbrach. Mit brausendem Getöse raste er über die Eisberge, fegte die verschneiten Ebenen blank, erfaßte den wandernden Pulverschnee, verwandelte ihn in stäubende Wolken und jagte mit furchtbarer Wucht über unsere Gespanne. Im Handumdrehen waren Hunde und Schlitten in ein Schneegestöber gehüllt. Wir konnten kaum noch die Hand vor den Augen sehen. Der Sturm peitschte die körnigen Schneekristalle wie Eisnadeln gegen unser Gesicht. Ich hielt mir das Taschentuch vor die Wangen und drückte die breiten Überhandschuhe gegen die Stirn. Nur gut, daß die Augen durch eine breite Brille geschützt waren. Haare und Augenbrauen hingen voll Eiszapfen. Windboen jagten breite Schneeflocken und Hagelkörner gleichzeitig durch die Luft.

Schwerfällig kämpften die weißverkrusteten Huskys gegen den Sturm an. Sie versanken immer wieder bis zum Bauch im Schnee. Es war fast kein Vorwärtskommen mehr. Ihre Seher waren eisverkrustet, die Lauscher voll Schnee. Mit den Pfoten versuchten sie die Eisbrocken von den Augen zu kratzen. Sie sprangen aufgeregt hin und her oder blieben einfach stehen. Von den letzten Hunden wurden die vorderen wieder mitgerissen oder überrollt.

Plötzlich raste Kirks Schlittenzug im Schneegestöber heran. Mit Karacho stürzten die Wolfstiere auf ihre Rivalen, und im selben Augenblick gab es nur noch eine befellte Masse raufender Hunde und ein Wirrwarr von Schlitten, Gepäckstücken und Leinen. Das furchterregende Kläffen, Belfern und Klagen mischte sich mit dem Heulen des Sturmes. Endlich wurde der Leithund vom anderen Schlitten überrollt und lag unter dessen Kufen. Er jammerte verzweifelt.

Kirk und William schlugen mit ihren Peitschen auf die Tiere ein. Die meisten ließen sofort von einander ab und duckten sich. Nur zwei kräftige Rüden kämpften mit Todesverachtung weiter. Ringsum färbte sich der Schnee von den blutenden Wunden rot. Mit gesträubten Rückenhaaren gingen sie auf einander los und schlugen sich die scharfen Reißzähne in die Flanken. Unsere Eskimos ließen sie eine Weile gewähren und amüsierten sich. William wollte wissen, ob sein Rüde stärker war als der unseres Gespannes. Die Hunde kämpften wie hungrige Raubtiere miteinander. Zweifellos hatten sie noch recht viel Blut ihrer grauen Vettern, der Timberwölfe, in den Adern. Der grausame Kampf der Tiere rührte die Eskimos nicht. Man spürte — sie waren noch urige Geschöpfe einer herzlosen Umwelt, einer brutalen Natur. Ihre Seelen sind unempfindlich gegen Schmerz und Tod. Der mörderische Existenzkampf der Arktis, dem sie täglich ausgeliefert sind, hat ihre rauhe Schale geprägt.

Erst als der stärkere Rüde begann, dem anderen große Fetzen Fell vom Leibe zu reißen, griffen die Hundeführer ein. Mit der Lederrute — einer fürchterlichen Waffe in den Händen des Eskimos — erhielt der beißwütige Rüde einen gezielten Schlag in den Rücken, und sofort ließ er von seinem Gegner ab. Demütig winselnd, kroch er dann zu seinem Herrn — offenbar schuldbewußt, aber furchtlos — legte sich brav vor dessen Füße und ließ sich widerstandslos einschirren.

Das Fell des tapferen Verlierers war rasch mit einer rotgefärbten Eiskruste überzogen, dem einzigartigen Wundverband der Arktis. Der Rüde konnte aber nicht mehr laufen. Kirk legte ihn auf seinen Schlitten und deckte ihn mit Fellen zu. Trotz beißender Kälte, in der man es kaum zwei Minuten ohne Handschuhe aushalten kann, entwirrten die Hundeführer mit nackten Händen das vielfach verschlungene Lederknäuel. Mit bewundernswerter Fingerfertigkeit zupften sie die jeweils passende Leine für die in bestimmter Reihenfolge anzuschirrenden Hunde aus der Wust der Zugriemen. Ein Vergnügen war die Arbeit nicht, zumal die mit Urin und Exkrementen beschmutzten Stränge später — wegen steifgefrorener Finger — nur noch mit den Zähnen entknotet werden konnten.

Lächelnd sprangen die einheimischen Gespannführer wieder auf die Enden der Schlittenkufen und spornten die Hunde erneut zum Rennen an. Der Blizzard war weitergezogen. Es hörte auf zu schneien. Die tief ziehenden graugelben Schneewolken trieb der Wind übers Meer. Wir verließen das hoch aufgetürmte Küsteneis und erreichten eine windgeschützte Bucht. Vor uns lag eine endlos erscheinende weiße Ebene, trostlos und eintönig. Wie bei der Verfolgung eines Bären oder eines anderen Wildes hetzten die Huskys über das hindernislose Eis. Die Eskimos begannen wieder ein beängstigendes Wettrennen zwischen ihren Gespannen. Wie hielten aber mit weitem Vorsprung die Spitze, denn unser Schlittenzug verfügte nach dem Zweikampf der Rüden über einen Hund mehr.

Endlich stoppten die Schlittenzüge. Den Eskimos kam das Eis bedenklich dünn vor. Streckenweise wurde es schon vom Wasser überspült. Es war erst zwei Tage alt — so schätzten die Eskimos — und höchstens zehn Zentimeter dick. Die Eingeborenen diskutierten die Situation in ihrer Sprache, die nicht rauh ist wie das Klima, sondern oftmals wie ein murmelnder Bach klingt — leise, beruhigend, wohltuend, leicht und flüssig. Eskimos reden gern und viel. Für sie gilt, daß der Mensch seine Erlebnisse, Ideen und Ansichten nicht für sich behalten darf. Ja, sie sind sogar der Meinung, daß ein Mensch irre wird, wenn er stumm und immer allein ist. Williams Sprache war lebhaft und flüssig. Die einzelnen Sätze stiegen in der Betonung auf und ab. Alle Worte kamen tief aus dem Hals, reihten sich aneinander, so daß das Gesprochene sich wie eine gesungene Litanei anhörte.

»Wir denken, das Eis ist doch gut genug«, gab Kirk die getroffene Entscheidung bekannt. »Es wird aber nur einen Schlitten tragen. Wir müssen in großem Abstand hintereinander fahren«, ergänzte er und übernahm selbst die Führung. Wir legten viele Meilen ohne Zwischenfall zurück, obwohl ich oft mit Schaudern bemerkte, wie sich das Eis unter den Kufen bog.

Aber dann galt alle Aufmerksamkeit einer Bärenspur. Kaum hatte Kirk sie entdeckt, da spornte er die Hunde auch schon an, jagte in rasendem Tempo über das Eis. Die Tatzenabdrücke waren so dick wie ein Kinderkopf. Vor einer Spalte kreuzten sie sich mit älteren Fährten. Wir folgten den Fußstapfen des Bären bis zum offenen Wasser — dort endeten sie. »Der Bär hat ein Floß benutzt«, meinte Kirk enttäuscht.

Die Hunde bellten, als gelte es den Fischen im Wasser. Die Küsteneiskante war gerissen, die Strömung hatte die abgebrochenen Teile ins Meer gezogen. Der Bär war mit den Eismassen davongeschwommen.

Wir fuhren weiter der Küste entlang, mußten dabei erneut durch eine Wirrnis von hochgepreßtem Scholleneis, angetriebenen Gletscherbrocken, Schneewehen und rauhen Eisfeldern. Nach zwei Stunden anstrengender Fahrt, während der ich immer wieder abgesprungen war, um mir die Füße zu vertreten, machten wir eine Pause, weil die Hunde Ruhe brauchten und hungrig waren. Wir hielten vor einer terrassenförmigen Eispressung mit gewölbten Höhlungen und einem ab- gerundeten Plateau. Die Schlitten wurden verankert und die Leinen der Zugtiere gelockert. Kirk sah nach seinem Rüden — er war steif gefroren. Der Zweikampf mußte ihm doch tödliche Verletzungen beigebracht haben. Ich machte mir gerade Gedanken darüber, an welcher Stelle wir ihn unter dem Schnee begraben sollten, als Kirk das Tier auch schon zerschnitt und es den hungrigen Huskys vorwarf. Sie verschlangen es tatsächlich mit Haut und Haar.

Die Eskimos hatten wieder getrockneten Fisch mitgebracht, Robbenspeck und Ölkuchen. Beim Zerschneiden des eingegangenen Hundes war mir der Appetit vergangen, obwohl ich sehr hungrig war. Ich aß deshalb nur den Ölkuchen und trank heißen Kaffee dazu. Das Fettgebäck ist nicht etwa süß, sondern nichts anderes als hefeloses Brot ohne Salz, in Walöl gebacken. Wenn man viel Speck ißt — wie bei Eskimos üblich — dann wirkt dieses trockene Mehlerzeugnis neu- tralisierend im Magen.

Nach der Pause kletterte ich auf die hohe Eisterrasse hinter uns und suchte mit dem Glas das eisbedeckte Meer nach Bären ab. Die Sonne war inzwischen wieder hinter den Wolkenfeldern hervorgekommen und ließ die schwimmenden Eisinseln in ihrem grellen Licht glitzern und flimmern. Das dunkle Wasser unterhalb unseres Eisfelsens wurde von den hellen Sonnenstrahlen so durchsichtig, daß die viele Meter tiefen Muschelbänke zu erkennen waren, nach denen Walrosse und Eiderenten mit großer Vorliebe tauchen.

Vor einem treibenden Eisberg bemerkte ich plötzlich eine Bewegung. Dann etwas Gelbes. Das muß doch ein Eisbär sein...? Ja! Wieder eine Bewegung... ein zweiter gelber Fleck. »Eisbären... Eisbären!« rief ich begeistert ins Tal. Kirk und William kamen heraufgestürmt und rissen mir das Glas aus der Hand. Auch sie sahen sofort: Es waren tatsächlich zwei, ein großer gelber und ein jüngerer mit hellem Pelz.

»Ist das eine Bärin mit ihrem Jungen?« fragte ich, aufs höchste erregt; aber die

Eskimos waren schon den Eishügel hinuntergerutscht und rannten zu den Gespannen. Ich ihnen nach! Aufspringen, Eisanker lösen und davonjagen waren eins. Kirk ließ seine Peitsche über die Hunderücken knallen. In unbändiger Hetzjagd stürmten die neunzehn Beller über die funkelnde Eiswüste. Scharf gellten die Kommandos der Eskimos: »Tiej .. tiej .. tiej!« weiter nach links!
Kirk scherte nach Osten aus. »Hau .. hou ... hau!« befahl er seinen Hunden. Sie sollten weiter nach rechts ziehen. — Ob sie die Beute ahnten?
Ihr Tempo war nicht mehr zu bremsen. Mit lautem Geklirr brachen Eiskrusten und dünne Schollen unter den Kufen, als wären es Fensterscheiben. Ungestüm sprangen die wilden Tiere über jedes Hindernis. Der Schlitten baumelte hin und her, erhob sich vorn steil zum Himmel und schlug krachend auf das Eis zurück. Ich krallte meine Hände um die Holzstäbe und balancierte wie ein Seiltänzer.
»Bist du lebensmüde? Laß die Beine nicht überhängen«, warnte William mich, denn der Schlitten schlug immer wieder gegen die messerscharfen Eisblöcke.
Nach einer Viertelstunde stoppten die Fahrzeuge. Deutlich standen Fährten im Schnee, die zu einem gestrandeten Gletscherberg führten, der ein guter Aussichtspunkt war. Andere Spuren wiesen zu den senkrechten Eisfelsen, die sich mindestens zehn Meter hoch aus der Chuchisee erhoben und auf Sichtweite die Küstenlinie bildeten. Kirk bestieg den Gletscherberg, doch war in dem wilden Eisgewirr kein Bär zu entdecken. Die Huskys waren jedoch voller Unruhe. Offensichtlich hatten sie Wittrung in der Nase.
William schnitt die Leine des Leithundes durch, der sich am wildesten gebärdete, und ließ ihn allein vorausstürmen. »Er wird die Spur verfolgen und den Bär entdecken«, meinte er dabei hoffnungsvoll.
Unsere Gespanne folgten dem suchenden Rüden in weitem Abstand. Nach wenigen Minuten schon hörten wir aufgeregtes Bellen und Japsen. Die übrigen Hunde waren nun nicht mehr zu halten. In wilder Hatz stürzten sie daher, vergaßen ganz die Schlitten hinter sich. Selbst meterhohe Eisblöcke überfluchteten sie in unbändigem Eifer. Doch an einer Engstelle zwischen hochgepreßten Schollen blieben die Schlitten hängen. Die beutegierigen Huskys zerrten wie wild, aber es ging nicht mehr weiter. Da durchschnitten meine Eskimos kurzerhand alle Leinen und ließen die Raufbolde davonrennen. Wir ergriffen unsere Gewehre und eilten im Laufschritt hinterher. Das schrille Gekläffe der losstürmenden Hunde wurde nach und nach schwächer. Im Nu waren sie hinter den Eistrümmern verschwunden. Nur ab und zu hörten wir leises Bellen in der Ferne.
»Hier, breite Bärenspuren!« rief Kirk, blieb stehen und untersuchte die großen Trittsiegel, die noch ziemlich frisch und tief in den Schnee eingedrückt waren. »Es muß ein schweres Männchen sein.«
»Hier, ... noch eine!« meldete William und folgte der ausgemachten Fährte

tiefgebückt über den verharschten Schnee. Er schätzte die Länge des Bären auf mindestens drei Meter. Noch nie hatte ich die Eskimos so unruhig und erregt gesehen.

Mit einem Male drang lautes Bellen aus dem Eis »Dort, der Bär!« schrien wir gleichzeitig. Tatsächlich, wie ein Werk der Bildhauerkunst stand ein Eisbär unbeweglich auf dem Hügel, den Hals weit vorgestreckt. Welch ein Bild...! Sein gelbes Fell leuchtete in der Sonne. Die Hunde hatten den Petz gestellt und auf eine Eiskuppe gedrängt. Wütend fauchte der Bär die Hunde an und versuchte, seine Angreifer mit einem Tatzenhieb zu zerschmettern. Aber die erfahrenen Tiere wichen blitzschnell aus, umzingelten ihn und griffen von allen Seiten an. Der Bär senkte sein Haupt, machte einen krummen Buckel, tat einen Schritt vor und schlug in wildem Zorn mit seiner breiten Pranke auf den ihn attackierenden Hund ein. Sofort griffen die anderen Huskys an. Unerwartet zog sich der Bär zurück, duckte sich. In einem Satz wirbelte er dann herum und sprang über die Hunde auf die nächste Schneewächte. Dort hatte er Rückendeckung. Die Eskimos standen wir erstarrt und sahen den Hunden zu, ähnlich wie beim Zweikampf ihrer Rüden.

»Warum laufen wir nicht hin?« fragte ich William verwundert und etwas ärgerlich.

»Wir müssen warten, bis die Hunde den Bär fest haben, sonst springt er ins Wasser und entkommt uns«, antwortete er.

»Dann sollten wir uns heranpirschen, bis auf Schußweite oder näher«, schlug ich vor.

»Das geht nicht«, widersprach der Eskimo. »Hinter den Hügeln ist ein breiter Wassergraben mit Grützeis. Die Hunde können hindurch. Wir haben aber keine Boote. Vielleicht treiben die Hunde den Bär zu uns.«

Indessen war der Kampf der Hunde gegen Meister Petz weitergegangen. Der Bär ließ die Huskys ziemlich nahe herankommen. Der so tölpelhaft und ungeschickt aussehende Pelzbrocken erhob sich plötzlich zu einem hochaufragenden Biest und schlug wie ein Blitz mit den Tatzen zu. Dann ließ er sich wieder auf seine vier Läufe fallen, beschrieb mit der schwarzen Spitze seines keilförmigen Hauptes sichernd einige Kreise durch die Luft, duckte sich und schnellte mit gekrümmtem Rücken wie eine Feder über die Hunde hinweg auf den nächsten Berg. Dort stellte er sich noch einmal. Die Entfernung betrug mehr als dreihundert Meter, und da fällt eine schwere Patrone über dreißig Zentimeter. Ein Schuß kam also nicht in Frage.

Ein heller Rüde unseres Gespannes, wohl das größte Tier, war der mutigste Kämpfer. Er ließ nicht vom Bären ab und griff ihn ständig von der rechten Seite an. Plötzlich biß er sich in einem langbehaarten Schenkel des Bären fest und ließ

Huskys blinzeln in die Sonne

Start in die weite, eisige Einöde
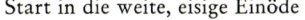

Karlik – der große Jäger

Eskimo Kirk

Eisbarrieren türmen sich auf

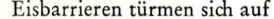

sich mitschleifen. Das war sein Fehler. Der Bär drehte sich ruckartig auf die Seite, versetzte dem Hund einen mächtigen Tatzenhieb, rollte sich wie ein Ball vom weißen Hügel und sprang kopfüber ins Wasser. Die Hunde stürzten hinterdrein. »Schnell, vorwärts!« drängte William uns. Wir eilten über das holprige Meereis, kletterten über den nächsten Hügel und ... standen vor einer breiten Wake. Aus! Hinüber war unmöglich, da wir kein Boot hatten. Also warten.

Nichts geschah. Nur das wütende Kläffen der Huskys drang trotz Gegenwind zu uns herüber. War die Jagd zu Ende? »Das darf nicht wahr sein!« dachte ich. Ich hätte einen Schuß versuchen sollen, oder vielleicht wäre doch ein Pirschen erfolgreich gewesen? Zorn und Verzweiflung stiegen in mir auf. Waren all die Strapazen der Reise umsonst?

Wir warteten noch zehn Minuten. Dann kamen die Hunde zurück. Jedoch einer fehlte — der helle Rüde. Alles Rufen und Pfeifen war vergeblich. Kirk entdeckte durch das Fernglas einen Punkt auf dem Eis, den er vorher nicht gesehen hatte. Das konnte nur unser Hund sein.

»Vielleicht lebt er noch?« meinte ich besorgt.

»Ja, vielleicht, das ist möglich«, antwortete William.

»Ja, und können wir ihn dann nicht holen?« fragte ich.

»Nein, das Eis ist gerissen. Wir können nicht hinüber«, kam die bestimmte Antwort. Dabei war der arme Kerl möglicherweise nur betäubt.

Die Eskimos aber blieben hart und grinsten nur. Sie verknoteten die Zugleinen und schirrten die Hunde an. Beide Gespanne hatten jetzt wieder dieselbe Anzahl Huskys vor den Schlitten.

William drängte zur Weiterfahrt. Die untergehende Sonne leuchtete nur noch als halbe, blutrote Feuerkugel über dem Horizont. Sie tauchte das eisbedeckte Meer, den Himmel und die glitzernden Eisgipfel in ein sagenhaft schönes, rot-sprühendes Licht. Die lange kalte Rückfahrt über die Polarwüste begann. Das gefrorene Meer wurde immer rauher. Seine Oberfläche war so chaotisch geformt, als sei ein von Orkanen gepeitschtes Meer blitzartig erstarrt. Wir überquerten altersgraues Urzeiteis, durchfurcht von Rissen und Schründen. Es war mit dünnen spitzen Eisnadeln überzogen. Unsere vierbeinigen Expeditionsgefährten zer-schnitten sich an den haarscharfen Kanten ihre Pfoten. Bald hinterließen sie blut-getränkte Spuren auf dem Eis.

»Wir gehen zu Fuß weiter«, entschied William, der wieder neue Bärenfährten entdeckt hatte. »Das Eis ist für die Hunde zu scharfkantig, und mit zerschundenen Läufen können wir sie morgen nicht mehr vor die Schlitten spannen«, meinte er umsichtig.

Die Hunde blieben also mit den Fahrzeugen zurück. Wir nahmen unsere Waffen und folgten den Tatzenspuren, die streckenweise der Schnee verweht hatte. Die

Eskimos bückten sich und maßen mit gespreizten Fingern die tiefen Eindrücke, welche fast dreißig Zentimeter lang und ebenso breit waren. Wir folgten ihnen über alle Eishindernisse. Unvermittelt endeten sie vor einem breiten Wassergraben, einem schaurigen, lichtlosen Abgrund. Es war Ebbe. Der Sog des Gezeitenstromes hatte die Küsteneiskante gesprengt und das abgetrennte Eisfeld weit ins Meer gezogen. Eisberge, so groß wie Schlösser, zogen an uns vorbei. Weiße Dämpfe und Nebel stiegen aus dem Meer, schwebten als dichte Schleier über die schwimmenden Riesen, die im allerletzten Licht der schon tief ins Meer getauchten Sonne blau, weiß, grün und rosarot schimmerten.

Der Ebbstrom schob Millionen Tonnen von Eis vor sich her, Inseln mit kirchturmhohen Schollenbergen und Gletscherbrocken in erstaunlichsten Formen. Die wegen höherer Temperatur dampfende Flut hüllte nicht nur ihre eisige Last in weißen Dunst, sondern auch uns. Wir wagten uns nur noch Schritt für Schritt von der Stelle. Zu allem Überfluß begann das schaurig knackende und mahlende Eisfeld gefährlich zu beben. Meilenlange Wälle preßten sich turmhoch zusammen und brachen kaum hundert Meter weiter mit Donnergetöse wieder auseinander. Die Kraft der Natur, die sich vor unseren Augen mit aller Gewalt entfaltete, war unheimlich und furchterregend. Wen wundert es, wenn so primitive Menschen wie Eskimos bei Beobachtung derartiger Erscheinungen aus Furcht, Verwunderung und aus dem Gefühl persönlicher Ohnmacht heraus gegenüber all den überwältigenden Umweltmächten an Geister glauben!

Mir war lausig kalt. Rechts in Richtung der hohen Eismassen war William irgendwo. Ich sah ihn aber nicht. Links von mir hielt Kirk von einem Hügel Ausschau nach Bären. Der Nebel machte auch ihn unsichtbar. Wir standen auf dem Küsteneis und hofften, zwischen den vorbeitreibenden Eismassen einen Bären zu entdecken. Mehr als einmal schaute ich zurück, um mich zu vergewissern, daß hinter mir noch keine Wasserspalte klaffte. Ich dachte an die vielen Berichte über Eskimos, die mit abgebrochenen Eisfeldern auf Nimmerwiedersehen davongetrieben wurden, und immer wieder an den schneidigen Hund, den wir hatten zurücklassen müssen.

Wenn nur die dichten Nebelschwaden nicht wären! Verbargen sie vielleicht doch einen weißen Bären? Ich horchte in die Stille ..., aber nichts regte sich. Nur der Schnee knirschte bei der geringsten Bewegung unter meinen Füßen. Was mochte uns hinter dem Nebel erwarten? Hörte ich den weißen Sohlenschleicher überhaupt, wenn er über das Eis heranzog; oder würde er mich lautlos angehen und sich hungrig auf mich stürzen? Wahrhaftig — mir wurde angst und bange. Ich lauschte und lauschte, schob meine Kapuze zurück, um besser hören zu können; aber es blieb totenstill.

Waren das Schritte? Ich ergriff mein Gewehr, das neben mir am Eisblock stand.

Die schwere Mauserbüchse gab mir ein Gefühl der Sicherheit. Ich zwang mich zur Ruhe und entsicherte die Waffe. Vorsichtig sah ich mich um.

»Hallo ... Willi ...?« kam es aus dem weißen Dunst. »Wo bist du?«

Mir fiel ein Stein vom Herzen — ja, wenn ich ehrlich bin, ein ganzer Steinbruch — als ich Williams Stimme erkannte.

»Sei vorsichtig, bleib stehn — das Eis ist gerissen. Ich komme zu dir«, rief der Eskimo mir entgegen. Schemenhaft tauchte seine Gestalt aus dem feuchten Dunst. Er trat so vorsichtig auf, als könne das Eis unter seinen Füßen jederzeit brechen. »Wir müssen rasch zurück. Das Eis ist in Bewegung, und der Nebel wird dichter«, meinte er besorgt und führte mich — seine grobe Hand umklammerte meinen Gewehrriemen — sicher über das bedrohlich knisternde Eis zu den Schlitten zurück.

Die Sonne war längst untergegangen. Das Zwielicht wurde vom hellen Schein des Mondes abgelöst, der die Schatten der Hunde und Schlitten immer länger werden ließ. Unsere Huskys merkten, daß es heimwärts ging. Sie hatten rasch die ihnen vertrauten Schlittenspuren wiedergefunden und jagten lautlos über das Eis. Nur der gefrorene Schnee knirschte unter den Kufen. Ab und zu gab es eine Unterbrechung, wenn die Gespanne in einen »Sastrugi« geraten waren. Das sind Hügel aus Schneeverwehungen, die der Wind auf glatten Eisflächen an Kanten und Vorsprüngen zusammengeschoben hat. Solche gefährliche Riegel sind hart und glatt wie Glas und liegen oft unter frisch gefallenem Pulverschnee versteckt.

Lange dauerte die angenehm ruhige Heimfahrt nicht. Unerwartet tauchten wieder hohe Schollentrümmer auf. Das Eisfeld war mehrfach gerissen. Beinahe wären beide Schlitten in den Abgrund gerast. Ein meilenlanger Wassergraben tat sich vor uns auf. Was nun? Die Eskimos sprangen vom Schlitten und besprachen die neue Situation.

»Wir fahren unterhalb der Küste über das Meereis und kürzen den Weg ab«, schlug Kirk vor. William schüttelte warnend den Kopf: »Das Eis ist zu dünn; es hält nicht.«

»Uns bleibt keine andere Wahl; wir müssen es wagen. Hinter uns sprudelt schon Wasser aus dem Eis«, widersetzte Kirk sich.

Wie sehr es Zeit wurde, merkten wir am Knirschen des Eises. Es war in voller Bewegung, schwankte und bog sich unter den Schlitten durch. In der Ferne grollte und donnerte es dumpf. Graue Schneewolken zogen über die vom Mond beleuchteten Gipfel der Eisberge.

»Aufsitzen, wir wagen es«, entschied William als Verantwortlicher für die Jagdreise — und los ging die Fahrt!

Die Peitschen sausten knallend durch die Luft. Wie auf Kommando stürmte die wilde Meute vorwärts. Kirk übernahm die Führung der Gespanne. Die Eskimos sangen und waren guter Laune.

»Tij, tij«, spornte der Fahrer den Leithund an. Gläsern tönend, zersprang sperriges Neueis unter den Kufen. Vor uns dann ein mit Schnee und Dünneis überzogenes Wasserloch.

»Festhalten!« schrie der Hundelenker mir zu und schlug wild auf die Zugtiere ein. »Hau, hau, hooh, nach rechts!«

Aber die schnaubende Gesellschaft rannte unentwegt weiter. Das Eis krachte, barst. Schäumendes Wasser sprudelte wie ein Springbrunnen aus dem Eis. Die Huskys brachen bis zum Hals ein, heulten jämmerlich. Mein Eskimo ließ die Leine los und sprang von den Kufen. Der Schlitten rauschte durch die grünschäumende Flut. Ich hockte tief zwischen dem Gepäck — hoffnungslos eingeklemmt — während das hölzerne Gefährt unter seiner Last immer tiefer sank. Hastig ergriff ich die Spanten und stemmte mich hoch. Trotzdem wurde ich bis zur Brust naß.

»Tij, tij — gou, tij!« brüllte der Eskimo wütend und knallte die Peitsche durch die Luft. — Endlich — die Hunde gehorchten! Sie schwammen nach links, bekamen eine dicke Scholle unter ihre Läufe und zogen den Schlitten aufs Eis.

»Schnell aussteigen!« schrie Kirk, riß mich vom Schlitten und rieb mir die nassen Kleider mit trocknem Schnee ab; sie gefroren aber dennoch. Schnell kletterte ich auf sein noch trocknes Fahrzeug und hüllte mich in die dicken Felle. In flottem Galopp jagten die Polarhunde weiter. Wie eine schwarze Schlange sauste der Schlittenzug über das Eis, hinten von einer Seite zur anderen schwänzelnd — aber vorsichtiger gelenkt denn je.

»Ist dir kalt?« fragte Kirk besorgt. Als ich verneinte, lachte er breit. Für ihn als Eskimo war der Einbruch ins Eis wieder ein großer Spaß.

Endlich hatten wir es geschafft. Die zurückgebliebenen Huskys begrüßten uns mit ihrem klagenden Hundelied — einem langgezogenen Jaulen, mit voller Lungenkraft und hocherhobenem Kopf in den Himmel geheult. Unsere hungrigen Wolfstiere verstärkten den Chor mit achtzehn müden Stimmen; das abendliche Konzert der Polarhunde wurde zur eindrucksvollsten Arktisserenade, die ich je hörte.

Abends gab es eine große Überraschung. Im Dorf war Tanz. Den Eingeborenen stand dafür das neuzeitlich eingerichtete Schulgebäude zur Verfügung. Der Dorfälteste, ein kleiner, kugeliger Eskimo mit ausgeprägten Mongolenfalten über den Augen, überbrachte die Einladung persönlich. Schon Stunden vor Beginn füllte sich der schwachbeleuchtete Saal mit lärmenden Kindern, Halbwüchsigen und Müttern samt ihren Säuglingen. Auch Veterane und Großmütter waren dabei.

Alle diese liedfrohen Menschen hockten sich mit ihrer Festtagstracht auf den Fußboden; Stühle oder Hocker gab es nicht. Die jüngeren Eskimos rauchten Zigaretten, ältere Frauen schmauchten wie die Männer Pfeife oder pafften Zigarillos. Es war eine buntgemischte Gesellschaft aus Urnaturen und halb-zivilisierten Menschen.

In der vordersten Reihe hatte sich die Kapelle mit ihren Instrumenten niedergelassen, den »Eskimo-Drums«. Das sind daumenbreite, einseitig mit Rentierleder oder Seehundshaut bespannte Holzringe, an denen ein Elfenbeingriff befestigt ist. Beim Musizieren hält man die Platte in der linken Hand und wiegt sie in Richtung seiner Körperachse langsam von einer Seite auf die andere; gleichzeitig wird die Trommel mit einem hölzernen Schlegel abwechslungsweise auf beiden Seiten geschlagen. Erst langsam, dann immer schneller ertönen die Trommelklänge, nach denen sich die Bewegungen der Tänzer richten. Die Trommel dröhnt dumpf, eintönig und geheimnisvoll. Ihre Monotonie reizt die Nerven bis zum Zerreißen. Zum Höhepunkt der Veranstaltung wird die Trommel immer wilder bearbeitet, bis sie zu zerbrechen droht.

Drei pummelige Eskimomädel eröffneten den Tanzreigen. Mit fliegenden Parkas wirbelten sie im Kreise herum. »A — ja — ja, a — ja — ja, das Glück ist da!« So lautete der Kehrreim eines traditionellen Tanzliedes der Eskimos, das die Sehnsucht nach Licht, Sonne und Liebe beschrieb. Das Tam-Tam der Felltrommeln steigerte sich zu unerträglichem Lärm. Fünf auffallend bunt gekleidete Evastöchter — schon leicht ergraut und hoch an Jahren — folgten den molligen Polardamen und strapazierten sich in Step, Mimik und Reigentanz. Dämonisch maskierte Eskimos — klein und krummbeinig — vollführten geisterbeschwörende Schamanentänze, zumeist Jagdrituale. Sie sangen aus voller Kehle, schrien sich in Extase und imitierten stechend und boxend einen heldenhaften Abwehrkampf gegen teuflische Geister. Jüngere Eskimos beschrieben in Liebesgesängen mit deutlichen Handbewegungen die prallen Rundungen weiblicher Wesen und ihre Sehnsucht nach Umarmung der Angebeteten. Obwohl es keinen Alkohol gab, stieg die Stimmung von Stunde zu Stunde. Gegen Mitternacht tanzte die ganze Sippe durcheinander — Männlein, Weiblein und Kinderchen. Den Abschluß bildete der Trommeltanz der ältesten Einwohnerin, einer in wertvolle Pelze gekleideten und auffallend gepflegten neunzigjährigen Eskimomutter. Ihr Auftritt wurde der lustigste des Abends.

Die Nacht nach dem Fest war nur kurz. Heftige Windböen rüttelten an meiner Hütte und fegten die Pappe vom Dach. Sie drückten die Haustür ein, rissen Fensterblenden herunter und warfen die hochgestellten Schlitten um. Leere Ölfässer rollten polternd über das Eis. Das Brausen des Sturmes übertönte alles Jammern und Winseln der angeketteten Hunde, die draußen auf dem Eisboden lagen und wegen ihrer arg zerschnittenen Läufe besonders hart unter der Kälte litten. Das Thermometer zeigte fünfundvierzig Grad unter Null. Schneewirbel tobten durch die Luft und schoben große Massen Schnee vor den Eingang — ja sogar über die Fenster hinaus bis zum Dach. Trotz des Unwetters kamen die Eskimos zur gewohnten Stunde. Sie hatten Mutter Dasy geholfen, den völlig verschneiten Hauseingang zu öffnen, und befreiten mich gleichzeitig aus meinem Schneegefängnis.

»Mein Magen ist nicht in Ordnung«, entschuldigte sich Kirk grinsend, setzte seine Fellkappe auf und verließ grußlos die warme Stube. »Wir können heute nicht fahren«, verkündete William. »Die Hunde brauchen etwas Ruhe«. »Es ist zu kalt für eine große Reise«, lautete Karliks Ausrede. Und mit gütigem Lächeln auf ihren Gesichtern verließen die Eskimos das Haus. Vielleicht hatten sie recht. Auch mir tat ein Ruhetag gut. So fand ich endlich Zeit, mir den Ort einmal anzusehen.

Das an die fünfhundert Einwohner zählende Eskimodorf liegt an der Spitze des Landdreieckes, das weit in die Chukchi-See hervorragt, nördlich des 86. Breitengrades. Der Arktische Ozean umgibt es von drei Seiten. Sämtliche Vögel und Säugetiere, die auf der Nahrungssuche der Küstenlinie folgen, kommen nahe an diesem Punkt vorbei. Point-Hope ist deshalb ein idealer Ort für alle Jagd. Das ist auch der Grund für seine uralte Existenz als Dorf.

Den sicheren Beweis aber für einen jahrhundertelangen Bestand dieser Eskimosiedlung brachten im Jahre 1939 erfolgte Ausgrabungen nördlich des Ortes. Die Forscher Rainey und Larsen entdeckten durch ihre großen und eigenartigen Funde die bis dahin unbekannte Gruppe der »Ipiutak-Kultur«. Die Zugehörigkeit zu dieser aus der älteren Hälfte des ersten nachchristlichen Jahrtausends stammenden und damit vielleicht ältesten Kulturgruppe der Eskimos überhaupt erfüllt die Bewohner von Point-Hope noch heute mit Stolz.

Die Ausgrabungen förderten alte Rechteckbauten mit zentraler Feuerstelle und ebenerdigem Zugang zutage. Durch darin aufgefundene Tierknochen konnte nachgewiesen werden, daß schon damals die Jagd auf große Meer- und Landsäugetiere die einzige Existenzgrundlage der Bevölkerung war. Aus Walroßelfenbein geschnitzte Harpunenköpfe, deren Formen bis zu den Ausgrabungen unbekannt waren, zeigten, daß Harpunen neben Pfeil und Bogen die wichtigsten Jagd- und Kampfwaffen bildeten. Hervorragende Stein- und Knochenbearbeitungen zeugten von einer hochentwickelten Bildhauer- und Retuschiertechnik. Besondere Überraschung für die Forscher waren Skelette, in deren Augenhöhlen künstliche Augäpfel aus Elfenbein steckten. Die darin eingesetzten Pupillen bestanden aus Jade, grünlichen Mineralsteinen. Einige Schädel trugen noch Totenmasken, die aus mehreren Elfenbeinteilen zusammengesetzt waren. Von der hohen Kunst der

»Ipiutak-Kultur« künden auch die in Gräbern gefundenen Skulpturen in Form von Menschenköpfen, phantasievoll stilisierte Eisbärschädel, reich mit Gravierungen verzierte Häupter von Walrossen, Robben und Bären. All diese wertvollen Funde in Gräbern müssen als schamanistische Attribute angesehen werden, als Beigabe für das Weiterleben der Medizinmänner, der »Angakoks«, die mit den Geistern reden, zwischen ihnen und den Menschen vermitteln und Krankheiten austreiben können.

Die Bewohner von Point Hope zählen zu den Nordalaska-Eskimos, und zwar zur Stammesgruppe der »Tikerarmiut«. Nördlich davon leben die Colville-Eskimos und die asiatischen Eskimos. Dann gibt es noch eine ganze Reihe anderer Einheiten, wie die Aleuten, Pazifik-Eskimos, Beringmeer-Eskimos, Mackenzie-Eskimos, Kupfer-Eskimos, Netsilik-Eskimos, Karibu-Eskimos, Iglulik-Eskimos, Southampton-Eskimos, Süd-Baffinland-Eskimos, Labrador-Eskimos, Polar-Eskimos, Westgrönländer und Ostgrönländer. Alle bekannten siebzehn eskimoischen Stammesgruppen basieren auf verschiedenen lokalen Untergruppen, so daß man von rund siebzig örtlichen Eskimo-Sippen ausgehen kann.

Die Eskimos von Point Hope leben noch heute fast ausschließlich von der Jagd und Fischerei, die ihnen Kleidung und Nahrung sichern. Touristen gibt es in diesem Flecken nur ganz wenig, weil Flugzeuge die einzigen Transportmittel sind. Ansonsten verfügt der Ort über keine besonderen Sehenswürdigkeiten. Die Herstellung bizarrer Masken- und Elfenbeinschnitzereien hat sich bis heute gut durchsetzen können. Der Verkauf von Fellen, Walbarten, Walöl, Walroß-hauern, Elfenbeinschmuck, gekerbten Armringen, kunstvoll geflochtenen Ketten und Masken aus Walknochen erfolgt über Händler oder den einzigen Dorfladen, durch den die Eskimos auch Lebensmittel, Werkzeuge, Wäsche, moderne Oberkleidung, Elektromotore, Bücher, Kosmetik, Süßwaren, Tabak, Fotoartikel, Waffen, Munition und andere Güter der modernen Zivilisation für ihre Tauschwaren erwerben können.

Die Kolonie Point Hope besteht aus einer weit verstreuten Ansammlung von Holzhütten, Erdbunkern und Blechhütten, die gewöhnlich nur ein bis zwei Räume haben. Viele Behausungen wurden aus Walknochen, Treibholz, Grassoden und Blechen von Ölfässern gebaut. Nur die Schule, zwei Kirchen und das Gemeinde-haus können einem Vergleich mit neuzeitlichen Holzhäusern standhalten. Ihre Errichtung haben Kirche und Staat finanziert. Die meisten Häuser sind klein und flach.

Ich entdeckte noch uralte »Barabaras«, halb in die Erde gebaute Unterkünfte aus Treibholz, Knochen, Steinen und Lehm. Die Erdhütten waren mit Grasplaggen abgedeckt und mit der Umgebung zu einem unauffälligen Erdhügel verwachsen. Ins Innere gelangt man durch eine mit Walrippen ausgebaute Dachluke. Bei Unwetter, Regen oder Schneesturm wird die Öffnung durch dicke Robben- oder Walroßfelle abgedeckt, die mit starken Sehnenbändern an den Knochenstützen der Luke befestigt sind. Viele der alten Katen waren verfallen oder vom Sturm und Frost zerstört. Die Eskimos sprachen davon, daß der Staat ihnen auf seine Kosten neue Holzhäuser bauen werde. Die Planung sei bereits fertig.

Schneesturm und Kälte hielten auch am nächsten Tag an. Die Eskimos trauten sich nicht, eine längere Schlittenreise zu unternehmen. Kirk, der wohl wetterfesteste Jäger unter ihnen, wartete morgens vor dem Haus und schlug vor, zu Fuß zur Bärenjagd zu gehen. Sein Anerbieten begeisterte mich sofort. Rasch hüllte ich mich in warme Kleidung, nahm mein Gewehr, steckte etwas Schokolade ein — und los ging der Marsch übers Eis.

Die Kälte verschlug mir fast den Atem. Aber nicht sie war das Schlimmste, sondern der eisige Sturm, der die Minustemperaturen vervielfacht. Bei Anwendung des »Chill-Factors«, einer in Alaska üblichen Frostumrechnungsformel, addiert man Kälte und Windstärke. So werden z. B. 30 Grad minus bei einer Windgeschwindigkeit von 40 bis 50 Kilometer pro Stunde zu 90 Grad Kälte — und das reicht!

Der gefrorene Schnee knirschte unter unseren Stiefeln. Bei jedem Schritt hörten wir andere Töne — mal dunkel und hohl, dann wieder hell und quietschend. Es klang so, als trete man auf die gespannten Saiten einer Zither. Eine eigene arktische Melodie!

Wir rasteten auf dem höchsten Block des Küsteneises und hielten Umschau. Aber nichts war zu sehen, nicht einmal offenes Wasser. Also marschierten wir weiter. Das Laufen durch den weichen Schnee und die warme Daunenkleidung brachten uns ins Schwitzen. Sobald wir aber eine Pause machten, pappte die Wäsche eiskalt am Körper. Ich bekam Durst und steckte mir ein Stück Eis in den Mund. Es klebte an der Zunge fest. Ausspucken konnte ich es nicht; es löste sich nur mit schmerzhaftem Ruck. Die Kälte war so arg, daß ich mir am stählernen Lauf meiner Waffe die Finger verbrannte. Mein Eskimo Kirk summte derweil vor sich hin und war bester Laune. Ihm schien das kalte Wetter nichts auszumachen. Dabei glichen seine breiten Backenknochen dicken Frostbeulen, gerötet, aufgeplatzt und vernarbt. Das Kinn zeigte braune Gefrierflecken, und die Nase war rot angeschwollen. Der Erötung folgen Blasen, die meist aufplatzen, sich entzünden und verkrusten.

Wir durchquerten das rauhe Küsteneis, kletterten über Berge von Schollentrümmern und erreichten ein weites Schneefeld. Kirk entdeckte mehrere sich kreuzende Fuchsspuren. Sie kamen von Seeseite her. Kurz darauf schnürte ein weißer Reineke direkt auf uns zu. Wir warfen uns in den Schnee und ließen ihn näher herankommen. Zweihundert Meter vor uns setzte er sich auf die Keulen, witterte aufmerksam mit seinen gespitzten Gehören und schlich dann weiter. Er drückte sich eng aufs Eis, nutzte überhaupt jede Vertiefung als Deckung aus. Seine langen Läufe verschwanden tief im Schnee, und mit der buschigen Lunte schien er die eigenen Spuren wieder zu verwischen.

Schon krachte der Schuß! Aber die Kugel schlug ins Eis. Die Entfernung war zu groß. Kirk hatte zu früh geschossen. Mit dem Fehlschuß gab er sich indes keineswegs zufrieden. Ohne einen weißen Fuchs wollte er nicht heimkehren. Wir pirschten deshalb trotz der Kälte weiter und kamen zum offenen Meer. Kurz vor dem Ende des Festeises überquerten wir noch einen Geröllwall, der vom Wind schneefrei geweht war. In ihm steckte eine raffiniert aufgebaute Fuchsfalle.

Kivkar Menadelook, ein alter einheimischer Trapper, hatte entlang der Küste innerhalb seines ständigen Fangbezirkes an exponierten Stellen seine primitiven Köderkästen aufgestellt und mit Schotter umgeben. Sie bestanden aus einem tief im Boden oder Schnee eingelassenen viereckigen Holzrahmen und einer Fallklappe, die mit Sehnenbändern am oberen Rand befestigt war. Der durch große Steine beschwerte Deckel wurde an einer Seite mit einem Knochendorn offengehalten. Sobald der Fuchs den im Hohlraum der Falle ausgelegten Fleischköder berührte, sauste der Deckel herunter und erschlug das Tier.

Vereinzelt fanden wir auch neuzeitliche Schlageisen und altertümliche Turmfallen, die wie eine Fallgrube oben offen sind. Sobald der Fuchs zur Lockspeise greift, fällt er hinein und kann nicht mehr entweichen. In einem Fangeisen entdeckten wir noch Knochen und Fellreste eines Weißfuchses, den Polareulen oder andere vorbeistreifende hungrige Räuber gefressen hatten.

Entlang der Fallenlinie war der Schnee von unzähligen Fuchsspuren durchzogen. Fast alle führten zum offenen Wasser, wo sie ältere Bärenfährten kreuzten. Im Winter folgen Polarfüchse den Eisbären weit aufs gefrorene Meer, um von ihnen Fleischreste geschlagener Robben zu ergattern.

»Hörst Du ...?«, flüsterte der Eskimo und blieb wie versteinert stehen. Vom Meer her vernahm jetzt auch ich ein schwaches Kläffen, Keifen und Heulen. War es wirklich ein Fuchs oder nur Wind?

Möglichst lautlos pirschten wir über das Eis, hielten dabei die Gewehre schußbereit in den Händen. Vom Kamm einer hohen Bodenwelle aus entdeckte ich ihn endlich. Sichernd verharrte er auf einem Eisblock, ohne sich zu rühren. Meter um Meter schlichen wir uns näher heran. Der Fuchs behielt die Ruhe, während wir immer aufgeregter wurden. »Wir müssen bis zum nächsten Hügel kommen«, raunte Kirk und glitt behutsam über die Eistrümmer. Ich folgte ihm gebückt und setzte Fuß vor Fuß in seine Tritte, bis wir die angesteuerte Schneekuppe erreichten und Meister Reineke wieder vor uns hatten.

Er kam einen Wassergraben entlang und trabte mit seinen auffallend langbehaarten Läufen in unsere Richtung. Erst wurde er langsamer, dann hielt er ganz inne und sicherte nach allen Seiten. Irgendetwas schien ihn zu beunruhigen. »Wir schießen gleichzeitig«, schlug mein Begleiter vor und entsicherte sein Gewehr. Ich nickte und ging ebenfalls in Anschlag.

»Warte«, stieß Kirk mich an, »noch ein Fuchs«. Das war also der Grund für Reinekes Unruhe! Auf das verabredete Zeichen hin bellten beide Schüsse über das Eis. Der hintere Fuchs lag im Feuer, während der kleinere mit wehender Standarte einen Hügel hinauf flüchtete. Er war aber schwer getroffen. Ein schneller Fangschuß ließ ihn in den Schnee fallen. Zwei Eisfüchse an einem Tage — eine reiche Beute!

In kurzer Zeit hatte Kirk die Tiere abgebalgt, obwohl das Abziehen der kostbaren Polarfuchsfelle eine große Kunst und bei enormer Kälte besonders mühsam ist. Es gehört viel Geschick dazu, das wertvolle Fell mit nur einem Schnitt an der unteren Bauchseite so vom Wildkörper zu trennen, daß es nicht beschädigt wird. Stolz und glücklich ließ der Eskimo das weiche Seidenfell durch seine rissigen, rauhen Hände gleiten. Es war der prachtvollste Blaufuchs, den er je erlegt hatte. Keulen und Rücken nahmen wir mit, denn Fuchsfleisch ist für Eskimos ein Leckerbissen. Schon einen Tag später gab es Fuchsbraten, und ich muß sagen, daß er mir gut schmeckte.

Der Polarfuchs (Canis lagopus) ist ein weißer Vetter unseres Rotfuchses und nicht viel größer als eine Hauskatze. Seine Länge beträgt, einschließlich der Lunte, ein Meter. Bis auf die schwarze Nase und dunklen Seher ist er schneeweiß. Wird er auf seinen Streifzügen vom Blizzard überrascht, dann rollt er sich ein, bedeckt Kopf und Nase mit seiner dichtbehaarten Rute und schläft so lange, bis der Sturm vorüber ist. Eisfüchse sind umherstreichende Räuber. Sie schlagen mit Vorliebe Jungenten und Schneehasen, rauben den Vögeln Brut und Eier und stellen Erdhörnchen und Murmeltieren nach. Ihre Hauptnahrung sind Lemminge, kleine graue Nagetiere, fellig und dick wie eine fette Maus. Diese zwölf bis fünfzehn Zentimeter langen Tundrabewohner tragen im Winter ein völlig weißes Kleid und im Sommer um ihren braunfelligen Hals eine goldenfarbene Ringzeichnung. In manchen Jahren — meist nach einem trockenen, warmen Frühjahr — kommen Lemminge in der Arktis in Massen vor. Dann wiederum bleiben sie ganz aus. Hungrige Füchse fressen in solchen Notzeiten alles lebende und tote Getier, dessen sie habhaft werden können. Selbst Fische verschmähen sie nicht. In ihrer Freßgier verschlingen sie sogar ihre eigenen Jungen. Die Arktis ist eben allen Lebewesen gegenüber grausam und unerbittlich.

Für den Winter legt der arktische Fuchs große Vorratslager an. Die eingebrachte Beute hält sich auf dem ständig gefrorenen Boden seiner Eishöhlen bis zum Frühjahr frisch. Dann gibt es wieder die ersten Lemminge.

Nach der Ranzzeit — Anfang Februar — bringt die Fähe im Mai bis zu zwölf recht schwach entwickelte Junge zur Welt, die zwei Wochen lang blind sind. Nach drei Monaten gehen sie schon selbständig auf Futtersuche und werden mit einem Jahr geschlechtsreif. Aus einem Wurf Jungfüchse können gleichzeitig weiße und blaue Welpen werden, da beide Farbschläge innerhalb der Art gegeben sind. Der Weißfuchs kommt in Anpassung an die Umgebung mehr in reinen Schnee- und Eisgebieten vor, der Blaufuchs mehr in Landschaften mit bewachsenem Boden. So gibt es im schneereichen Ostgrönland fast nur Weißfüchse, im schneeärmeren Westgrönland ebensoviele Blau- wie Weißfüchse, in Spitzbergen nur rd. 10 % Blaufüchse, auf der schneearmen Insel Jan Mayen dagegen rd. 90 % Blaufüchse. Im Sommer tragen alle Artgenossen das gleiche schmutzig braune Schutzkleid. Es ist unansehnlich behaart, sehr dünn und deshalb wertlos. Eine Besonderheit am Eisfuchs sind die dicken Haarpolster unter den Pranten.

Sein gefährlichster Feind ist die große Schnee-Eule, die in der Größe unserem Uhu gleicht. Diese segelt bei Tag und Nacht lautlos an ihre Beute heran. Hat sie erst einmal mit ihren dolchartigen Krallen und dem scharfen Hakenschnabel zugeschlagen, dann ist ihr Opfer rettungslos verloren.

In manchen Gebieten der Arktis hängt das Wohl und Wehe der Eskimos vom Weißfuchs ab. Ohne ihn kämen sie in eine katastrophale Lage, denn nur für den Wert seines Felles können sie sich in den Handelsläden Lebensmittel, Kleidung, Arzneien und andere wichtige Güter kaufen. Weißfüchse haben den Eskimos das erste Geld gebracht, ihnen aber auch ihre Unabhängigkeit genommen. Für die Eingeborenen der Arktis spielt der Weißfuchs dieselbe Rolle wie der Kaffee für Brasilien oder der Zucker für Kuba. Ein schlechtes Frühjahr heißt Armut, Hunger und Schulden.

Gibt es viel Lemminge, dann werden auch zahlreiche Füchse gefangen. Viel größere Gefahr als das Ausbleiben dieser Nagetiere ist ein plötzlicher Modewandel. Noch sind echte Polarfuchsfelle in Weiß und Blau der Traum vieler modebewußter Frauen, aber jeden Tag kann das Glück der Eskimos zu Ende sein, wie es die Göttin der Mode bestimmt.

Aus meinem Sinnieren schreckte mich der Eskimo auf. Er wollte mich unbedingt auf einen Bären führen und folgte unablässig frischen Tatzenspuren, die sich an den Eisrändern des offenen Wassers entlangschlängelten. Trotz meiner Passion war ich von seinem Drängen nicht begeistert, denn am Himmel zogen dunkle Wolken auf.

Zunächst kamen wir gut voran und erreichten bald eine Reihe steiler Eishügel. Doch plötzlich waren wir von Schneewolken eingehüllt. Ein Blizzard tobte heran, raste orkanartig über die rauhe Eisfläche dahin. Oft mußten wir auf allen Vieren über die Eiskämme klettern, um nicht weggeblasen zu werden. Es war mörderisch.

Wirbelnder Schnee nahm die Sicht, wehte trügerische Brücken über tiefe Schluchten und füllte Rinnen und Risse. Kirk stolperte, rutschte in eine zugewehte Spalte und schlug sich das Schienbein auf. Humpelnd watete er mit mir durch kniehohen Pulverschnee. Mir schmerzten die Lungen von der eisigen Luft. Die kalten Nordostbrisen schnitten wie Messer in die Haut.

»Du hast Frostflecken im Gesicht«, warnte mich der Eskimo. Da half nur eins: blitzschnell die Handschuhe aus, die warmen Hände ans Gesicht, reiben, massieren, Grimassen schneiden, Bewegen des Kinns, der Augenbrauen und der Nase. Wer da leichtsinnig ist, der wird wegen einer Arktisreise sein Leben lang erfrorene Backen oder eine gerötete Nase behalten.

Wir stolperten, glitten aus und rutschten über glatte Eisplatten. Einsetzender Schneesturm nahm uns fast alle Sicht. Meter für Meter tasteten wir uns weiter.

»Es ist zu kalt und gefährlich; wir kehren zurück« entschied Kirk endlich. Es hatte aber auch wirklich keinen Zweck mehr. Während des Heimwegs schlug uns heftiger Frontwind entgegen. Die Augen tränten, und Eisperlen rollten mir von den kältegeröteten Backen; die Lippen waren aufgesprungen und schmerzten. Manchmal wünschte ich mir, auf der Stelle umzufallen und einzuschlafen. Aber irgendwie erreichten wir doch das Dorf. Erschöpft und völlig durchfroren, stolperte ich in die Hütte. Dasy hatte sie mollig warm geheizt und fragte nach dem Erfolg. Mein Gesicht war so kälteverzerrt, daß ich kein Wort über die Lippen brachte. Erst kurz vor Mitternacht kehrte die lebensnotwendige Körpertemperatur zurück und entspannte Leib und Seele.

Aber es sollte noch schlimmer kommen!

Der kälteste Tag meiner Arktisreise begann am folgenden Morgen. Das Thermometer zeigte 58 Grad minus. Ich traute meinen Augen kaum. Doch jeder Zweifel war ausgeschlossen. Draußen brauste der Sturm mit ungeheurer Wucht ums Haus. Die Innenwände der Unterkunft waren von einer fingerdicken Eisschicht überzogen; sämtliche Lebensmittel gefroren, sogar rohe Eier. Ich schlug die Schale ab und hatte einen Eisballen in der Hand. Die Toilette bestand aus einem Blechkübel. Ich wagte mich nicht auf den vereisten Rand zu setzen. Zu allem Übel war der Topf zum Überlaufen voll. Sein Inhalt gefror über Nacht zum Eisklotz. Was nun? Ein anderes Gefäß gab es nicht. Kirkey Oviok und Jan Nashookpuk, beide neun Jahre alt und recht aufgeweckte Eskimojungs, halfen mir aus der Klemme. Mit Hauruck setzten sie den Topf auf den Ofen — direkt neben die Suppenschüssel! Erst kurz bevor der Inhalt zu kochen begann, löste sich die Füllung vom Kesselrand. Die hilfreichen Schulbuben leerten den Behälter dann direkt neben der Haustür — ausgerechnet da, wo der feine Treibschnee lag, den Mutter Dasy in Kochtöpfe und Eimer schaufelte, um Trink- und Waschwasser zu schmelzen . . . In der Folgezeit stand der Kübel dann neben dem Ofen, damit der Inhalt nicht mehr gefror. Auf das stille Örtchen mit dem Fellvorhang mußte ich zunächst verzichten.

Trotz dieser erbarmungslosen Kälte lagen die Hunde draußen unter dem Schnee, der sie vor den tiefen Temperaturen schützt und gegen den eisigen Wind abschirmt. Huskys haben ein dickes Fell und können — gut genährt — Kälte von mehr als fünfzig Grad aushalten. Sie sträuben ihre wolligen Haare, um darin Luft aufzufangen, die sich an ihrem Körper erwärmt und die höhere Temperatur im dicken Fell speichert. Eingerollt wie Igel — dabei Nase, Ohren, Pfoten und Schwanz eingezogen — reduzieren sie den Wärmeverlust auf ein Mindestmaß.

Die Kinder nutzten meinen Zwangsaufenthalt im Hause, um den »Kabluna« kennen zu lernen, den »Weißen«. Sich selbst bezeichnen die Eskimos als »Inuit«. Das heißt soviel wie »Mensch«. Nur für das Polarvolk galt diese Bezeichnung. Alle anderen Rassen waren in ihren Augen keine menschlichen Geschöpfe. Heute behaupten Eskimos das zwar nicht mehr, doch sind sie immer noch stolz auf ihre arktische Rasse.

»Wie heißt du? Wo wohnst du? Wo ist Germany?« fragten die Buben wißbegierig. Ich antwortete, so gut ich konnte. Dann aber kam eine Frage, mit der ich nicht gerechnet hatte. »Kennst du Adolf Hitler? Hast du ihn gesehen?« wollte nämlich Jan Nashookpuk wissen.

Ich verstand nicht recht. Natürlich kannte ich diesen Mann, aber sollte ich antworten? Was hatte meine Jagdreise zu den Eskimos mit Politik zu tun? Nach und nach lernte ich aus meinem Gespräch mit den Jungen eine verblüffende Denkweise kennen: Eskimos betrachten viele Dinge noch aus ihrer Sicht als primitive Urmenschen. Sie können nur durch ständigen Kampf mit den gefahrvollen Kräften der Natur überleben. Für sie gilt es, Leben zu nehmen, um selbst zu leben. Ihre Existenzgrundlage beruht auf Töten im Dienste des Lebens. Der beste Jäger ist der Größte unter ihnen, also der erfolgreichste Töter. So war Adolf Hitler für sie der größte ›Killer‹ aller Zeiten. Niemand vor ihm hat in der Welt so viel Menschen getötet, ohne selbst getötet zu werden. Also muß er ein großer Mann gewesen sein . . .

»Wachsen Blumen in deinem Land, auch große aus Holz?«, erkundigte sich Kirkey, der damit nach Bäumen fragen wollte. »Haben alle Männer Bärte bei euch? Hast du eine Frau? Wie heißt sie? Hast du Kinder? Wieviel Wale habt ihr gefangen? Gibt es bei euch auch Indianer?« Die Neugier der Kinder fand keine Grenzen. Nie wäre es mir gelungen, die Überlegungen und Anschauungen der Eskimos so genau kennen zu lernen, wenn ich nicht mit ihnen in ihre Unterkünfte gezogen wäre.

Meine Schlittenführer ließen sich den ganzen Tag nicht sehen. Auch Mutter Dasy blieb fern. Bei der außergewöhnlichen Kälte und dem orkanartigen Sturm wagten sich also selbst die Eskimos nicht vor die Tür. Der Blizzard blies einfach jeden von den Beinen, der sich nach draußen traute. Nur die Kinder huschten von Haus zu Haus. Sie hatten ihren Spaß daran, vom Sturm über den weichen Treibschnee gerollt zu werden. Feiner weißer Staub drang durch alle Ritzen. Gewehr und Fernglas waren völlig verschneit. Sie hingen im frostkalten Windfang, um ein Beschlagen und die danach folgende Eisbildung im Mechanismus zu verhindern. Sobald ich die Waffe in den beheizten Raum stellte, begann sie zu schwitzen und mußte in alle Teile zerlegt und sorgsam getrocknet werden. Meine Verpflegung reichte noch für einige Tage. Notfalls würden die Eskimos mir Fleisch und Speck geben. Auch mit Arzneien und Medikamenten war ich gut versorgt. Also, was sollte es. Das Haus war warm und trocken, und ein weiches Bett hatte ich auch.

Gewiß, die Tage untätigen Daseins wurden zum Teil recht langweilig. Meistens lag ich auf der Koje und las, oder ich stopfte meine Strümpfe und nähte abgerissene Knöpfe wieder an. Sobald ich genug Schmelzwasser hatte, wusch ich mich oder meine Wäsche. Bücher und Zeitschriften blätterte ich immer wieder durch. Seltsam —, manchmal entdeckte man das Wichtigste erst nach mehrmaligem Hineinschauen. Tagsüber trank ich viel Kaffee — vielleicht aus Langeweile, womöglich auch zur Beruhigung. Die Arktis ist eben nicht der richtige Ort für ungeduldige Menschen.

Endlich, am Morgen des vierten Tages war es dann aber doch soweit. Der Sturm hatte sich gelegt. Durch die vereisten Fenster schimmerten die gelb-roten Strahlen der aufgehenden Sonne. Der Himmel war blau und wolkenlos. Aus dem Norden wehte nur eine leichte Brise. Die Kälte betrug allerdings noch 38 Grad. Aber das machte den Eskimos nichts aus. In aller Herrgottsfrühe standen sie mit ihren Gespannen vor Dasys Haus. Ihre Schlitten hatten sie mit Waffen, Verpflegung, Fellen, Schlafsäcken, Zelten, Bootshaken und Futter für die Hunde beladen.

Alle Tiere wirkten ausgeruht und gut genährt. Karliks Fahrzeug zogen fünfzehn Huskys, während Kirk und William für die lange Reise je dreizehn eingespannt hatten. Die Eskimos erschienen in Mukluks, Fellhosen, pelzgefütterten Parkas, armlangen Handschuhen und Mützen aus Bisamrattenfellen. Also rechneten sie mit großer Kälte während der Reise.

Unser Ziel war Lisburne an der äußersten Nordwestecke Alaskas, zwischen der Chukchi-See und dem Arktischen Ozean. Die Eskimos sahen die beste Chance für eine erfolgreiche Bärenjagd darin, zunächst der Küste entlang nach Norden zu reisen und dann über das vereiste Land zu fahren. So stand uns eine schwierige, hundert Kilometer lange Fahrt über die zerrissenen Lisburne-Hügel bevor.

Mutter Dasy brachte uns noch heißen Kaffee und selbstgebackenes Brot an die Schlitten. Dann löste Karlik die Widerhaken aus dem Eis, und im wilden Galopp stürmten die Hunde los. Kirk und William folgten uns im weiten Abstand. Schon bald gab es das erste Hindernis. Unsere Fahrzeuge überquerten ausgerechnet zu dem Zeitpunkt die vereiste Rollbahn, als zum erstenmal seit Tagen wieder ein Flugzeug eintraf. Vom donnernden Motorengeräusch erschreckt, reagierten unsere Hunde nicht mehr auf Kommandos, sondern rasten mitten auf dem Platz über eine mannshohe Schneewehe, in der wir dann prompt steckenblieben. Der Pilot, der mit seiner Maschine gerade zur Landung einschwebte, bemerkte uns glücklicherweise rechtzeitig und startete wieder durch. Er kreiste so lange über Point Hope, bis wir mit Hilfe der anderen zum Flugplatz geeilten Eskimos das Gespann aus dem Schnee gehoben hatten. Für Karlik brachte das Flugzeug ein Päckchen Munition, während für Kirk ein neues Messer dabei war, das er nach Katalog bei einem Versandhaus bestellt hatte.

In den kleinen Orten der Arktis gibt es weder Hinweisschilder auf Flugplätze noch Drahtzäune oder Flugleitdienste. Anfliegende Maschinen muß man eben hören oder sehen. Meistens kreisen sie einmal über der Wohnsiedlung, bevor sie zur Landung ansetzen.

Nach dem unfreiwilligen Aufenthalt erreichten wir bald die Küste und folgten zunächst den ausgefahrenen Spuren, bis wir durch dunkle Wolken über dem Eis das erste offene Wasser entdeckten und die Strandzone verließen. Die Schlitten holperten über das rauhe Eis, versanken immer wieder in Schneeanhäufungen und schaukelten, zur Seite kippend, zwischen scharfkantigen Schollentrümmern hindurch. Auf einer überschneiten Eisplatte kreuzten sich mehrere Fuchsspuren. Sie schienen vom offenen Wasser her zu kommen. Karlik steuerte die schwebenden Dämpfe an und hielt vor einem höheren Eisbuckel, während Kirk und William weiterfuhren. Von der hohen Kuppe aus entdeckte der alterfahrene Eskimo, der für diese Reise wieder die Führung der Jagdexpedition übernommen hatte, sogleich die mit kleinen Eisinseln bedeckten dunklen Fluten.

»Wo Fuchsspuren am offenen Wasser sind, da gibt es auch Seehunde oder Eisbären«, meinte er, vertäute den Schlitten und pirschte mit mir achtsam an den Wassergraben heran. Hinter einem Schneewall gingen wir schußbereit in Stellung. Schon nach wenigen Minuten tauchte ein alter Seehund mit grauem Kopf auf, verschwand aber gleich danach. Wir warteten und ließen die Stelle mit den emporsteigenden Luftblasen nicht aus den Augen. Dann schwamm der ballrunde Kopf wieder auf dem Wasser. Ich ging ins Ziel und drückte ab. Meine Kugel traf ihn zwischen die Seher. Karlik warf die Widerhakenkeule, zog die Robbe aufs Eis und öffnete die Halsschlagader. Einem alten Brauch entsprechend, kniete er sich vor der Jagdbeute hin und trank das hervorquellende, dampfende Blut. Danach zogen wir den erlegten Seehund zu den Schlitten. Der Eskimo brach ihn gleich auf, entnahm die Leber und fand im Magen fast ein Dutzend kleiner Fische, die er in seinen Fellbeutel steckte. Die Hälfte der Leber aß er sofort; der Rest verschwand in seiner Jackentasche. Mit schnellen Messerschnitten trennte Karlik dann das Fell ab, zerteilte den Kern in gleich große Brocken und warf sie den Hunden zu, die das Fleisch gierig verschlangen. Fürs erste waren die Zugtiere wieder gestärkt.

Wir steuerten weiter nach Westen, weil der Sturm in den letzten Tagen neues Eis gegen die Küste gedrückt und so das Eisvorfeld verlängert hatte. Der Wind faßte unsere Schlitten von hinten und jagte sie beinahe schneller über das Eis, als die Hunde laufen konnten. Dennoch übersahen wir die Bärenfährte nicht. Sie führte zum Meer. Einige hundert Meter folgten wir der Spur. Dann verlor sie sich am steilen Ufer. Der Bär war offensichtlich zu einem treibenden Eisfeld geschwommen. Und das konnten wir ohne Kajak nicht erreichen.

Zunächst hatte ich mich gewundert, warum wir nicht mehr Bären zu Gesicht bekamen, dann aber erkannte ich, daß der Radius für eine Jagd mit Hundeschlitten doch ziemlich begrenzt ist. Bären laufen an einem Tage viele Kilometer über das Eis. Sie haben keinen festen Einstand oder Bezirk, sondern wandern unentwegt. Eskimos können mit ihren Schlitten auf dem rauhen Eis kaum mehr als dreißig Meilen zurücklegen, um bei der gleichen Strecke für den Rückweg abends wieder im Ort zu sein. Vor größeren Eisrissen muß ein Hundegespann umkehren, um nicht mit einem Feld abgetrieben zu werden. Für die Eingeborenen solch kleiner Siedlungen bedeutet es deshalb großes Glück, wenn sie vor ihrer Küste ein bis zwei Bären im Jahr erlegen.

Wir hatten Kirk und William wieder überholt und überquerten hintereinander, großen Abstand haltend, ein schneebedecktes Neueisfeld unterhalb der steilen, etwa zehn Meter hohen Küsteneiskante. Unentwegt suchten wir das Eis nach Bären oder offenem Wasser ab.

Gegen Mittag war das Ende der ebenen Fläche erreicht; wir kamen wieder in ein Gebiet mit aufgestautem Packeis. Die Hunde rissen stürmisch an ihren Leinen. Sie zerrten den Schlitten über einen Eiswall und fielen fauchend übereinander her. Was war geschehen? Hatten die Huskys von einem Bären Wind bekommen? Nein, aber sie waren über einen anderen weißen Räuber hergefallen, einen jungen Polarfuchs, dessen Läufe sich in einem Fangeisen festgeklemmt hatten. Der Eskimo schlug mit seiner Peitsche zwischen die sich balgenden Zugtiere, bis sie von ihrer begehrten Beute abließen. Der weiße Reineke war indes längst verendet.

Karlik kannte Trapper Kivkar Tatilak, der an diesem Küstenabschnitt seine Fallen stellte, persönlich und gestattete mir deshalb ausnahmsweise, den Eisfuchs mitzunehmen. Nach der Reise bezahlte ich dem Fallensteller den Handelspreis für das schöne weiße Fell. Trophäen müssen nicht immer Teil der Jagdbeute und Siegeszeichen sein; als Erinnerungsstück bedeuten sie oft viel mehr.

Normalerweise ist es ein ungeschriebenes Gesetz, die Fallen und Eisen anderer

Gefährliche Situation: Ein Eisfeld treibt ab

... und macht schleunigen Rückzug notwendig

Trapper niemals anzurühren. Jeder richtet sich danach. Dieses Tabu gilt für alle Eskimos der weiten Arktis. Sogar Indianer, die vornehmlich an Flüssen, Seen oder Waldgebieten leben und hauptsächlich Fallenstellerei betreiben, beachten die Unantastbarkeit fremder Trapperlinien. Mittlerweile respektieren auch weiße Pelzjäger diese Regel. Nur Wölfe, Vielfraße, Füchse und Seeotter hat man noch nicht dafür gewinnen können.

Die Sonne war von einem Sternenkranz umgeben, als wir das Ende der flachen Küste erreichten. Gelbgraue Wolken verkündeten Sturm und Schnee. Unterhalb der steilen Uferfelsen konnten wir nicht weiter fahren, da das Eis haushoch getürmt war. Wir hätten uns schon als Bergsteiger betätigen müssen. So verließen alle Schlitten das Meereis und steuerten in nordöstlicher Richtung über Land. Für unsere Hunde begann jetzt ein beschwerlicher Weg durch das vereiste Gebirge. Kaum hatten wir den ersten Wall überquert, da schlug uns eine Wand von Schneenebel entgegen. Der Sturm brauste über die verharschten Schneefelder und jagte trockenen Pulverschnee durch die Luft. Innerhalb weniger Minuten waren wir erneut in einen wilden Blizzard geraten. Seine Windstöße rissen die Hunde von den Läufen. Kaum daß sie im Schnee lagen, zerrten die anderen sie wieder vorwärts. Ihre Köpfe waren derart mit Eis und Schnee bedeckt, daß sie die Augen nicht mehr öffnen konnten. Immer wieder sprangen wir ab, rieben ihnen den Schnee vom Körper und rissen die Eiszapfen von ihren verkrusteten Augenbrauen. Hunde schwitzen selbst beim stärksten und anhaltendsten Lauf nicht am Körper; ihr Schweiß sondert sich auf der Zunge ab. Unsere Zugtiere aber dampften am ganzen Körper; ihr Fell war mit einer dicken Rauhreifschicht überzogen. Die Eskimos hatten Mitleid mit ihnen, zudem waren sie selbst müde, hungrig und durchgefroren. Wir rasteten daher unter einem windgeschützten Felsvorsprung und fanden so Schutz vor dem tobenden Sturm. Sofort rollten sich alle Hunde zusammen; bald hatte sie der Treibschnee völlig bedeckt. Ich zog die fellbesetzte Kapuze ins Gesicht, schlug meine Hände weit um den Körper und die Stiefel hart gegeneinander, um die Blutzirkulation wieder anzuregen. Eine Tasse heißen Kaffees half dabei.

Karlik kramte eine gefrorene Karibukeule aus seinem Ledersack, hobelte mit dem Messer schmale Streifen ab und reichte sie mir mit der Messerspitze. Ich hatte einen Bärenhunger, stopfte mir die rosigen Fleischfetzen in den Mund und taute sie auf der Zunge auf. Der kalte Saft löschte zugleich den Durst und ließ die fasrigen Schnipsel geschmeidig durch die Kehle gleiten. Leider hatten wir weder Salz noch Pfeffer, aber es schmeckte mir auch so. Der Eskimo verzehrte rohe Leber und eine Handvoll kleiner Fische, die aus dem Magen der zuletzt erlegten Robbe stammten. Kirk knabberte an einem silberglänzenden Stück getrockneten Weiß-fischs. Auch davon reichte er mir einen Bissen. Er schmeckte gewürzlos mild und etwas rauchig. William verschlang große Brocken Robbenspeck. Schon beim Anblick drehte sich mir der Magen im Leibe um. Später war ich von den Strapazen so ausgedörrt, daß ich Robbenspeck mit Vorliebe aß. Körper und Magen brauchen eine bestimmte Zeit, um sich an eine derart fremde und schwere Fleischkost zu gewöhnen. Karlik beteiligte sich mit einer besonderen Eskimodelikatesse an unserem Festschmaus — getrocknete Seehundsdärme. Sie sahen aus wie Sauerkraut. Wortlos, aber mit sichtlicher Wonne, vertilgte er dann den Rest der Mahlzeit — kleine Happen gefrorenen Blutes. Die inzwischen erwachten Hunde begnügten sich damit, ihre Schnauzen voll Schnee zu stopfen, um den brennenden Durst zu löschen.

Während der Rast hatte sich das Wetter nicht beruhigt. Sobald wir die schützende Felsenschlucht verließen, wütete der Sturm wieder mit verheerender Gewalt. Schon aus der Ferne sahen wir eine neue Treibschneewand auf uns zukommen. Wenige Sekunden später waren wir von tollem Wirbel umgeben. Die Böen rissen meterhohe Schneekerzen auf, die mit dem nächsten Windstoß wieder zerstäubten. Ein Sturmschub folgte dem anderen und warf uns hohe Schneewälle entgegen. Der Druck der anrollenden weißen Massen war so stark, daß wir kaum atmen konnten. Die Eskimos standen aufrecht wie Säulen auf den Schlitten, mußten sich aber weit vorbeugen, um nicht umgeblasen zu werden. Körniger Harschschnee traf uns, wie aus einem Sandstrahlgebläse gefegt, und bohrte sich, tausend Nadeln gleich, in die Haut. Ja, ich fühlte sogar den Anprall gegen die Stiefel und Anorak. Die Berghänge waren an der Wetterseite schneefrei geweht. Der Wirbelsturm nahm auch feine Sandkörnchen mit, die er uns wie kleine Geschosse ins Gesicht schlug. Er wehte so heftig, daß unsere Schlitten mitsamt Hunden, die sich mit ihren zu kurzen Krallen nicht auf dem Eis halten konnten, wie Eissegler über die weißen Flächen rutschten.

Der heftigste Blizzard, den ich je erlebte, war über uns hereingebrochen.

Die Hunde ächzen, werden sichtlich müde und weigern sich schließlich, weiterzulaufen. Karlik läßt einen weitausholenden Peitschenhieb über die streikende Meute sausen. Die getroffenen Tiere heulen auf und stemmen sich wieder ins Geschirr. Der Pulverschnee liegt inzwischen zwanzig Zentimeter hoch. Er verdeckt Spalten und scharfe Eiskanten. Die Schlitten bleiben in den Wehen stecken, lösen sich wieder, schaukeln hin und her und schlagen hart gegen vereiste Felssteine. Ich hocke zwischen dem Gepäck, steif gefroren, und wage kaum, mein Gesicht zu erheben. Die Kälte ist ungeheuerlich. Sie schneidet mir den Atem ab. Meine Eskimos haben ihre Gesichter unentwegt auf die Hunde gerichtet. Ihre Haare sind von Reif bedeckt und an Wimpern, Augenbrauen und Bart hängen kleine Eiszapfen.

Der Schneenebel wird mit einem Male so dicht, daß wir keine zehn Meter mehr sehen und die Orientierung verlieren. Die Hunde rennen gegen auffällige Hindernisse und halten an. Trotz harter Kommandos bewegen sie sich keinen Schritt mehr vorwärts. Ihre Augen sind vollkommen mit Schnee und Eis verklebt. Sie sehen nichts mehr. Die Eskimos springen ab, sammeln sich und beratschlagen. Werden sie einen Iglu bauen, oder kehren wir um . . .?

»Wir bleiben hier und bauen zwei Schneehäuser«, fiel die Entscheidung des Ältesten. Schnell wurden die Schlitten entladen und mit den Kufen nach oben gedreht, damit sie über Nacht nicht festfroren. Unsere Hunde blieben an den Leinen liegen. Sie rollten sich ein und vergruben ihre vereisten Schnauzen tief in den weichen, buschigen Ruten. Der heftige Sturm wehte sie gleich mit einer dicken Schicht Treibschnee zu.

Die Eskimos suchten einen günstigen Platz für die Errichtung der Iglus und prüften mit einer Schneesonde, der Spitze des Unaaks, die Festigkeit und Dicke der Schneedecke. Kirk fand unterhalb einer Felswand, windgeschützt, den passenden Baugrund — eine an der Südseite liegende gefrorene Schneewächte. Der eisige Boden war ideal: Altschnee, vom Wind hart gepreßt, trocken, gefroren und harschig, aber nicht vereist. Er ließ sich leicht in Blöcke zerteilen.

Karlik war der Architekt. Er markierte die Grundrisse der Iglus. Mit einer Schneesäge trennte er aus dem verharschten Boden fünfzig mal fünfzig Zentimeter breite Quader heraus. Mit dem »Pana«, einem gebogenen Schneemesser mit Knochengriff, glättete er die Blöcke sorgfältig und schnitt sie schräg an. Kirk und William schichteten diese im Umriß eines Rechteckes — leicht einwärts geneigt — übereinander, so daß allmählich vier nach innen ragende Hauswände entstanden. Mit jedem innerhalb der Schneemauer ausgeschnittenen Baustein sank der Boden unter den Füßen tiefer, dieweil das Iglu unterdessen um die gleiche Höhe nach oben wuchs. Nachdem die Mauer anderthalb Meter hoch war, bauten die Eskimos zwei trapezförmige Giebel und legten den langen Bootshaken als Dachfirst darüber, der dem Schneehaus die endgültige Kopfhöhe gab.

Während die Arktisbewohner als dauerhafte Winterunterkunft ein rundes Iglu bauen, errichten sie als Reiseobdach auf Jagdfahrten nur den aus Seitenwänden und Giebeln bestehenden rechteckigen »Karmak«. Er hat kein selbsttragendes Kuppeldach, sondern bei ihm bilden Felle oder Zeltplanen die Abdeckung des Schneegebäudes.

William verstopfte alle Fugen zwischen den Schneequadern mit losem Schnee und häufelte die Wände schräg nach oben an, so daß die abgeböschte Außenwand dem Wind nur wenig Angriffsfläche bot. Kirk stieß seinen Harpunenschaft durch die Schneegiebel und schaffte so kleine Öffnungen, aus denen verbrauchte Warmluft, Kochdämpfe und der Qualm der Tranlampe abziehen konnten. Karlik schnitt ein kopfgroßes Loch in die zum Südosten liegende Quaderwand und setzte Fensterscheiben ein — zwei dünne Eisplatten, die er aus dem Rand eines vereisten Bachlaufes brach. Mit einem Ulu, dem halbmondförmigen Universalmesser, kratzten die Eskimos zum Schluß den losen Schnee vom Igluboden.

Karlik schleppte Karibufelle, Eisbärendecken und die Waffen ins Innere unserer weißen Höhlen und zündete rasch die wärmende und lichtspendende Specksteinleuchte an. Auf dem Spirituskocher erhitzte er einen Topf mit Schnee und verschmierte mit der breiigen Masse sämtliche Ritzen. Dann kroch er noch einmal nach draußen, um die Hunde zu füttern. Die Tiere hatten sich so überanstrengt, daß nicht eines den Kopf hob, als Karlik ihnen das Futter brachte. Normalerweise ziehen diese Polartiere Lasten bis zu dreißig Zentner. Von der Fahrt über das vereiste Gebirge mit den vollgeladenen Schlitten waren sie offensichtlich vollkommen ausgepumpt.

Nun mußte noch der winkelige Eingang mit einem gefrorenen Schneeblock verschlossen werden. Er sollte vor dem Eindringen von Kälte, vor Wind und hungrigen Bären schützen. Interessant war seine Herstellung: Die Eskimos bohrten mit dem Unaak zwei Löcher durch den Quader, zogen einen Fellriemen hindurch, verknoteten ihn an jeder Seite zu einem Haltegriff und urinierten auf beides. In wenigen Minuten war das Verschlußstück mit den Schlaufen vereist, wurde von innen gegen den Eingang gezogen und schloß das Iglu hermetisch ab. Der poröse Bauschnee ließ genügend Frischluft durch die Wände. Innerhalb einer Stunde waren unsere Schutzhütten fertig. Während die Eskimos trotz der Kälte bei der Arbeit schwitzten und sogar ohne Jacken arbeiteten, hatte ich bis auf wenige Handgriffe untätig zusehen müssen und war im Schneesturm fast zu Eis erstarrt. Die Kälte im windgeschützten Raum empfand ich daher als wohltuende Wärme. Während draußen eine Temperatur von minus 40 Grad herrschte, zeigte das Thermometer im Iglu nur 13 Grad unter Null an. Der Rest des heißen Kaffees aus den Thermosflaschen wärmte mich bald auf. Die Eskimos hatten die unterste Reihe der Bausteine an beiden Seiten des Rechteckbaues waagerecht verlegt und die anderen Quader senkrecht aufgesetzt. Die so entstandene Schneebank wurde, mit Fellen bedeckt, unsere Lagerstatt. Im Giebel war nur ein halber Block vermauert worden und dadurch eine Nische entstanden, in der die Specksteinleuchte stand. Wir streiften die schneeverklebten Mukluks ab und stellten sie zum Abtauen neben den Spirituskocher. Ich warf mich auf die Felle der Eisbank. William wurde von einem Hustenanfall gepackt, röchelte schrecklich, spuckte gegen die Schneewand und verschwand in seinen Iglu. Er hatte in unserem Schneehaus nur Kaffee getrunken. Durch die Wärme der Tranlampen, die Hitze des Spirituskochers und unseren feuchtwarmen Atem begannen die Innenwände zu schmelzen. Sie gefroren jedoch bald wieder zu einer Innenglasur, die einen zusätzlichen Kälteschutz bildete.

116

Der Sturm heulte unverändert um unsere eisige Behausung und zerrte wütend an der Zeltbedeckung, als ich mit voller Pelzausrüstung und allen Tageskleidern in den steifgefrorenen Schlafsack kroch. Ich schloß den Reißverschluß und band den Zeltbahnbezug oben zu. Nur ein kleiner Luftspalt blieb offen, der mich an die Atemlöcher der Robben im Eis erinnerte. Durch den Treibschnee, der sich während der Schlittenreise in die Falten und Nähte der Kleidung gesetzt hatte und durch die Körperwärme zu tauen begann, wurde der Schlafsack auch von innen naß. Mit leichtem Schüttelfrost und Zähneklappern versuchte ich einzuschlafen. Dabei fiel mir der Titel »Freundliche Arktis« ein, den der kanadische Polarforscher Stefansson einem seiner Bücher gegeben hatte. Ich konnte dem beim besten Willen nicht beistimmen.

Der Eskimo löschte die Flamme des Spirituskochers, nahm eine leere Konservendose, pinkelte seinen dampfenden Strahl hinein und stellte sie ans Ende des Iglus. Dort lag als Toilettenpapier etwas lockerer Schnee, gleich neben einer Vertiefung der Toilette. Kaum hatte Karlik die Öllampe gelöscht und sich unter seinen Fellen verkrochen, da fiel er auch schon, laut schnarchend, in Schlaf.

Kurz vor Mitternacht wachte ich wieder auf. Es fror mich erbärmlich, zudem quälten mich menschliche Bedürfnisse. Im Iglu war es nach dem Verlöschen der Tranlampe eisigkalt geworden. Ich ratschte am Feuerzeug, um auf die Uhr zu schauen. Nichts! Die Kälte ließ nicht einmal Benzin verdunsten, um eine Flamme zu entfachen. Dann nahm ich die Taschenlampe. Aber auch sie brannte nicht. Die Batterien waren wieder einmal gefroren. Ich hatte vergessen, sie am Abend in den Schlafsack zu stecken. Der Sturm heulte immer noch sein Polarlied und fegte feinen Staubschnee durch die Ritzen der Zeltbedachung, der mir in den Nacken rieselte. Meine Felle waren von Schnee bedeckt. Ich zwängte mich aus dem Schlafsack, kletterte im Krebsgang über den schnarchenden Eskimo zum Ausgang und versuchte den Schneeblock beiseite zu schieben. Unmöglich! Das Eintrittsloch, durch das ich mit den Füßen zuerst hätte hindurchkriechen müssen, war von Schneemassen blockiert. Also robbte ich unverrichteter Dinge wieder zurück und schlüpfte fröstelnd in die Daunenhülle.

Endlich graute der Morgen. Nebelschwaden von kochender Pemmikan-Suppe und dampfendem Kaffee füllte den eisigen Raum, da die Eskimos die Öllampen wieder angezündet und den Spirituskocher in Betrieb gesetzt hatten. Ich kletterte aus dem Schlafsack und mußte mir erst die Eiskrusten von den Kleidern rupfen, die sich durch die ausgeatmete Feuchtigkeit gebildet hatten. Die Haare waren weiß von Schneestaub, und aus der klammfeuchten Hose rieselte das gefrorene Naß.

Meine Jagdbegleiter hatten den Eingang des Iglus schon freigeschaufelt. Ich kroch durch das Tunnelloch nach draußen, um mich endlich zu erleichtern. O weh!

Schneidende Kälte schlug mit entgegen und ließ meinen Atem stocken. Aber was sollte ich machen? Jedenfalls verstand ich nun, daß die Eskimos es vorzogen, sich ohne Scheu im Innern der Schneehäuser zu lösen.

»Reisen wir heute weiter?« fragte ich Karlik, den Verantwortlichen des ganzen Unternehmens.

»Vielleicht ja — vielleicht nein!« war seine weise Antwort. »Warum habt Ihr Weißen es immer so eilig?« fragte er dann. »Die Arktis ist nicht der richtige Ort für ungeduldige Jäger!«

Da kam mir erst recht zu Bewußtsein, wo ich eigentlich war ... Ich hockte im Norden Alaskas, weit oberhalb des Polarkreises, mit den Eskimos in einem Schneeloch, inmitten einer Eiswüste so groß wie Europa. Bei 50 Grad Kälte wütete draußen der Blizzard. Mit Leben und Tod war ich auf die Fähigkeit von drei Eingeborenen angewiesen, Sturm und Kälte zu trotzen und ohne Schaden zu menschlichen Behausungen zurückzukehren. Wie lange noch würde uns das erbarmungslose Wetter in die Eishöhle verbannen? Tage oder Wochen? Unsere Verpflegung reichte noch für 48 Stunden. Und dann ...? Was würde aus unserer Bärenjagd; würden wir Erfolg haben, oder war die Reise wieder vergebens? Ehrlich gesagt — mir schien es in jenem Augenblick viel wichtiger, dem eisigen Gefängnis zu entrinnen, als einen Bären zu erlegen. Wir verbrachten noch einen ganzen Tag und eine fürchterlich kalte Nacht im frostigen Iglu, bevor sich der orkanartige Schneesturm legte. Dann aber brachen wir in aller Frühe auf.

Die Hunde heulten vor Hunger. Für jedes Tier gab es nur noch ein Stück gefrorenen Robbenspeck. Es blieb mir ein Rätsel, wie die Tiere die völlig vereisten Brocken so blitzschnell zerbeißen und verschlingen konnten.

Unsere Schlittenkarawane steuerte das Alklonik-Creek-Tal an, das auf halbem Weg nach Lisburne lag und uns vor den Schneestürmen mehr Schutz bieten würde als das flache Plateau, auf dem wir kampiert hatten.

Gegen Mittag entdeckten wir auf den Hügeln zwei Rudel Karibus. Der Sturm der letzten Tage hatte den Schnee von den Bergen gefegt. Ihre braunen Hänge waren voll Buschwerk, Gräser und Flechten. Ein Dutzend der durchziehenden Rentiere lagerten wiederkäuend im Schnee.

Der ältere Eskimo gab den Gespannführern ein Zeichen, und im selben Augenblick rasten alle Schlitten davon. Natürlich hatten die Hunde die Karibuwitterung längst in der Nase; sie stürmten in wilden Sprüngen über das Eis. Neugierig warfen die äsenden Tiere auf, sahen uns mit starrem Blick entgegen und blieben, wie angewurzelt, stehen. Erst nachdem sich ihnen die bellenden Schlittenhunde auf dreihundert Meter genähert hatten, kam eine Bewegung der Unruhe in die verhoffenden Tiere. Nach und nach begannen sie, zögernd davonzulaufen, und teilten sich in mehrere kleine Rudel auf. Die Masse der flüchtenden Karibus hastete über die Berge. Zwei ältere Stücke zogen in unsere Richtung. Karlik warf den Eisanker; aber der faßte nicht, und die Hunde jagten weiter. Sie hetzten den Karibus entgegen, steuerten dabei auf ein Gewirr von Eisblöcken und Felsen zu.

»Abspringen!« brüllte der Eskimo erregt und ließ sich vom Schlitten fallen. Auch ich rollte mich in den Schnee — und schon kippte das Gefährt um und bremste die Hunde.

»Schießen, — schnell schießen!« schrie mein Eingeborener. Ich riß das Gewehr aus dem Futteral, wischte den Schneestaub ab, backte an — und Schuß . . .! Die Karibus aber reagierten nicht. Sie stürmten unbeirrt weiter. Ich repetierte und feuerte erneut. Deutlich war der Kugelschlag zu hören. Auch bei William und Kirk fielen Schüsse.

Endlich! Der erste Geweihträger stürzte aufs Eis. Das andere Tier schien auch getroffen, flüchtete aber weiter. Der Eskimo durchschnitt die Zugleinen der ersten drei Hunde, die sofort wie schlanke schwarze Torpedos über das weiße Eis davonschossen. Sie kamen jedoch zu spät. Das zweite Karibu war schon zusammengebrochen und verendet. William war mit seinem Schlitten zur gleichen Zeit bei den erlegten Stücken angekommen wie die freigelassenen Huskys, die gerade begonnen hatten, die Karibus zu zerreißen und aufzufressen. Er konnte die ausgehungerten Zugtiere so lange mit der Peitsche in Schach halten, bis wir mit dem Schlitten heran waren und Karlik sie wieder anschirrte. Schnell wurden die Karibus aufgebrochen, aus der Decke geschlagen und zerlegt. Das wertvollste Fleisch — und vor allem Leber und Magensack — verpackten die Eskimos in ihre Fellsäcke. Die Reste warfen sie den Hunden vor, die sich wie wild um jeden Knochen und Fleischfetzen rauften.

Wenn die Not am größten — ist Gottes Hilfe am nächsten! Für die nächsten Tage war wieder gesorgt. Wir brauchten nicht zu hungern, und auch die Hunde waren gestärkt.

Die Zeit aber drängte. Gegen Mittag wollten wir die Berge überquert haben und die Küste erreichen. Nur dort gab es offenes Wasser, Seehunde und Bären. Die Huskys zogen forsch an und legten ein tolles Tempo vor.

Das Wetter war prächtig; der leichte Wind trieb lange Wellen Staubschnees über die Eisfelder. Die Kälte schien erträglich. Am Himmel zogen vereinzelt Wolken. Die Sonne strahlte im gelben Licht und milderte das kalte Blauweiß der frostigen Eiswüste. Sie war von millionenfach gezackten Nebensonnen umgeben, die durch die Brechung der Lichtstrahlen an den in höheren Luftschichten schwebenden Eiskristallen entstehen.

Rote und grüne Lichtringe mit regenbogenfarbigen Sternrändern bildeten einen traumhaft schönen Lichthof um das glühende Gestirn. Selbst die Eskimos waren vom selten schönen Schauspiel der Sonne beeindruckt. Sie hielten sogar die Schlitten an, um die farbigen Strahlenkränze durch das Fernglas zu bewundern. Vielleicht glaubten sie, endlich ihre Wettergeister in mehrfacher Vergrößerung deutlich erkennen zu können.

Zwischen den Hügeln entdeckte ich wieder ein Rudel Karibus. Die Eskimos winkten ab. Vorerst hatten wir Fleisch genug für die Reise. An der See gab es ja wieder Seehunde oder Bären. Die Eingeborenen töten immer nur so viel Wild, wie sie für die Ernährung brauchen.

Karibus bevölkern zu Hunderttausenden das Land. Sie sind aber nicht überall und zu jeder Zeit anzutreffen, sondern berühren die bewohnten Gegenden — wenn überhaupt — nur bei ihren jährlichen Wanderungen. Jedes Frühjahr ziehen diese kraftvollen Wildrene Alaskas nach einer uralten, unerklärlichen Regelmäßigkeit auf den gleichen, häufig zu Wegen ausgetretenen Wechseln in die arktischen Tundren, den weiten, flachen »Barrengrounds« jenseits der Berge, auf denen während des kurzen Polarsommers das saftige, mannshohe gelbe Riedgras, verschiedene Blumen, Kräuter und die von Karibus besonders gern gefressenen Flechten wachsen. Im Herbst wandern sie wieder nach Süden, durchschwimmen Flüsse und Seen meist an den gleichen Stellen, wandern äsend durch windgeschützte Täler, ziehen über hohe Berge und überwintern in den weiten Wäldern des Südens, die ihnen wegen des milderen Klimas genug Pflanzenwuchs zur Ernährung bieten.

Ein steiler und vom Wind blankgefegter Hügel lag vor uns. Die aus dem Boden hervorragenden Felskanten waren von einer glatten Eisschicht überzogen. Wir sprangen ab und liefen eine Weile hinter den Schlitten her, um unsere treuen Hunde zu entlasten, die sich keuchend über einen steinigen Hügel quälten.

Man kann sie liebhaben, diese urigen Tiere. Sie sind so hart im Nehmen und doch so zuverlässig und genügsam. Jüngere Hunde versuchten, sich immer wieder liebkosend an den Leib ihrer Mütter zu schmiegen. Dabei verhedderten sie sich oft genug in deren Leinen. Karlik sprang dann jeweils ab, rannte vor, erfaßte die jungen Beller und warf sie wieder in die richtige Spur.

Wir erreichten das Ende des Alkalonik-Tals. Das Vorwärtskommen im steilen Gebirge wurde immer schwerer. Auf den Gipfeln und Hängen der Berge lag kaum noch Schnee. Der Sturm hatte ihn heruntergefegt. Er machte sich schon wieder bemerkbar, und mit ihm nahm die Kälte zu. Der Himmel war grau und dunstig. Schon umwirbelten uns die ersten Schneeflocken. In der Ferne strichen nebelige Wolkenfelder über die Bergspitzen. Es war keine Kondensation der Luftfeuchtigkeit über offenem Wasser, sondern eine Zusammenballung von Eiswolken — Vorboten eines heranziehenden Sturmtiefs mit Schneetreiben, vermutlich wieder ein Blizzard. Ich ahnte schon eine neue Übernachtung im Iglu.

»Wir müssen aus dem Gebirge heraus, bevor der Schneesturm kommt.« Selbst Karlik, der erfahrene Eskimo, machte jetzt ein besorgtes Gesicht.

»Wir sollten nach Westen zur See hin abbiegen, damit wir wieder die Möglichkeit haben, Bären zu sehen«, schlug daraufhin Kirk vor.

»Wir könnten uns sofort westlich halten, durch die Schlucht fahren und bei Cap Deyer das Meer erreichen; dort folgen wir der Küstenlinie über das Meereis nach Norden und erreichen heute noch Lisburne«, meinte William, der das Gebiet von Sommerreisen her kannte.

Die Eskimos einigten sich, nach Westen zu fahren. »Tij ... tij ... tij«, — und schon schwenkten die Schlitten nach links. Der Leithund zeigte, daß er ein wirklich guter Spurenmittler war. Die Schlucht wurde an einigen Stellen so eng, daß wir abspringen und die Schlitten kanten mußten, um durch die schmalen Pässe zu kommen. Ihre Kufen scharrten über schneeloses Geröll; das hölzerne Gestell ächzte und knarrte. Alle Gespanne holperten nacheinander durch ein beidseitig von Felsen eingeengtes Bachbett. Die gefrorenen Eisränder des Wasserlaufes krachten und splitterten. Wir liefen hinter den Schlitten her, wateten durchs Wasser und sprangen über Steine, Eisblöcke und Schneewehen. Unsere Hunde kamen nur langsam vorwärts. Nach fast einer Stunde öffnete sich die Schlucht. Vor unseren Augen erschien wieder das blaue Meer, tauchte der unabsehbare Horizont auf. Auf dem Wasser schwammen riesige Eisberge und Schneefelder. Vor der Küste türmte sich haushohes Packeis. Beim Anblick der offenen See stieg das Barometer unserer Hoffnung auf einen Polarbären.

Vor uns lag ein breites Tal, das durch die Unterbrechung einer zweitausend Meter hohen Gebirgskette direkt zur Küste führte. Mit halsbrecherischem Tempo rasten die Huskys hinab zur Küste. Sie glitten die Hänge hinunter, erreichten dabei eine derart hohe Geschwindigkeit, daß sie von den Schlitten überrollt und von ihnen mitgeschleift wurden. Zu allem Überfluß donnerten die Gespanne auch noch aufeinander. Das Durcheinander hätte vollständiger nicht sein können. Ich selbst fand mich im Schnee wieder.

Wir sammelten die Gepäckstücke auf, entwirrten die Leinen — und schon ging's weiter. Noch einmal rumpelten die Fahrzeuge über Eis, Steine und Geröll. Die Leithunde wichen geschickt Felsen und Schneewehen aus. Sie fanden immer den leichtesten Weg. Die ersten Gruppen meterhoher Alaskaweiden (Salix arctica), knospenbedeckter krauser Erlen (Alnus crispa) und die typischen Uferpflanzen wie Strandmiere, Haargerste und arktische Lupinen tauchten auf.

Aus den Büschen purrten Schneehühner hoch — die Dauerbewohner der arktischen Tundra. Wenn sie ihre Flügel öffneten, dann war es so, als brächen weiße Blüten auf. Wir waren von den aufstehenden Ketten »Ptarmigan«, wie sie in Alaska heißen, so überrascht, daß wir sie weder beschießen noch fotografieren konnten.

Sie hatten sich um die vom Sturm freigewehten Sträucher geschart und ästen deren saftige Knospen. Als wir sie mit gutem Wind überrumpelten, schrien sie grell auf und flatterten mit vielfältigem Gekrächze davon. Ihr Gefieder — ein tarnendes Schutzkleid — war noch weiß und reichte hinunter bis zu den Nägeln. Wenn sie sich wieder auf den Schnee senkten, dann waren sie nicht mehr zu sehen.

Der Hahn mausert sich viermal im Jahr, die Henne dreimal. Im Sommer wird das Gefieder braun, im Herbst grau. Das Hochzeitskleid der Hähne während der Paarungszeit im Frühjahr ist weiß mit schwarzer Färbung am Kopf und brauner Vorderbrust. Außer diesen Schneehühnern (Lagopus mutus, hier in der Unterart rupestris) gibt es noch zwei weitere, alle schwer voneinander zu unterscheidende Arten. Alle haben etwa die Größe unserer Rebhühner und wiegen etwa ein Pfund. Ihr zartes Fleisch gilt als Delikatesse. Ende April nisten die Tiere in Erdmulden oder in Schneelöchern. Nach dreiwöchiger Brutzeit schlüpfen im Juni die mit gelbbraunem Flaum bewachsenen Küken. Die Aufzucht bleibt gänzlich den Hennen überlassen, während der stolze Hahn sich darauf beschränkt, von einem erhöhten Punkt aus — unweit des Nestes — die Seinen bei nahender Gefahr zu warnen. Bereits zehn Tage nach dem Ausschlüpfen erheben sich die Jungen vom Boden, nach zwei Wochen erhalten sie ihr komplettes Federkleid, und bald darauf schließen sie sich den geselligen Familienmitgliedern zu hundert Meilen weiten Flügen an. Diese führen sie in Gruppen bis zu tausend Vögeln von der Baumgrenze zu den Futterplätzen der Tundra, wo sie Insekten, Samen, Beeren, frisches Grün und saftige Knospen äsen.

Am frühen Nachmittag erreichten wir das Küsteneis. Die Kolonne stoppte. »Wir wollen erst etwas essen«, schlug William vor, der hungrigste der Eskimos. Er warf eine gefrorene Karibukeule auf den eisigen Boden und hackte mit der messerscharfen Axt Stück um Stück herunter, bis nur noch der Beinknochen übrig war. Jeder griff hastig zu, um seinen Hunger zu stillen. Das zarte rosa Fleisch war ein Genuß, und — da es durch und durch gefroren war — löschte es zugleich den Durst.

Kirk knöpfte seine Parka auf und klopfte den Schnee vom Körper. Dabei entdeckte ich, daß er ein Amulett aus dem Zahn eines Schwertwales trug, der phantasievoll geschnitzt war.

»Wird uns dein Amulett heute Glück bringen?« fragte ich ihn.

Er antwortete nicht, sondern grinste nur. Warum trug er eigentlich dieses Anhängsel während der Jagdreise? Nun, Eskimos glauben an die besondere Kraft solcher Gegenstände, die Unglück und Gefahren abwenden oder Erfolg bringen. Hatte er Angst vor den »Kannernaks«, den schrecklichen Winden, die bei den Eingeborenen als »Atem der bösen Geister« gelten? Oder wollte er durch das

Amulett unser Unternehmen dem Schutz der guten Geister der Jagd anvertrauen? Ich habe es nie erfahren, denn auf alle Fragen blieb er stumm und lachte nur.

Die Eiswolken waren seewärts gezogen. Der Wind hatte nachgelassen. Zögernd drängte sich die Sonne durch den Nebelvorhang am Himmel, als wir die Fahrt fortsetzten. Wir hatten klare Sicht, aber die Kälte schien größer geworden zu sein. Beim Atmen klebten die Nasenflügel zusammen. Leise zischten die Schlitten über den Pulverschnee. Das Wasser in der windgeschützten Bucht war zu einer glatten Eisfläche gefroren. Karlik entdeckte die ersten Bärenfährten. Sie verliefen der Küste entlang nach Norden, so daß wir ihnen unter Beibehaltung unserer Fahrtrichtung leicht folgen konnten.

Die keuchenden Hunde trabten mit lang herabhängender Zunge schwerfällig durch den Schnee, spitzten ihre kurzen Ohren und schauten mit dem Kopf zurück, als warteten sie auf neue Anweisungen ihres Herrn. Es ist interessant, daß sich ihre kurzen Behänge zum Schutz gegen die große Kälte derart zurückentwickelt haben. Alle Polartiere besitzen kürzere Ohren als ihre Verwandten in wärmeren Regionen. So sind die behaarten Rundohren des Polarfuchses wesentlich kleiner als die des Rotfuchses, während der Wüsten- und der Löffelfuchs in Afrika die längsten Behänge tragen.

Auch Schwanz und Läufe der arktischen Tiere sind kurz oder sind lang behaart, um gegen die polare Kälte geschützt zu sein. Besonders deutlich ist das neben den Huskys der Eskimos auch bei Wolf, Vielfraß und Schneehase zu erkennen. Sogar das nordische Eichhörnchen, das Hudson- oder Rothörnchen, trägt auffallend gestutzte Gehöre und eine kürzere Rute als das bei uns beheimatete rote oder schwarze Eichhörnchen. Nordische Tiere sind sämtlich lang behaart, von großem Körperbau und gedrungener Gestalt, um der kolossalen Kälte einen größeren Wärmespeicher entgegenzusetzen. Das wird besonders bei Moschusochsen, Bären, Schneeziegen, Schneeschafen, Karibus und Elchen deutlich.

Die Bärenfährten, auf die wir gestoßen waren, schienen noch nicht alt zu sein. Sie führten uns eine Zeitlang durch die Packeisanhäufungen und endeten zunächst vor einer breiten Wake. Dort hatte der Bär eine Robbe geschlagen und verzehrt. Das Eis war rot gefärbt, und wir fanden noch etwas Fleisch, einige Knochen und Fellfetzen. Die Eskimos untersuchten die Reste.

»Der Bär ist nicht mehr weit. Er war erst vor einer Stunde hier«, stellte Karlik fachmännisch fest. Rasch sprangen wir auf die Schlitten, umfuhren den Wassergraben und folgten der Spur weiter. Das Eis wurde rauher, aber die Hunde fanden stets einen neuen Weg zwischen den Schollentrümmern und Schneeablagerungen. In schneller Fahrt ging es die Hügel hinauf und hinunter. Der Sturm hatte den Treibschnee zu mächtigen Schneehalden getürmt. Die Huskys quälten sich über die Höhen. Allmählich führten die Spuren wieder zum Meer. Das Eis wurde flacher und übersichtlicher. William rauschte mit seinem Schlitten an uns vorbei und stoppte dann.

»Ich lasse Nilu frei laufen«, schlug er vor. »Sie wird den Bär finden!«

»Gut, ich glaube auch«, stimmte Karlik als Jagdleiter zu. Und schon zerschnitt William die Leine seiner Leithündin, die gleich zu bellen begann und über das Eis davonstürmte. Die anderen Hunde hasteten wild hinterher. Es begann eine aufregende Schlittenfahrt, die mehr einem Hürdenspringen glich. Ich legte mich flach auf den Schlitten, um nicht herunterzupurzeln, und krallte mich am Gepäck fest. Kirk feuerte seine ungezähmte Meute an und knallte mit der Peitsche durch die Luft. Im Nu hatte er uns überholt. William zog gleich nach, so daß wir das letzte Gespann wurden. Das aber reizte den Alten. Er schlug wütend mit der Ledergurte auf seine Zugtiere ein. Und nun begann das große Wettrennen!

Der Fahrtwind blies schneidend kalt durch meine Kleidung. Aufgewirbelter Pulverschnee überzog mich mit einer weißen Schicht und verklebte die Augengläser. Ich klemmte mir das Taschentuch unter die Brille und schob es über Nase und Mund. Aber es half nichts. Der Atem gefror, und das Tuch wurde steif wie ein Brett.

Nach einer halben Stunde endet die Raserei. Die Schlitten stoppen. Denn Kirk hat einen geblichen Punkt auf dem Eis entdeckt. Wir springen ab, eilen auf die Kuppe .. und sehen den Bär. Das darf nicht wahr sein! Auch die Eskimos staunen ungläubig. Da erkenne ich auch die Hündin. Sie bellt das gefährliche Raubtier unentwegt an, das drohend auf den Hinterpranken steht. Es ist nur noch dreihundert Meter von uns entfernt.

Wie auf ein Kommando stolpern die Eskimos vom Berg und springen auf die Schlitten. Die Hunde schießen gleich Pfeilen davon. Sie hören das Jappen und Bellen der Hündin und wittern ihre Beute. Nichts kann sie mehr halten. Sie stürmen los und reißen den Schlitten hinter sich her. Kein Hindernis ist ihnen zu hoch. Ich klammere mich ans Gepäck, zerre die Verschnürung auf, krame mein Gewehr hervor, wische den Schnee ab, lade durch und sichere die Waffe.

Kirk schert nach links aus; William nähert sich dem Bären von rechts. Es wird höchste Zeit zum Schuß. Nur noch 150 Meter trennen uns von dem weißen Riesen. Karlik reißt die Hunde zurück und bremst den Schlitten. Die Horde heult und kläfft wie toll. Ich rolle mich vom Fahrzeug, springe auf und renne zur nächsten Schneewehe, um eine Auflage zu haben. Der gelbe Petz verhofft und wird unruhig. Ich backe an, gehe ins Ziel . . . und Schuß!

Der Bär ist weg! Nichts mehr zu sehen . . .

»Schnell das Glas!« rufe ich Karlik zu. Ich suche das Eis ab — nichts! Nur die Hündin kommt zurück. Warum? Sie würde beim Bär bleiben, wenn er auf dem Eis läge. Also Fehlschuß?

»Komm, steig auf; wir fahren hin«, schreit Karlik, und im Nu jagt der Schlitten los. Auch Kirk und William steuern die Stelle an. Wir springen vom Schlitten und finden die Fährten. Eilig klettern wir über das Eis. Da ist der Anschuß! Wahrhaftig — Schweiß über Schweiß! Aber wo ist der Bär?

Karlik kappt die Leinen und läßt seine besten Spurensucher los. Die Hunde springen bellend davon. Wir untersuchen die Umgebung. Die Fährten enden auf dem Hügel. Also muß der Riese in die Wake gesprungen sein! Schon kommen die Huskys zurück. Sie stürzen sich auf den Anschuß, schlecken den Schweiß, scharren, winden und beginnen, lauthals zu bellen. Dann rennen sie zum Wasser und springen kopfüber hinein.

»Nanuk muß in der Rinne sein«, vermutet William.

Unsere vierbeinigen Jagdgehilfen planschen umher, klettern wassertriefend auf den jenseitigen Eisrand, schütteln sich trocken, kommen über eine Eisbrücke zurück — und kläffen wie wild. Die Eskimos laufen zu den Hunden. Ich hinterher.

»Da ist er!« schreit Kirk.

Tatsächlich . . .! Der zottige Pelzträger liegt mausetot im Wasser. Sprachlos stehe ich vor meiner Beute. Ich kann es kaum fassen. Zum Schluß ging alles so schnell. Erst die Strapazen, die Kälte, dann die dramatische Verfolgung — und jetzt stehe ich vor meinem Eisbär. Das Ziel der entbehrungsvollen Reise ist erreicht, ein Jägertraum erfüllt!

Die Eskimos drängen zur Eile. Die Sonne steht schon tief über dem Meer. Das Wetter ist unberechenbar. Wir müssen zurück, noch heute den Iglu erreichen.

Mit Bootshaken und Leinen zogen wir den Koloß aus der dampfenden Wake. Ich machte rasch einige Fotos, mußte dann aber den Film wechseln. Das erwies sich als besonders schwierig, weil der Bildstreifen durch die Kälte hart wie Glas geworden war und die Arbeit ohne Handschuhe verrichtet werden mußte. In der Arktis sollte man immer eine zweite Kamera zur Hand haben.

Die Eskimos brachen den Bär sofort auf. Er hatte eine Länge von drei Meter und schien mindestens zehn Jahre alt zu sein. Kirk schätzte das Gewicht auf zwölf Zentner. Das dicke Winterfell war weich und fast weiß. Es hatte nur einen schwachen Gelbschimmer. Mit größter Sorgfalt trennten die Männer das Fell vom Körper. Das Haupt blieb in der Decke. Die besten Fleischpartien wurden auf unsere Schlitten geladen. Den Rest bekamen die Hunde. Für Eskimos ist Bärenfleisch eine willkommene Abwechslung der einseitigen Ernährung. Herz, Lunge, Hirn und die Branten — schön knusprig gebraten — sind besondere Leckerbissen.

Aber nicht nur Eskimos schätzen das leckere Bärenfleisch, sondern alle Bewohner und Reisenden der Arktis. Julius Payer gibt in seinem Bericht über die Österreich-

Ungarische-Nordpol-Expedition, an der 24 Mann teilgenommen haben, eine wissenswerte Schilderung über den Verzehr von Bärenfleisch:

»Anfang Juli verfügten wir über 24 Bärenschenkel, deren mittleres Gewicht je etwa 30 Pfund betrug. Dreimal wöchentlich verzehrten wir je einen Schenkel. Der Lungenbraten und die Schenkel wurden für die gemeinschaftliche Tafel aufgehoben, die Zunge fiel dem Doktor anheim, das Herz dem Koch, das Blut den Skorbutkranken, das Rückgrat und die Rippen den Hunden; allein nicht eher, bis jeder noch zuvor ein Pfund Fleisch für seinen eigenen Gebrauch in Abrechnung gebracht hatte. Die sehr gesundheitschädliche Leber (zu hoher Vitamin A Gehalt) wurde in das Wasser geworfen, das Hirn gehörte der Offizierstafel, und das Fell wanderte in ein Faß, nachdem es vom Speck befreit, eingesalzen oder mit Alaun eingerieben und, weil einige Wochen auf dem Eis liegend, gebleicht worden war.«

Gesundes Bärenfleisch sieht rosig aus. Es schmeckt wie Rindfleisch mit leichtem Fischgeschmack. Viele Bären sind von Trichinen befallen — eine Krankheit, die von den Weißen mit den ersten Schweinen in die Arktis eingeschleppt wurde. Diese kleinen Fadenwürmer dringen mit dem Blutstrom in die Muskeln ein, rollen sich spiralförmig zusammen, werden eingekapselt und bleiben viele Jahre lebensfähig. Ißt der Mensch von Trichinen befallenes Fleisch, dann lösen sich die Kapseln auf und dringen in Darm und Muskeln ein. Sie verursachen schmerzhafte Gelenkentzündungen, Darmkatarrh, Fieber und Lähmung der Atemmuskeln, die zum qualvollen Tod führt. Trichinöses Bärenfleisch ist dunkelbraun und an den darin befindlichen weißen Körnchen leicht zu erkennen. Es wird deshalb von den Eiskimos nur gebraten oder gekocht verzehrt.

Allmählich wurde es dunkel. Im allerletzten Licht der halb im Meer versunkenen Sonne begann die Rückreise. Eiskalter Wind fegte über die Eishügel. Die Schlitten ächzten unter der schweren Fleischlast. Aber die Hunde waren gesättigt und zogen forsch an. Schwierig wurde die Rückreise durch die enge Gebirgsschlucht. Es ging unentwegt bergan. Wir sprangen von den Schlitten und stapften nebenher. Die Hunde schafften es nicht mehr allein, so daß wir streckenweise die Fahrzeuge schieben mußten. In der dicken Pelzkleidung kamen wir bald ins Schwitzen und keuchten fast so heftig wie die Hunde.

Gegen acht Uhr abends strahlte der Vollmond vom Himmel. Sein helles Licht verwandelte die öde Eiswildnis in eine Wunderwelt aus flimmerndem, blinkenden Weiß. Die gefrorene Chukchi-See wandelte sich zu einem Meer von diamantenen Eiskristallen. Das Wasser glitzerte weithin im Vollmondlicht.

Unendlich erschien die beängstigend einsame Weite der Eskimowelt — menschenfeindlich, öde und leer. Schnee, Sturm und Kälte übten ihre autoritäre Macht aus. Das Eis krachte und knirschte unter den Stiefeln; hoher Treibschnee bedeckte die weiße Ebene. Ein dicker Eispanzer lag über den Gestellen der Schlitten; Stiefel, Anorak und Kapuze waren von Reif überzogen. Das eintönige, einschläfernde Knirschen der Schlitten, grimmige Kälte und die Stille des Abends erhöhten die Gefahr des Erfrierens, denn einlullende Müdigkeit ließ mich allmählich in festen Schlaf hinüberdämmern. Nur die harten Stöße des schlingernden Gefährts gegen stahlharte Eiskanten weckten mich immer wieder auf.

Endlich erreichten wir die alten Schlittenspuren; auf ihnen kamen wir wesentlich schneller voran. Die unverwüstlichen Eskimos standen aufrecht gegen den Wind auf den Kufenenden. Ihre Gesichter waren rotbraun gefroren; der vom vereisten Atemhauch weiß gefärbte Pelzrand ihrer Kapuze umgab sie wie ein Heiligenschein. Die Hunde heulten, blieben stehen, rollten ihre heißen Körper durch den Schnee und zogen wieder an. Ab und zu sprangen wir vor den Schlitten und rissen ihnen die Eisplatten von den Augenlidern. Einige Tiere empfanden es als Liebkosung, andere fauchten uns böse an. Sicherlich tat es ihnen weh, wenn wir mit den Eisbrocken auch die Haare herausrissen. Schon nach wenigen Minuten waren ihre Köpfe erneut mit Eisgebilden überzogen.

Vom samtschwarzen Himmel leuchteten Millionen Sterne. Sie glitzerten und flimmerten, als zitterten sie vor Kälte. Jeder Stern war von einem Lichthof umgeben. Beim Anblick des stillen Himmels packte mich das Heimweh. Von ihm leuchteten dieselben Sternen wie zu Hause, aber sie standen über einer anderen Welt, an einem Himmel, unter dem es nur Kälte, Eis und Schnee gab.

»Kuij ... kuij ... kuij!« rief Kirk seinen dreizehn dunklen Hundegestalten zu und glitt mit seinem Gespann fast unhörbar an uns vorbei.

»Hoak .. hoak... hoak!« spornte William die keuchenden Wolfsvettern vor seinem Schlitten an. Er fuhr eine Zeitlang neben uns her und raste dann ebenfalls voraus. Die Eskimos hatten unseren Iglu vom Vortage entdeckt. Es war fast Mitternacht, als wir weißvermummt, steif gefroren und am ganzen Körper vor Kälte schlotternd, vom Schlitten sprangen. Die Hunde waren nur noch weiße Eisklumpen. Sie fielen erschöpft in den Schnee und rollten sich ein.

Wir hatten keine warme Stube, aber ein Dach über dem Kopf — auch wenn es nur aus Schnee und Eis war. Sturm und Kälte konnten uns nichts mehr anhaben. Wie anspruchslos doch ein Mensch sein kann! Auf dem Bauch liegend, schob ich mich hinter Karlik durch den Tunnel in unseren Iglu. Sobald die Dochte der Specksteinlampe angezündet waren, wurde es warm. Der Spirituskocher erhöhte die Temperatur zusätzlich. Wir schmolzen kleine Brocken Eis, und nach einer Stunde dampften Suppe und heißer Kaffee. Alle Not hatte ein Ende.

Nach dem Essen verließ Kirk noch einmal das Schneehaus, um die Hunde zu füttern. Ich schloß mich an, damit ich nicht wieder mitten in der Nacht heraus mußte. Überraschend bot uns der arktische Himmel ein grandioses Schauspiel. Er wölbte sich wie eine dunkle Halbkugel über der weißen Landschaft, oben blau, an den Rändern lilaviolett. Der Glanz des Mondes, der von dünnen Wolkenschleiern bedeckt war, verblaßte im Licht des hell strahlenden Nordsternes. Ab und zu huschte ein gelber Lichtschimmer über den Polarhimmel, abgelöst von zuckenden Flammenzungen, die blitzartig über den Horizont jagten. Blinkende Sterne flimmerten am hohen Himmelszelt. Das Nordlicht, ein Naturwunder der arktischen Nächte, leuchtete in unvergleichlicher Pracht. Weder Farbe noch Pinsel vermögen es zu malen, keine Worte seine Großartigkeit schildern. Silberglänzende Wolkenschleier schwebten durch die dunkle Nacht, mal gelb werdend, bald grün und dann abwechselnd brandrot oder blau. Flammende Lichtbänder bildeten einen mehrfarbigen Kreis, der sich gleich darauf in eine glitzernde Krone mit aufrecht stehenden Leuchtstäben verwandelte. Kurz darauf fielen die Brandsäulen in sich zusammen und formten einen farbenprächtigen Flammenring. Plötzlich leuchtete ein anderer Lichtkreis von herrlich bunter Färbung — in dreifacher Breite eines Regenbogens — am hohen Gewölbe. Seine scharfbegrenzten Ränder glühten rosarot, verwandelten sich in konzentriertes Weißgrün und endeten als breite, goldene Streifen. Kreisrunde Lichtwellen folgten glühenden Feuerbällen und schmolzen in routierender Bewegung zu einer zartweiß glänzenden Milchstraße zusammen. Von einem Augenblick zum anderen änderte sich das Bild. Vereinzelt standen senkrechte Strahlenbündel am Himmel, gelbrot gestreift, oben und unten grün abgerundet. Sekundenweise war es völlig dunkel; dann flackerte wieder ein zuckendes Wetterleuchten auf, gefolgt von gelbroten Lichtgarbenbündeln, die in Schlangenwindungen über das Firmament eilten.

Die traumhafte Lichterscheinung am Polarhimmel mit ihrem ständig wechselndem Spiel von Farbe, Form, Bewegung und Leuchtkraft, wie es sich kaum jemand in kühnster Phantasie schöner und abwechslungsreicher vorstellen kann, erreichte in Richtung des magnetischen Nordpols ihren Höhepunkt. Ein regenbogenfarbenes Flammenmeer mit goldglänzenden Lichträndern ließ den Himmel sekundenlang lichterloh brennen. Übergangslos sank die Feuerglut dann in sich zusammen und verlosch als feuriger Fluß im Meer.

Andächtig und stumm betrachtete Kirk die geheimnisvollen Lichtbewegungen am Himmel. Seine Augen strahlten im Widerschein des prachtvollen Strahlenspiels. Mit Verstand allein kann ein Eskimo derartige Lichtwunder der Natur nicht begreifen.

»Was bedeutet das Nordlicht, woher kommt es?« fragte ich den eingeborenen Polarmenschen, um seine Deutung zu erfahren.

»Das sind die Seelen tüchtiger Jäger, die im fröhlichen Kampfspiel durch den Himmel eilen«, versicherte er. »Sie wohnen in festen, warmen Häusern, die keine Türen und Fenster haben. Die Körper der Verstorbenen sind auf der Erde

Blizzard

Die Eskimos beratschlagen

Der europäische Jäger ist ganz auf ihre Erfahrung angewiesen

Entscheidung: Ein Iglu wird gebaut

geblieben. Ihre Seelen können durch Wände und verschlossene Räume gehen, erscheinen auf der Erde als gute Geister und erleuchten Augen und Verstand aller Eskimojäger. Jeder Lichtstrahl und Leuchtstab ist die Seele eines Toten.«

»Kommen Eskimofrauen auch in den Himmel?«

»Ja, gewiß«, wunderte sich Kirk über diese Frage und schmückte die Eskimovorstellung vom Seelenleben der Verstorbenen mit vielen Worten aus: Wenn bunte Bänder und flammende Bögen im beständigen Wechsel von Farbe und Form über den Himmel huschen, so meinte er, dann tanzen die weiblichen Seelen beschwingte Reigen, und die Seelen der Kinder umschweben sie in hellen, leuchtenden Himmelskugeln. Die glühenden Lichtballen seien Schädel von Walrossen, mit denen große Jäger Fußball spielen. —

Die leuchtenden Naturwunder am arktischen Nordhimmel sind für diese Naturmenschen ein nicht zu ergründendes Geheimnis. Sie werden in ihrer geistigen Vorstellung vom Leben der Verstorbenen nach dem Tode dadurch noch bestärkt, daß sie deren Seelen so greifbar nahe am Himmel spielen und tanzen sehen. Für die bittere Not auf Erden, für Hunger und Kälte, muß es — so glauben sie — nach dem Tode eine Belohnung geben. Der große Himmel, das »Land des ewigen Tages«, nimmt nur erfolgreiche Jäger und Fischer auf, die bei der Jagd auf Meerestiere getötet wurden. Er ist voll von Seehunden, Walrossen, Fischen, Karibus, Eisbären und Moschusochsen. In ihm geht die Sonne niemals unter, und niemand braucht zu hungern.

Das »schmale Land«, der Himmel für alle übrigen Seelen, ist ein schlanker Küstenstreifen zwischen zwei Meeren mit winterlich, sonnenlosem Wetter. In ihm gibt es nur Fische und Seehunde, aber keine Karibus und anderes Großwild. Die Seelen aus dem dunklen Land tanzen nicht am Himmel und erscheinen auf der Erde auch nicht als gute Geister.

Was aber sagt die Wissenschaft zu diesem Wunder der Natur?

Die Polarlichter entstehen durch atomare Teilchen — Protonen und Elektronen, die immer wieder von der Sonne abgestoßen werden. Sobald diese Partikel in das Magnetfeld der Erde eintreten und vom magnetischen Nordpol angezogen werden, stoßen sie in der Atmosphäre auf Stickstoff und Sauerstoffteilchen, die sie zum Glühen bringen. Das Polarlicht bildet sich — wie in einer Neonröhre — durch das Glühen verdünnter Gase, die mit elektrischer Ladung zusammenstoßen. Die Art der Farbe hängt von der Höhe ab, in der das Zusammentreffen erfolgt, und von der Wellenlänge der von der Sonne abgesandten Partikel. Bei einer Begegnung in tausend Kilometer Höhe werden meistens blaue oder gelbrote Leuchterscheinungen sichtbar, zwischen einhundert und dreihundert Kilometer lange rote und grüne Lichter mit gelblichen Strahlenkränzen. In geringeren Höhen erscheint das Polarlicht als lautloser kunstvoller Wasserfall, bildet verschiedenartige Bögen, wogende Vorhänge, verschlungene Lichtbänder, strahlende Kronen und rollende Kugeln. Die Leuchtkraft ist außerordentlich stark. Das Nordlicht kann daher viele tausend Kilometer vom Pol entfernt ohne optische Hilfsmittel beobachtet werden.

Schweigend kehrten wir in unseren Iglu zurück. Karlik schenkte mir gleich Kaffee ein. William schüttelte meinen Schlafsack aus und bedeckte die vereiste Schneebank mit Fellen.

Was sind das doch für großartige Männer, diese Eskimos! Sie nehmen die härtesten Strapazen auf sich und tun alles Menschenmögliche, um ihren weißen Gast trotz bösartigen Wetters, wilder Stürme, Schneetreibens und bitterer Kälte zum Erfolg zu führen. Ich lernte sie als unerschrockene Jäger und zuverlässige Hundeschlittenführer kennen. Sie schenkten mir ihr uneingeschränktes Vertrauen. Immer wieder bewunderte ich ihre robuste, abgehärtete Natur und die große Widerstandskraft gegen die mörderischen Unbilden der Arktis. Ich glaube, diese gutmütigen Polarmenschen, die sich nur freigiebig, stets hilfsbereit, treu und als immer froh und zufrieden kennengelernt habe, sind einmalig auf der Welt. Solange Stolz und Würde dieser kindlich einfachen Menschen nicht verletzt werden, ist man ständig von ihrer Fröhlichkeit und Herzenswärme umgeben.

»Du hast einen sehr großen Bären erlegt«, klopfte Karlik mir plötzlich auf die Schulter und weckte mich aus meiner Nachdenklichkeit. »Im Frühjahr kannst du uns wieder besuchen und einen großen Wal schießen. Wirst du kommen?«

Ich wußte nicht, was ich zu dieser spontanen Einladung sagen sollte. Einen Wal? Ich trank den heißen Kaffee aus, drückte meinen treuen Gesellen die Hand und schlüpfte in den eisigen Schlafsack. Kirk und William zogen sich in ihre Iglus zurück, und Karlik begann rasch zu schnarchen.

Es dauerte lange, bis ich in der Daunenhülle und auf den Fellen warm wurde, denn die Eisbank unter mir und die gefrorenen Igluwände kühlten zu sehr ab. Ob ich mit ihm zur Waljagd komme — hatte Karlik gefragt! Noch hatte ich die Nase voll von der Kälte und all den Strapazen. Und nun sollte ich gleich wieder nach Alaska fahren . . .?

Neben mir schnarchte Karlik, im nächsten Schneeloch lag William und zehn Meter weiter pennte Kirk in einer weißen Höhle. Alles prima Kerle, echte Kameraden! Morgen würde ich sie verlassen. Abschied für immer . . .? Nein! Mit dem Entschluß, die Einladung zur Waljagd anzunehmen, schlief ich endlich ein.

Am nächsten Tag verabschiedete ich mich in Point Hope mit einem echten »Auf Wiedersehen!«

# Waljagd am Eismeer in der Beringstraße

Das Flugzeug stieß durch die Wolkendecke. Unten strahlte eine Landschaft aus Eis und Schnee in der Morgensonne. Kreisförmig zusammengedrängte schwarze Punkte deuteten den Wohnplatz der Eskimos an.

Der Pilot nahm das Gas weg, drückte das Höhensteuer und schwenkte die Maschine im weiten Bogen auf die Landegerade ein. Rote Ölfässer markierten die verharschte Schneepiste. Nach kurzen steilen Hopsern über granitharte Eishöcker setzte der riesige Metallvogel schwankend auf und kam nach heftigem Schlingern zum Stehen.

Mit schwerem Gepäck, steifen Gliedern und müde vom anstrengenden Nachtflug, kletterte ich aus der warmen Maschine.

Ich war wieder in Alaska, der Heimat der Eskimos. Eisiger Wind und schneidende Kälte schlugen mir entgegen. Meterhohe Schneewehen und steile Packeisberge umsäumten das Flugfeld. War das der arktische Frühling, die sonnige Zeit der Waljagd?

»Im Mai, wenn es warm ist und die Wale kommen, dann sehen wir uns wieder«, hatte ich mit meinem Eskimoführer Karlik vereinbart, als wir uns nach der winterlichen Eisbären-Jagd trennten. Jetzt war es soweit, doch den Mai, den Frühling hatte ich mir wärmer vorgestellt.

Eine große Schar lachender und winkender Eskimos umlagerte das Flugzeug. Männer, Frauen und Kinder durchwühlten die ausgeladenen Postgüter, schleppten Kisten und Koffer auf ihre Schlitten und brausten mit fröhlichem Lachen davon. Aber wo blieb Karlik? Hatte er mich vergessen, war er krank geworden? Unter allen Fellkapuzen und fellumsäumten Hauben suchte ich sein breites, knochiges Gesicht mit den wulstigen Augenbrauen.

Vom Dorfrand her kam ein langes Hundeschlittengespann herangebraust. In einer Wolke wirbelnden Schnees näherte es sich dem Flugfeld. Ein großer breiter Eskimo stand aufrecht auf seinem Schlitten und knallte die Peitsche fröhlich durch die Luft. Das war Karlik. Das konnten nur seine wilden Hunde sein, die da wie der Wind über die Eisfläche dahinjagten. Im Nu stand das Gefährt vor mir. Karlik sprang vom Schlitten, schlug den Hakenanker ins Eis, klopfte den Schnee von seiner Kleidung, zog den rechten Fellhandschuh aus und streckte mir freudig seine Hand entgegen.

»Willkommen in Alaska«, stieß er atemlos hervor. »Wie geht es Dir?« Seine Augen leuchteten vor Freude. In ihnen brannte ein Feuer, das ich zuvor noch bei keinem Eskimo gesehen hatte. Er runzelte die schweren Augenbrauen und musterte mich von oben bis unten. Die Sonne erhellte das wetterverbrannte, braune Gesicht. Um die Lippen zuckte ein vergnügtes Schmunzeln, das die großen weißen Zähne blitzen ließ. Dann lachte er laut auf. Sein breites Lächeln strahlte Liebenswürdigkeit und Wärme aus. Es verriet stolze Wiedersehensfreude über die Begegnung mit einem alten, wohlbekannten Freund.

»Komm, auf geht's«, rief er dann temperamentvoll und zog den Anker seines Schlittens aus dem Schnee. Er schwang sich auf die Kufenenden, während ich mich vorn auf den Schlitten setzte. Dann schnalzte er mit der Zunge, spuckte in den Schnee und knallte seine Peitsche wie ein Donnerkeil durch die Luft. Zielsicher fegte sie dem ersten Hund direkt über den Kopf. Blitzschnell sprang der Leithund auf. Mit einem Ruck waren alle Zugleinen gespannt, und wie ein Pfeil schoß das Gespann in wilder Fahrt dahin. Von der mittags schon recht warmen Frühlingssonne waren die alten Schlittenspuren aufgetaut und ausgefahren. Mit neun Hunden vor dem Kufenfahrzeug ging es dennoch im wilden Galopp über die rauhe Eisbahn des Flugfeldes und die buckeligen Eishügel der verschneiten Sanddünen.

Die erste große Überraschung war Point Hope selbst. Das kleine Eskimodorf an der Küste nördlich der Beringstraße hatte sich völlig verändert. Das vertraute Bild der typischen Eskimosiedlung war ausgelöscht. Die mir vom Vorjahr her bekannten windschiefen Holzhütten, Erdbehausungen und Wohnbunker aus Treibholz und Walknochen waren verschwunden. Die Regierung hatte den Eskimos zwischenzeitlich über zwanzig neue Holzhäuser auf Pfahlfundamenten errichten lassen. Kinderreiche Familien, alte Menschen und andere sozialschwache Eskimos durften kostenlos darin wohnen. Wer jährlich einige Dollars durch den Verkauf von Fellen, Walöl oder Elfenbeinschnitzereien aufbringen konnte, darf das moderne Haus nach zehn oder zwanzig Jahren sein eigen nennen.

»Schau, das ist mein Haus«, rief Karlik stolz gegen den Wind und zeigte auf ein naturfarbenes eingeschossiges Gebäude, dessen Eintönigkeit durch ein grüngestrichenes übergroßes Ölfaß etwas aufgelockert wurde.

»Du kannst diesmal bei uns wohnen«, bot mein Freund mir nach alter gastlicher Eskimositte an. »Wir haben Platz genug und auch reichlich zu essen. Der Winter war gut, und es gab viel Fleisch.«

Karliks Frau Inora empfing uns freudestrahlend an der Haustür. Durch das Gebell der Hunde war sie auf unsere Ankunft aufmerksam geworden.

»Kommt herein«, sagte sie freundlich mit scheuer, zärtlicher Stimme und machte dazu eine einladende Handbewegung. Ihr Gesicht glänzte wie ein blanker Apfel.

Sie hatte es nach Eskimoart mit Tranöl gereinigt und gefettet. Ihr pechschwarzes Haar hing glatt und strähnig bis auf die Schultern. Es wurde über der Stirn durch ein schmales Fellband zusammengehalten. Das dünne, rotgeblümte Winterkleid mit eingearbeiteter Kapuze und Fellbesatz reichte bis auf die kurzen Stiefel. Diese waren aus den Fellen junger Seehunde gearbeitet und ließen ihre kurzen, dicken Frauenbeine verhältnismäßig leicht und zierlich erscheinen. Zu meinem Empfang trug sie eine schneeweiße Fuchsfellparka mit kunstvoll eingenähten Pelzornamenten. Ein lose geknüpftes hellblaues Halstuch verdeckte ihren weiten Brustausschnitt im Kleid.

Inmitten des zwanzig Quadratmeter großen Wohnraumes stand der eiserne Ölofen, der das gesamte Haus beheizen mußte und gleichzeitig als Kochherd diente. Inora langte zum dampfenden Wasserkessel, den sie beim katholischen Missionar von Point Hope gegen drei Robbenfelle eingetauscht hatte, nahm zwei tassenähnliche Holzschalen vom Fußboden und brühte uns ein Beutel Tee auf. Das heiße Getränk wirkte wie eine gute Medizin im Körper, denn der eiskalte Fahrtwind während der rasenden Schlittenfahrt hatte uns mächtig unterkühlt.

Karlik zeigte mir anschließend mit großem Besitzerstolz jeden Winkel seines ebenerdigen Holzhauses. Die gesamte Wohnfläche betrug etwa sechzig Quadratmeter und war, den praktischen Bedürfnissen der Eskimos entsprechend, aufgeteilt. Neben dem hellen Wohnraum mit großen Glasfenstern, in dem sich das ganze Tagesgeschehen abspielte, gab es noch ein Bad mit WC, außerdem drei Schlafnischen mit je zwei Betten. Die schmalen Schlafkabinen hatten weder Türen noch Vorhänge. Natürlich fehlten auch Gardinen, Teppiche, Kleiderhaken und sonstige Dinge, die nach unseren Begriffen zu einer kultivierten Wohnungseinrichtung gehören. Wasser zum Waschen wurde in einer Blechdose geschmolzen, die auf dem Ofen stand und ständig mit Schnee gefüllt war. Der Trinkwasservorrat bestand aus Eisblöcken, die aus einem am Dorfrand liegenden Süßwassersee geschnitten worden waren und vor dem Hauseingang lagerten. Die Wasserbeschaffung für ein Bad dauerte fast einen ganzen Tag, denn die zum Schneeschmelzen benötigte Ofenplatte war meistens von Kochtöpfen, Waschschüsseln und dem Wasserkessel besetzt. Aber an Zeit mangelt es den Eskimos nie, sie sind das Warten gewohnt und messen die Länge des Tages nur am Sonnenaufgang und dem Beginn der Dunkelheit. Im Sommer ist es auch nachts hell. Dann schläft man am Tage und jagt in der Nacht.

Eskimos warten immer. Sie stehen am Robbenloch und warten stundenlang, ehe das Tier auftaucht. Im Frühjahr warten sie, bis das Eis aufbricht. Frauen warten auf die Rückkehr ihrer Männer von der Jagd. Jäger warten bis der Sturm aufhört. Man hält die Angel ins Wasser und wartet bis ein Fisch anbeißt. Warten, warten. Diese Kunst muß jeder erlernen, der die Arktis besucht und mit den

Eskimomenschen leben will. Ich hatte keine Geduld zum Warten, anfangs, aber dann lernte ich es zur Genüge. Ebenso die unumstößliche Lebensregel der nordischen Menschen: Geduld haben und zu allem lächeln.

Im ganzen Hause gab es nur einen Tisch und zwei selbstgezimmerte Stühle. Das störte aber niemand, denn die Familienmitglieder hockten meistens auf dem Boden oder lagen in ihren Betten. Neben Karlik und seiner Frau gab es da noch eine kränklich aussehende alte Tante, die aus der nördlichsten Eskimoansiedlung Alaskas stammte. Sie hatte ihren Mann und einzigen Ernährer früh verloren. Er war während der Robbenjagd auf schneebedecktes, dünnes Meereis geraten, eingebrochen und ertrunken. Ihre Angehörigen, meine Gastgeber, hatten sie deshalb aufgenommen und versorgten sie liebevoll wie eine Großmutter.

Sie war klein von Wuchs, steif vor Alter und ging gebückt. Gewöhnlich saß sie neben dem Ofen auf dem Fußboden. Dünnes, fast schwarzes Haar hing in fettigen Strähnen um das gelb-braune, gramgezeichnete Gesicht, das mit schwarzen Strichen und blauen Punkten auffallend tätowiert war. Ihr breiter Mund stellte nur eine dunkle Höhlung dar. Zähne besaß sie keine mehr, und wenn sie lachte, verzog sich ihr runzeliges Gesicht zu tiefen Falten.

Der jüngste Sohn der Familie lebte mit seiner Freundin im Hause. Auch Karliks Ältester wohnte mit seiner Frau und zwei Kindern bei ihm. Die jungen Leute hatten noch keine eigene Unterkunft.

Der verwöhnteste Sprößling der Familie war Ben, ein fünfjähriger Lausbub mit kupferfarbiger Haut und strahlenden, dunkelbraunen Augen. Er hatte leicht welliges, pechschwarzes, etwas bläulich schimmerndes Haar und ein liebliches, rundes Mondgesicht. Gab ich ihm ein paar Süßigkeiten, dann zog er die kleinen, dunklen Augenbrauen nach oben und krauste seine flache Stubsnase. Er war klein und pummelig, voll Wißbegier und Fröhlichkeit. Meistens rutschte er auf dem Fußboden herum und war entsprechend dreckig und schmuddelig. Seine mongolischen Gesichtszüge, das blau schimmernde Haar und die rot-braune Haut ließen viel Indianerblut in seinen Adern vermuten. Ich erkundigte mich deshalb nach seiner Herkunft.

»Ben ist in einem sonnigen Land geboren, in Kalifornien«, berichtete Inora stolz. »Er hat noch fünf Geschwister. Sein Vater war ein Aleute von der Unalaska-Insel, die Mutter Indianerin. Als der Vater starb, heiratete seine Mutter einen verwitweten Eskimo mit sieben Kindern. Für alle aber war die enge Hütte des Stiefvaters zu klein. Karlik hat deshalb den kleinen Ben aufgenommen. Er wurde zum Sonnenschein unserer Familie. Jetzt ist er ja schon fast groß und ein ziemlich frecher Raufbold geworden.«

Karlik und Inora liebten und verwöhnten Ben wie ihr eigenes Kind. Sie waren nur ein wenig unglücklich darüber, daß er nicht so stark und groß war wie andere

Jungen in seinem Alter. Die Sorge um den kleinen Buben beherrschte ihr ganzes Denken.

Eskimos sind sehr kinderlieb und wünschen sich große Familien. Jeder Zuwachs ist ihnen willkommen. Für sie ist es unwichtig, wer Vater und Mutter sind. Hat eine Familie nur Jungen, die andere dagegen nur Mädchen, dann tauscht man die Kinder einfach untereinander aus. Wer viele Kinder hat, gibt denen welche, die ohne Kindersegen geblieben sind. Besonders gern werden Waisenkinder adoptiert und wie eigene mit Liebe und Fürsorge aufgezogen, auch dann, wenn sie noch so klein sind, daß sie ohne Muttermilch nicht leben können und nur auf vorgekaute Nahrung angewiesen sind.

Karlik hatte seinen Tee aufgeschlürft. Der sonst so wortkarge Eskimo wurde mit einem Male redselig. Ich nutzte die Gelegenheit und erkundigte mich nach seinen Kindern, auch aber danach, ob sein Sohn bald heiraten werde.

»O nein«, lachte er, »das ist nicht nötig. Mein Sohn braucht als erfolgreicher Jäger eine tüchtige Frau. Sie muß gute Fellhandschuhe, Stiefel und warme Pelzkleidung nähen können. Wenn sie sich aufs Eisfischen, Felle schaben, Leder kauen und Fleisch kochen versteht, dann ist es gut.« Der Ehe an sich mißt man bei den Eskimos schon erhebliche Bedeutung zu. Sie wird von ihnen als Lebensbund betrachtet. Eine offizielle Vermählung gibt es jedoch nicht. Eskimos, die den christlichen Glauben angenommen haben, feiern allerdings dann eine Hochzeit, wenn sich zufällig am Wohnplatz eine Kirche oder ein Missionshaus befindet. Normalerweise aber geht der ehelichen Vereinigung junger Leute keine Zeremonie voraus. Burschen und Mädel verbinden sich oft schon im Alter zwischen sechzehn und zwanzig Jahren. Um dem Bräutigam die Wahl seiner Lebensgefährtin zu erleichtern, sind ihm mehrere Versuchsehen von wenigen Monaten Dauer — meist einen Sommer lang — gestattet. Allerdings werden Mann und Frau durch die Eltern oft schon gleich nach der Geburt für einander bestimmt. Sobald sie erwachsen sind, zieht der Bräutigam zu seinen zukünftigen Schwiegereltern. Er wird vom Schwiegervater in der Jagd unterwiesen, während die junge Frau durch die zukünftige Schwiegermutter in Nähen, Zuschneiden von Kleidung, Verarbeitung von Fellen, Backen, Kochen und in der Kindererziehung unterwiesen wird. Kommt aus der Verbindung des Brautpaares ein Kind zur Welt, dann beginnt das Eheleben einfach damit, daß die jungen Leute sich ein eigenes Zelt aufbauen.

Sobald ihre Stunde naht, geht die junge Eskimomutter allein in ein Zelt oder Iglu. Sie verfügt noch über eine urnatürliche Gebärkraft und bringt ihr Kind ohne jede Hilfe zur Welt. In der Regel steht sie schon am gleichen Tage wieder auf. Sie stillt ihr Baby drei bis fünf Jahre lang. Eine solch lange Stillzeit wird alle europäischen Mütter überraschen. Sie ist aber bei den Eskimomenschen erforderlich, denn sie erzeugt im Neugeborenen die außerordentliche Widerstandskraft, die es braucht, um all die Unannehmlichkeiten zu ertragen, die für ein Kleinkind mit den winterlichen Jagdzügen der Eltern bei Schneesturm und Kälte von mehr als dreißig Grad verbunden sind.

»Weißt Du«, lachte Karlik auf einmal, »warum unsere Jäger gern junge Mütter zu längeren Jagdreisen mitnehmen?«

»Ja, natürlich«, antwortete ich schnell. »Ein tüchtiger Jäger braucht eine tüchtige Näherin. Du hast es ja selbst gesagt. Sie muß die Fellstiefel in Ordnung halten, Pelzkleidung ausbessern und Fettreste von den Fellen schaben.«

»Du hast recht«, nickte er strahlend. »Aber du hast noch etwas vergessen. Ein Jäger ist oft tagelang unterwegs. Und auf dem Eis ist es, wie du weißt, bitterkalt. Manchmal gibt es orkanartige Schneestürme. Dann sieht man weder Seehunde oder Eisbären. Hungrig und kalt baut der Jäger dann ein Iglu ...«

»Du willst doch nicht sagen, daß er dann eine Frau zum Naschen braucht«, fiel ich ihm ins Wort.

»Doch, das will ich«, erwiderte er lächelnd, während seine Augen schelmisch funkelten.

»Wenn eine Eskimofrau drei bis fünf Jahre stillt«, fuhr er fort, »dann hat sie Milch genug, um einen Jäger tagelang vor dem Verhungern zu bewahren. Deshalb nimmt er oft auch die Frau eines anderen Eskimos mit zur Jagd.«

Ich wußte zunächst nicht, ob Karlik mir einen Bären aufbinden wollte oder ob es die Wahrheit war. Später erzählten mir andere Eingeborene aber das gleiche. In vereinzelten Fällen haben Eskimos tatsächlich zwei Frauen, wenn es sich um tüchtige Jäger handelt, die in der Lage sind, beide samt Kindersegen ausreichend mit Fleisch zu ernähren. Umgekehrt kommt es vor, daß erfolglose Jäger ihre Familie nicht satt machen können. Sie müssen sich dann gefallen lassen, daß ein zusätzlicher Ernährer ins Haus zieht, der natürlich auch seinen Anteil an der Frau oder Tochter geltend macht.

Inora rief zum Essen. Der Tisch war reichlich gedeckt. Das Gericht bestand aus einer braunen Suppe mit zerschnittenem Weißfuchs, Seehundsleber und Mehlfladen. Jeder langte mit den Fingern in die Suppe und fischte sich das beste Stück Fleisch heraus. Ich erwischte zufällig den Kopf, in dem noch die Augen steckten. Schnell ließ ich ihn wieder fallen und angelte mir einen anderen Brocken. Zum Schluß drückte Inora Ben den Fuchskopf in die Hand, der sich damit ruhig in eine Ecke setzte und somit nicht mehr beim Essen störte.

Eskimos verwenden weder Salz noch Gewürze. Dennoch kann man sich rasch an ihre Kost gewöhnen. Letztlich hilft der große Hunger, die anfängliche Abneigung gegen die ungewohnte Kost zu überwinden. Wenn man schon mit den Eskimos lebt, muß man auch mit ihnen essen.

Nach der fettreichen Mahlzeit zog ich mich in die mir zugewiesene Schlafkabine zurück. Ich mußte mich auch umziehen, denn die Waljagd sollte noch am Abend beginnen.

Meine enge Bettnische glich einer Rumpelkammer. Die Koje war meterhoch mit Fellkleidung, Stiefeln, Kisten und Koffern bepackt. Waffe, Kamera, Seesack und Handgepäck lagen auf dem schmutzigen Boden unter dem Bett. Es gab in meinem Raum weder Schrank, noch Stuhl oder Tisch. Die fellgepolsterte Lagerstatt war alles zugleich: Schreibtisch, Sitzplatz, Kleiderablage und Bett.

Aber damit nicht genug! Ben entdeckte mein Schlafabteil als ideales Spielzimmer und mich als kinderfreundlichen Onkel. Kaum hatte ich mein Bett von allem Gerümpel befreit, da schleppte er auch schon sein Spielzeug heran: eine luftgefüllte Seehundsblase, Pfeil und Bogen, einen kugelrunden, von der Sonne schneeweiß gebleichten Robbenschädel und zum Schluß vier quicklebendige Hundewelpen.

Karlik hatte nämlich über Nacht seine beste Hündin verloren. Sie war von zwei blutrünstigen Rüden zerrissen und aufgefressen worden. Die noch in letzter Minute geretteten vier kleinen Huskys lagen bald neben mir und verbreiteten einen fürchterlichen Gestank, wie überhaupt der ganze Wohnraum nach Fleisch, Fisch, Tran, Kot und Hunden roch.

Bei arktischer Kälte ist die Waljagd kein Vergnügen. Um mir hautwarme Angoraunterwäsche und gesteppte Nylon-Kleidung mit Daunenfüllung anzuziehen, mußte ich mich völlig entkleiden. Peinlich war nur, daß das im gleichen Raum geschehen mußte, in dem zehn Personen — Männlein, Weiblein und Kinder — herumliefen. Mein Schlafgemach bestand nur aus zwei seitlichen Trennwänden und war ohne Tür oder Vorhang. Der Blick durch das gardinenlose Fenster fiel zudem direkt auf den Eingang und das Wohnzimmer des Nachbarhauses. Draußen drückten sich Eskimokinder an den Scheiben ihre Nasen platt, die ohnehin schon breit genug waren. Sie wollten den »Kabloona« sehen, den Weißen. Bad und Klosett kamen auch nicht als Umkleidekabinen in Frage, weil auch dort die Türen fehlten. Selbst die Nacht, die sonst alles in ihr schützendes Dunkel hüllt, blieb aus, denn zur Zeit der Waljagd wird es in Alaska niemals dunkel. In Eskimobehausungen gibt es eben nichts, was sich nicht vor den Augen aller abspielt.

Gegen Abend schirrte Karlik neun seiner halbwilden Wolfshunde vor den Schlitten. Vom Reisefieber gepackt, stimmten sie gleich ein markerschütterndes Freudengeheul an. Die zurückbleibenden Tiere blickten dumpf und traurig aus ihren tiefliegenden Augen. Vor Eifersucht auf die glücklichen Rassegenossen im auserwählten Gespann, zerrten sie winselnd und jaulend an ihren eisernen Ketten. Erst als Karlik ihnen Futter zuwarf und sie beschwichtigend streichelte, kamen sie allmählich zur Ruhe.

Die Huskys der Eskimos sind — ähnlich ihren Wolfsvettern — Rudeltiere und an die Gemeinschaft mit ihrem Herrn und den übrigen Hunden vor dem Schlitten gewöhnt. Bei neuen Gruppierungen gibt es anfänglich erst eine Rivalität unter den neuen Mitgliedern der Zuggemeinschaft. Der Leithund ruft dann seine Meute recht bald durch Bisse oder böses Gekläff energisch zur Ordnung. Er ist das wichtigste und klügste Tier im Gespann. Nur er lenkt den Schlitten. Alle Kommandos gelten nur ihm. Sein Zug an der Leine bedeutet für alle das Zeichen zur Abfahrt. Leithunde sind meistens groß und stark. Sie müssen über besondere Eigenschaften verfügen, wie Intelligenz, Ausdauer, besonderen Spürsinn, feines Gehör, Mut und Gelehrigkeit. Mit der unfehlbaren Sicherheit ihres Instinktes finden sie stets die besten Gleitflächen und Wege durch alle Hindernisse.

Karliks Leithund hieß Natschik, ein bildschönes Tier mit breiter, muskulöser Brust, langer, buschiger Rute und fehlerlosem Gebiß. Sein sympathisches Hundegesicht war klassisch geformt und von blauschwarzer Farbe. Aus den zwei schmalen Augenschlitzen leuchteten hellblaue Augen. Karliks »Malamuthunde« sind in ganz Alaska bekannt, besonders wegen ihrer unglaublichen Kraft und Ausdauer, einer bewundernswerten Schärfe in der Wildverfolgung und ihres hochentwickelten Geruchssinnes.

Der drei Meter lange Schlitten hatte Kufen aus Walroßhaut. Diese kunstvoll gefertigten Naturschienen sind den modernen Stahlkufen in vielem überlegen. Einige Eskimos benutzten Schlitten, unter deren Kufen sich eine Spezialschicht aus gefrorenem Torfbrei befand, die mit einer dünnen Eiskruste überzogen war. Andere Eskimostämme bauen Schlitten aus Tierfellen. Das dafür verwendete Hautleder wird zunächst so lange ins Wasser gelegt, bis es völlig durchweicht ist. Danach faltet man es mehrfach zusammen, füllt die Rinnen mit Fleisch oder Fischen und läßt das ganze in Schlittenform gefrieren. Die nahrhafte Füllung verleiht dem Schlitten seine Festigkeit. Im Frühjahr, sobald Tauwetter einsetzt, wird der Inhalt des Schlittens verzehrt und das Fell-Leder an die Hunde verfüttert. Im Sommer benutzen die Eskimos dann Schlitten aus Fell, bei denen die Haarseite nach außen gekehrt ist, so daß sie leicht über das Land gleiten.

Karlik bepackte den Schlitten mit verschiedenem Geschirr, Töpfen, Fleisch, Mehl, Robbenspeck, Fellen, Pelzkleidung, Schlafsäcken, Zelten, Harpunen und Gewehren. Ein großer Teil der Jagdausrüstung befand sich schon in den Booten und Zelten der Jäger, die bereits am Meer auf die Ankunft der Wale warteten. Mein Eskimoführer trug kurze Stiefel aus silbergrauem Robbenleder, die von innen mit Karibufell gefüttert waren. Wie alle Arktisjäger hatte er sie oben fest zugebunden. Das schützt die Füße vor Kälte und verhindert das Eindringen von Wasser und Schnee beim Einbrechen in das unzuverlässige Meereis. Bei seiner langen Fellhose waren die Haare nach innen gekehrt. Sie reichte bis tief in die weichen Socken aus weißem Polarfuchsfell. Seine wetterfeste Parka bestand ebenfalls aus Tierhaut, war locker gearbeitet und innen mit Pelz gefüttert. Die zwischen Fell und Pelz befindliche Luft isoliert ausgezeichnet gegen die arktische Kälte. Für den Pelzbesatz um die Parkakapuze hatte Frau Inora das wasserabstoßende Fell eines Vielfraßes gewählt.

Dieses Tier ist eine Besonderheit in Alaska. Der Vielfraß (Gulo gulo) ist ein Marder von über einem Meter Länge und einem Gewicht von durchschnittlich 35 Pfund. Tag und Nacht wandert er umher, hat keinen festen Standort und hält auch keinen Winterschlaf. Man begegnet ihm fast überall in Alaska, in vereisten Hochgebirgen, verschneiten Tundren, auf Mooren und in Wäldern. Auf der Jagd nach Beute gibt es für ihn keine Kletterhindernisse. Er steigt sogar an glatten Ofenrohren der Trapperhütten empor, nachdem er sich mit seinen messerscharfen Zähnen große Kletterlöcher hineingebissen hat. Mit seinen spitzen Krallen reißt er Zeltwände entzwei, bahnt sich einen Weg durch Türen und Dächer von Vorratshütten, stiehlt Fleisch aus den Winterlagern der Eskimos, gesalzene und getrocknete Fische von den Gestellen, zerreißt gegerbte Tierfelle und zernagt sogar Lederschuhe und Fellstiefel. Er ist das bestgehaßte Raubtier der Arktis. Ein Schamane der Eskimos behauptete sogar, der Vielfraß sei »so böse und klug wie ein Mensch«.

Wegen seines dichten, weichen Felles ist er eine begehrte Beute aller Trapper, die ihn gleichzeitig aber auch fürchten und hassen, weil er mit größtem Geschick ihre Fallen plündert, ohne dabei selbst gefangen zu werden. Vielfraße tötet man durch einen Kugelschuß oder in speziell für sie errichteten Schlagbaumfallen. Das dunkelbraune Fell mit heller Schabracke und einem weißgrauen Fleck zwischen Augen und Ohren ist wasser- und schneeabstoßend. Es wird deshalb vornehmlich als Innenfutter oder zur Randeinfassung von Kapuzen verarbeitet, — weil es weich ist auch zu Kinderkleidung.

Die Nahrung dieses Räubers besteht vor allem aus Lemmingen, Schneehühnern, Polarhasen, Murmeltieren, Beeren, Vogelbrut und auch Fischen; denn Vielfraße sind gute Taucher und Schwimmer. Bei großem Hunger greifen sie selbst Elchkälber, Bergschafe, Wölfe, Schneeziegen, Hunde und Rentiere an. Sie sind äußerst mutige und kampfeslustige Tiere, die ihre Überraschungsangriffe von Felsen, Eishügeln oder hohen Bäumen aus durchführen und sich von oben herab blitzschnell auf den Rücken ihres Opfers stürzen.

Für den Winter legen die Großmarder unter dem Schnee, in Baumhöhlen und unterirdischen Stollen umfangreiche Vorratslager an, die sie mit einem harnartigen Saft und ihren übelriechenden Exkrementen bespritzen, so daß sich kein fremdes Tier daran vergreift. Die abscheuliche Afterdrüsenflüssigkeit ist tatsächlich eine wirksame Waffe. Der Geruch der fortgeschleuderten Stinkbomben ist monatelang nicht mehr zu beseitigen, setzt sich in den Kleidern fest und verursacht einen langanhaltenden Brechreiz. Nicht umsonst heißt der Vielfraß auch Stinktier.

Alle zwei bis drei Jahre bringt die Fähe nach elfmonatiger Tragezeit — die eigentliche Entwicklung der Keimlinge dauert nur 60 Tage, die andere Zeit ist Vortragezeit mit ruhenden Keimblasen — im Frühjahr drei bis fünf Junge zur Welt, die ein cremfarbenes Fell haben und sich bis zum Winter so weit entwickeln, daß sie schon selbständig jagen können. Vielfraße gelten in den wärmeren Zonen Alaskas als Gesundheitspolizei, weil sie alles kranke Wild ergreifen und jedes erreichbare Aas fressen. Dennoch werden von vielen Behörden für die Erlegung dieses gefährlichen Raubwildes hohe Abschußprämien bezahlt. Die Gefahr der Ausrottung dieser Tierart besteht aber nicht.

Endlich war es soweit. Die Reise konnte beginnen. Karlik hatte kaum die Eisenhaken aus dem verharschten Schnee gelöst, da rasten die Hunde auch schon mit wehenden Ruten davon. Ihr freudiges Gebell hallte weit über die weiße Landschaft. Wie wild stürmten sie durch die Eiswirrnis, übersprangen meterhohe Blöcke und schaukelten den Schlitten über das scharfkantige Küsteneis. In Berg- und Talfahrt ging es an Spalten und Abgründen vorbei, bis die Tiere in einer riesigen Schneewehe steckenblieben. Der schwerbeladene Schlitten fuhr die ganze Meute über den Haufen. Ein fürchterliches Durcheinander von Hunden, Leinen und Gepäckstücken war die Folge. Die bis zum Hals im Schnee steckenden Tiere quittierten das Unheil mit erbarmungswürdigem Heulen, Stöhnen und Bellen. Sofort begann eine entsetzliche Rauferei von neun in ihren Leinen verhedderten Hunden. Sie fauchten und knurrten sich böse an, fletschten mit den Zähnen und bissen wild um sich, bis Karlik aus den Schneemassen herausgekrochen war und die größten Raufbolde mit gezielten Peitschenhieben zur Ruhe brachte.

Einige Tiere schweißten an den Flanken, andere hatten böse Verletzungen an ihren Behängen. Der Leithund hinterließ bei jedem Tritt eine rote Spur im Schnee. Karlik entwirrte die Leinen und richtete den Schlitten wieder auf. Nachdem wir sämtliche Gepäckstücke aus dem Schnee geklaubt und aufgeladen hatten, ging die dramatische Schlittenfahrt über das zerklüftete Eis weiter.

Die Blizzards des Winters hatten die treibenden Eisfelder des Meeres in ihrer dämonischen Wut mit aller Wucht gegen die Küste geworfen, in Scheiben und Blöcke zertrümmert und zu haushohen Packeisbergen zusammengeschoben. Diese versperrten uns immer wieder den Weg zum offenen Meer. Wir mußten oft meilenweite Umwege machen und viele Spalten überqueren. An besonders gefährlichen Stellen sprangen wir vorsichtshalber vom Schlitten. Nach dem Schlittensturz in der großen Schneewehe hatte Karlik unsere umfangreiche Ladung mit einem Bärenfell zugedeckt und stramm verschnürt, so daß sie sich bei einem nochmaligen Unfall nicht mehr so weit verstreuen konnte.

Die Sonne schien den ganzen Tag. Es war fast windstill. Obwohl wir in der eisigen Umgebung und durch den scharfen Fahrtwind vor Kälte zitterten, reichte

144

die Sonnenkraft doch aus, um die viele Meter dicke Eisschicht bersten zu lassen. Dadurch hatten sich viele Rinnsale und Waken gebildet.

Unsere Hunde hielten mit einem Male an. Wir standen vor einer zehn Meter breiten, wassergefüllten Rinne. Karliks erste Reaktion bestand darin, kräftig zu gähnen, sich verlegen hinter den Ohren zu kratzen und dann lauthals zu lachen.

»Was machen wir jetzt?«, fragte ich überrascht.

»Wir schwimmen hindurch«, feixte der Eskimo; dem klugen Leithund fiel jedoch etwas Besseres ein. Er riß das Gespann zur Seite und raste mit dem Schlitten zurück. Nach knapp einer Meile fand er die einzige Durchfahrt zwischen den Packeiswällen, die in einer Verengung der breiten Wake über eine Schneebrücke zur Küste führte. Die Zugtiere erhöhten bald ihr Tempo, und nach knapp einer Stunde erreichten wir die große weiße Ebene, die dem Strand vorgelagert war. Von einem Augenblick zum anderen kam Unruhe unter die in guter Laune dahin- ziehenden Huskys. Ihre langen buschigen Ruten über dem Rücken geringelt und die Nasen hoch gegen den Wind erhoben, zogen sie nur noch im Stechschritt vorwärts.

»Was ist los?« schrie ich nach vorne.

»Sie haben Wild auf dem Eis gewittert«, rief Karlik zurück. »Vielleicht Eis- bären!«

Vergebens suchte ich nach meinem Gewehr. Karlik hatte es an den Schlitten gebunden. Seine Waffe, eine alte verrostete Schrotflinte vom Kaliber 16, trug er auf dem Rücken. Damit konnte er jeden Bären abwehren oder womöglich erlegen. Er brauchte ihn nur nahe genug an sich herankommen zu lassen. Es kam aber anders . . .

Die Hunde nahmen plötzlich eine Richtungsänderung vor und hielten direkt auf eine einzelne Packeiserhebung zu. Karlik riß die Waffe von der Schulter, schob eine Patrone in den Lauf und warf sich schußbereit auf die gewölbte Ladung.

Vor dem Schollenhügel endete die Fahrt. Die Tiere bellten vor Beutegier, aber es war kein Wild zu entdecken. Karlik sprang vom Schlitten, warf den Anker aus, kletterte mit der geladenen Flinte auf den höchsten Hügel und schaute angestrengt in die Runde. Ich blieb untätig auf dem Schlitten sitzen, denn auch mein Fern- glas war unter der Ladung verpackt.

Auf einmal fiel ein Schuß . . .!

Direkt vor mir sprang ein Schneehase aus dem Eis, flitzte in panischer Hast an den Nasen der wütend bellenden Hunde vorbei und verschwand in einer Eis- höhle. Glück für mich, daß der Schlitten fest verankert war, sonst hätten die tobenden Hunde mit mir und dem Gefährt eine mörderische Hatz veranstaltet. Nur gut, daß es so zuverlässige Schlittenanker gibt!

Karlik kletterte in aller Ruhe von seinem Eisturm und verschwand hinter den

Schollenplatten. Fünf Minuten später kam er auf der anderen Seite wieder hervor und hatte einen schweißbefleckten Schneehasen in der Hand.

»Zwei hungrige Jäger werden davon satt!« rief er freudestrahlend und warf mir den erlegten Mümmelmann in den Schoß.

»Großartig«, beglückwünschte ich ihn und verstaute die Beute schnell unter die Decken, bevor die Hunde darüber herfallen konnten. Es war kaum zu fassen, daß die Huskys die schwache Wittrung dieses kleinen Wildes aus so weiter Entfernung während des Laufens wahrgenommen hatten.

Mit den ersten warmen Sonnenstrahlen kommen die Schneehasen aus ihren Eishöhlen. Zwischen Schneeresten, Geröll und hellgebleichtem Gestein finden sie ihre erste Nahrung und Schutz vor ihren Feinden. Polarhasen (Lepus arcticus) haben ein weiches, wolliges, rein weißes Fell, das auch durch die wenigen dunklen Stichelhaare auf dem Kopf und Rücken nicht verändert wird. Nur die Löffel sind an den äußersten Spitzen schwarz. Im Sommer legen sich die meisten Schneehasen ein graubraunes Schutzgewand an. Nur in Grönland und auf einigen Eismeerinseln oder höher gelegenen Regionen der Arktis, in denen Eis und Schnee niemals ganz verschwinden, bleibt das Fell der Schneehasen im Sommer weiß. Auffallend sind die wesentlich längeren, kräftigen und langbehaarten Hinterläufe, mit denen sie sich im Schnee und an Berghängen besser halten können. Im flachen Gelände bewegen sie sich meist nur mit den Hinterläufen fort und flüchten in der Art der Känguruhs davon. Im Sommer müssen die Tiere so viel Fett ansetzen, daß der Vorrat auch für den langen Winter reicht. Ein Arktishase wird zehn bis zwölf Pfund schwer. Seine Hauptnahrung sind Blätter und Knospen der arktischen Weide, die fast überall wächst. Auch der weiße Meister Lampe hat viele Feinde: Eulen, Falken, Seeadler, Raubmöwen, Fuchs, Vielfraß und manchmal auch der Eisbär. Sogar der Mensch stellt ihm nach, denn den Eskimos ist er eine willkommene Abwechslung ihrer einseitigen Kost.

Über das Eis zogen lange Nebelschwaden. Der Horizont war unglaublich schnell von einer breiten Wand dunkler Wolken bedeckt. Der Wind frischte kräftig auf.

»Wird es einen Schneesturm geben?« erkundigte ich mich bei meinem Eskimo.

»Nein«, lachte er, »das sind nur feuchte Dämpfe über dem offenen Wasser, weil es wärmer ist als das Eis. Wir werden bald am Wasser bei den Zelten sein.«

Schon zehn Minuten später lag das dampfende Meer vor uns. Auf dem dunklen Ozean schwammen unzählige Eisinseln und blauweiße Gletscherbrocken, die im grellen Licht der Sonne glitzerten und funkelten. Wildenten zogen in langen Ketten nach Norden, huschten eilig über das Firmament.

Nach einer sanften Hügelkette erreichten wir die eisüberzogenen Sanddünen der Küste. Die Fahrt war zu Ende. Der Schlitten holperte über das letzte scharfkantige Schelleneis. In einer Lücke zwischen hoch aufgeschobenen Treibeisplatten entdeckten wir das erste Boot, das mit voller Jagdausrüstung an einem Eisvorsprung vertäut war. Die Jäger hatten es wie auf einer Werft schräg nach vorn zum Meer hin ausgerichtet, damit es beim Auftauchen der Wale nach dem Kappen der Leine sofort ins Wasser rutschen konnte.

Kurz darauf stießen wir auf das Hauptlager der Waljäger. Die Fellzelte standen unmittelbar am Wasser, umgeben von Gerüsten zum Räuchern von Fischen und zum Trocknen der Netze. Zerbrochene Harpunen, abgebalgte Seehundkadaver, sonnengebleichte Walknochen, meterlange Treibholzstämme, verrottetes Hundegeschirr und verwitterte Schneeschuhe markierten das Ausmaß des Lagerplatzes. Die Jäger hatten ihre Schlitten auf dem Eis umgestülpt, um das Festfrieren der Kufen zu vermeiden.

Alle Huskys waren in einer langen Reihe an Eiskanten oder Zeltstangen festgebunden, jeder für sich und weit genug vom andern, um die gefürchteten Hundeschlachten zu verhindern. Sie begrüßten ihre Artgenossen mit freudigem Geheul, hochgestellten Rückenhaaren, gefletschten Zähnen oder bösartigem Kläffen.

Das Höllenkonzert der Hunde schreckte die Walfänger auf. Sie stürzten aus ihren Zelten, erkannten uns und eilten uns zur Begrüßung entgegen. Einige Eskimos trugen schußbereite Waffen unter dem Arm, hatten sie doch zunächst geglaubt, der Lärm der Hunde gelte einem vorbeiziehenden Bären.

Für die Jagd am Meer hatten die Männer ein umfangreiches Sommerlager eingerichtet. Es diente ihnen als Unterkunft in dienstfreien Stunden und versorgte sie mit Proviant, Fanggeräten, Decken und Zelten. Tag und Nacht kampierten sie entlang der Küste in kleinen Jagdzelten oder schliefen in ihren startbereiten Fangbooten. Während die einen ruhten oder Freizeit hatten, hielten die anderen ständig Ausschau nach blasenden Walen. Das große Wohnzelt war durch einen langen Treibholzbalken direkt mit der Küchenunterkunft verbunden, die nur von einem Dach aus Bärenfell und zwei im Winkel aufgestellten Hautwänden gegen Wind und Wetter geschützt war. Außerdem gab es noch einen langen Bootsschuppen, ein Iglu als Proviantkammer und zwei kleine Schneehäuser für Kleidung und Fanggeräte. Hohe Packeiswälle rundeten das Zeltlager ab und schützten es vor den eiskalten Polarwinden.

Eine kleine, blutjunge Eskimofrau mit rundem, braungebranntem Gesicht und glänzenden dunklen Augen stand stolz vor dem Küchenzelt und begrüßte uns mit anmutigem Lächeln. »Ihr kommt zur rechten Zeit! Das Wasser kocht, und das Fleisch ist fertig«, rief sie uns entgegen und zupfte etwas verlegen an den bunten Verzierungen ihrer weitausgeschnittenen Parka mit weißer Pelzkapuze.

»Das ist gut«, freute sich Karlik, »wir haben großen Hunger!«

Mit einer einladenden Handbewegung führte die Frau uns im Wohnzelt zu einem gemütlichen Sitzplatz an der Fellwand. Vor dem Zelt brannte zwischen quadratisch aufgestapelten Eisplatten ein rauchendes Feuer. Als Brennmaterial verheizten die Eskimos nur halbtrockenes Treibholz und frischen Robbenspeck.

Gekocht wurde auf einem »Yukonofen«, der fast in allen Trapperhütten des Nordens zu finden ist; er dient gleichzeitig als Herd und Heizung. Zum Transport werden die Beine abgeschraubt und mit dem zusammenschiebbaren Ofenrohr ins Innere des Stahlblechgehäuses verstaut. Er wiegt mit seinen Zubehörteilen nur etwa 20 Pfund. Als Allesfresser verschlingt er neben Kohle klobige Treibholzscheite, saftiges Grünholz, Torf, Moos, Gras, Abfälle jeder Art und vor allem auch Robbenspeck. Er entwickelt unglaublich rasch eine glühende Hitze. Bald füllte sich das Zelt. In kurzer Zeit war die ganze Fangmannschaft versammelt — alles zutrauliche Männer mit strahlenden Gesichtern. Neben mir saß ein gutmütig aussehender kleiner, rundlicher Eskimo mit dünnbehaartem, struppigem Bart und listig leuchtenden Augen. Er schien es faustdick hinter den Ohren zu haben!

Fortwährend stieß er Karlik in die Seite, flüsterte ihm ins Ohr und zwinkerte schelmisch mit seinen lang geschlitzten Augen. Karlik lachte jedesmal hell auf. »Bin ich etwa gemeint?« fragte ich schließlich vorsichtig. Karlik schien nicht der einzige englisch sprechende Eskimo zu sein, denn nach meiner Frage brach schallendes Gelächter aus.

»Ja, so ist es«, grinste Karlik. »Ukku — so hieß der Eskimo — sagte, du würdest heute ein gutes Essen bekommen und zum Schluß nach Eskimositte ein schönes Gastgeschenk . . .«

Bei diesem Wort bogen sich die Eskimos vor Lachen und schlugen sich mit den Handflächen auf die Schenkel. Ukku freute sich über seinen gelungenen Scherz und lachte derart, daß ihm die Tränen über die bärtigen Backen rollten.

Im selben Augenblick kam mein »Gastgeschenk« auch schon mit anmutigen Schritten und wiegenden Hüften herein. Die Runde wurde still . . ., das Lachen zum Grinsen und Schmunzeln. Die schöne Köchin hatte sich für den weißen Gast in ihrem Küchenzelt rasch umgezogen und erschien in eleganten Schaftstiefeln aus silbrigem Seehundsfell, die bis zum halben Oberschenkel hinauf reichten. Ihren schlanken Körper hatte sie in ein anschmiegsames Kleid aus weichem Elchleder gehüllt und oben aufgeknöpft, um so die schöne weibliche Form ihres Oberkörpers zu betonen. Das lange schwarze Haar war weit ins Gesicht gekämmt und verdeckte fast ihre flackernden Augen.

Auf ihren zarten schmalen Händen — für eine Eskimofrau ungewöhnlich — trug sie eine schwere Holzplatte mit einem Berg dampfender Karibufilets herein. Das paßte gar nicht zu ihr. Sie stellte das große Brett wortlos auf den Tisch und sah mich verlegen von der Seite an. Dabei lächelte sie . . .

Mir war die Situation recht peinlich. War es Spaß oder Ernst? Ich wußte nicht, wie ich reagieren sollte. Vor allem wollte ich niemanden verletzen. Karlik be-

Der gelbe Petz verhofft und wird unruhig . . .

Sicher führt der Leithund das Schlittengespann durch Eis und Nacht

Autor mit seiner Beute

Bärenspur im Schnee

merkte meine Beklemmung und fand das erlösende Wort: »Kommt, wir wollen jetzt essen!«

Vom fröhlichen Geschnatter der hungrigen Fangmänner begleitet, wanderte der gebratene Fleischhaufen rasch von Mann zu Mann. Leuchtende Zähne breit grinsender Gesichter schlugen sich in die saftigen Brocken. Augenblicklich war die Schale leer.

»Itouk, bring uns noch Fleisch«, befahl Karlik.

Ein junger, intelligent aussehender Bursch mit langem struppigen Haar, hochgewachsen, kräftig gebaut und mit strammen Muskelpaketen, erhob sich mit etwas stolzer Gebärde von seinem Platz, ergriff die leere Holzschale und schritt würdevoll aus dem Zelt. Wenig später kam er mit einer Schüssel voll roher Walroßleber zurück. Sie stammte von einem kapitalen Bullen, den die Fangmänner am Tage zuvor erlegt hatten. Seine armlangen Hauer lagen noch draußen vor dem Zelt.

»Da, iß, Rohkost ist gesund«, befahl Karlik und reichte mir sein blutiges Messer mit dunkelroter Leber. Ich griff zu, biß mit Widerwillen in das wabbelige Fleisch, riß mir einen Happen mit den Zähnen ab und reichte das gefährliche Eßbesteck weiter. Ein Leckerbissen war es nicht. Anders für die Eskimos. Sie hatten einen schier unersättlichen Appetit, denn im Nu war die Schüssel wiederum leer. Immerhin, die Fangmannschaft der fünf Walfangboote bestand aus 15 Jägern, alles hungrige Mäuler, die satt werden wollten.

Es gab aber gleich Nachschub. Unsere zierliche Eskimoköchin schwärmte mit einem Napf Tee und einer großen Schüssel siedender Ölkuchen herein. Zur Abwechslung hatte sie das Haar geflochten und ihre blauschwarzen Zöpfe mit einem handgewebten Stirnband fest um ihr Haupt gebunden. Dessen ungeachtet schienen sich die auf dem Tee munter umherschwimmenden Haare auch außerhalb ihres Kopfes recht wohl zu fühlen. Das Mehlgebäck schwamm im heißen Robbenöl.

Die Schüssel war der unterste Teil eines Benzinkanisters aus Weißblech. Als einzigstes Kochgefäß dieser Größe war es — mit Küchenabfällen und Fleischresten gefüllt — besonders bei den jungen Hunden beliebt. Ukkus Hündin »Nua« hatte nämlich Junge bekommen, die von der Köchin mitversorgt wurden.

Die Eskimos waren fröhlich und ausgelassen. Ukku streichelte, wohlig knurrend, seinen vollen Bauch und rülpste vor Vergnügen. Karlik schlürfte mit einem Zuge den Tee aus und wischte seinen Mund mit dem Ärmel ab. Sichtlich zufrieden, spuckte er in den Schnee und rief: »Jetzt ist es genug. Wir wollen zu den Booten gehen.«

Damit war die Mahlzeit beendet.

Die Männer richteten ein mit dicken Seehundshäuten neu bespanntes Fellboot auf, das kieloben auf dem Eis lag. Es wurde mit allen erforderlichen Jagdgeräten beladen: Harpunen, Gewehre, Munition, Schwimmblasen, Leinen, Lanzen, Paddel, Bootshaken, Hackpickel, Wurfholz, Schneebrillen, Ferngläser, Bärenfelle, Zelt, Messer und Anker. Der für das Boot vorgesehene Liegeplatz am offenen Meer lag zweihundert Meter vom Hauptlager entfernt. Wir mußten das Boot bis dahin nicht nur über welliges Strandeis schieben, sondern hatten noch ein Gewirr von Eisklötzen, wassergefüllte Risse und vereiste Sandhügel zu überwinden. Oft wurde es zwischen engen Durchlässen hochgewuchtet und gekantet, manchmal auch große Strecken weit getragen. Karlik, den sie den Alten nannten, dirigierte die Seinen mit kurzen, klaren Kommandos, fast wie ein Feldwebel seine Rekruten. Es gab keine Widerrede, keine unnützen Worte bei der Arbeit, aber auch keinen überflüssigen Handgriff. Alles klappte, wie tausendmal geübt. Der Transport des hoch beladenen Bootes war dennoch eine elende Schinderei. Erst nach zwei Stunden erreichten wir den Liegeplatz am Meer und befestigten das Boot in Gleitrichtung zum Wasser. Itouk und Ukku gehörten zu meiner Fangmannschaft, die von Karlik geführt wurde. Die übrigen Männer, die beim Bootstransport geholfen hatten, gingen zu ihren Booten und lösten dort die Wache ab. In wenigen Minuten war das kleine Schlafzelt mit geschickten Handgriffen aufgebaut und mit zwei Bärenfellen ausgelegt.

Für den Walfang benutzten die Eskimos ausschließlich das »Umiak« oder »Bajdara«. Sie nennen es auch »Frauenboot«. Die kleineren Boote, die »Kajaks«, sind rundum mit Fell bespannt und völlig geschlossen. Sie haben nur eine runde Öffnung, gerade so groß, daß sich ein Mann hineinzwängen kann. Der runde Boden macht sie zu einem recht wackeligen Fahrzeug. Es wird als Ruder- oder Paddelboot nur zur Jagd benutzt.

Umiaks sind neun Meter lang, sehr breit, oben offen und haben einen flachen Boden. Sie werden nicht nur zur Wal- und Seehundjagd eingesetzt, sondern auch zum Transport ganzer Eskimofamilien, einschließlich Gepäck, Hausrat und Hunde.

In Südwest-Alaska, zwischen Afognak und Kodiak, den beiden Inseln im Golf von Alaska, begegnete mir einmal im Frühjahr während der Bärenjagd ein solches Boot, das nur von Frauen gerudert wurde, die sich für die Reise ihre schönsten bunten Kleider angelegt hatten. Das Umiak war weit über die Bordwände mit Hausrat aller Art, Körben, Kisten, Tonnen, Holz, Fellen, Töpfen und einer heulenden Hundeschar beladen. Offensichtlich zogen die Eskimos in ein Sommerlager um, das sie im allgemeinen mit ihren Frauen und Kindern gemeinsam bewohnen. Zwischen dem Gepäck kletterten die Kinder herum, lärmten und winkten uns zu. Die rudernden Eskimofrauen sangen wehmütige Lieder — vielleicht alte Geisterweisen, die ihnen von ihren Vätern überliefert waren und die bösen Geister der See und des Sturmes beschwichtigen sollten. Ihre Melodien klangen seltsam fremd. Sie schallten laut über das weite Meer und brachen sich im rauhen Felsengebirge der sonnenbestrahlten Steilküste. Mit kurzen, kraftvollen Ruderschlägen plagten die wohlgenährten Polardamen ihren Umiak mit der unermeßlichen Ladung durch die stille Bucht. Das Boot lief nur wenige Knoten, denn bei der herrschenden Windstille war das große Segel aus zusammengenähten Darmhäuten vergeblich gesetzt. Am Heck saß — etwas erhöht — der Steuermann, ein verhutzelter Greis mit steifer, fast würdevoller Haltung. Vielleicht war es ein Medizinmann, ein einflußreicher Schamane des Stammes, unverkennbar aber das Oberhaupt der Sippe. Dem großen Umiak folgten neun kleine, schaukelnde Boote — Kajaks, die von ihren Männern gesteuert wurden. Die im Gegenlicht der Sonne fast geräuschlos dahinziehende Schiffsgruppe sah aus wie ein Geleitzug mit wendigen Schnellbooten, die einen wertvollen Frachter bewachen.

Das Walfangboot meiner Eskimos wog wesentlich weniger als die üblichen Umiaks. Sein Gerippe bestand aus schmalen, gebogenen Holzspanten, die durch die Enden der starken Bordwandhölzer ragten. Die Längsbretter reichten vorn und hinten über die Bug- und Heckhölzer hinaus und waren mit starken Fellbändern kunstvoll zusammengebunden. Eine Lage dünner Walbartstreifen — das sind Hornplatten aus dem Maul der Bartenwale — dichtete das Boot von außen ab. Ein über die Spantenenden verlaufendes Langholz bildete den oberen Abschluß des Holzgerüstes. Innen waren mehrere Haken aus Rentierknochen zur Befestigung von Waffen und Geräten angebracht.

Für jeden Jäger lag ein einseitiges leichtes Paddel im Boot. Doppelpaddel benutzten die Eskimos in diesem Teil der Arktis nur dann, wenn eine hohe Geschwindigkeit erreicht werden soll, zum Beispiel bei der Seeotterjagd.

Die zur Bootsausrüstung gehörenden Gewehre waren amerikanischen Ursprungs und hatten ein Kaliber, das unseren Büchsenpatronen mit der Bezeichnung »6,5×57« nahekommt. Zu den Schrotflinten paßten deutsche 16-Millimeter-Patronen. Alle Waffen waren fürchterlich verrostet und verschmutzt. Die drei Meter langen Fleischmesser mit gekerbten Renhorngriffen wurden benötigt, um erlegtes Wild an Ort und Stelle auf dem Eis in transportgerechte Stücke zu zerlegen, damit die Beute später von Booten oder Schlitten geborgen werden konnte. Bootshaken brauchten die Jäger, um das Boot zwischen Eisschollen oder durch dichten Eisbrei bugsieren zu können. Sie schossen bei der Waljagd hin und wieder auch Robben und Walrosse, die mit den langen Bootshaken auf das Eis oder ins Boot gezogen wurden. Erlegte Seehunde, die von der Strömung abgetrieben wurden, holten die Eskimos mit dem widerhakenbewehrten Wurfholz zurück, das an einer langen Leine hinter den im Wasser liegenden Seehund geschleudert wurde. Durch einen starken Ruck am Fangseil erfassen die Haken den Tierkörper, so daß er aus der See gezogen werden kann.

Die Außenhaut eines Umiaks wird, je nach Verschleiß, alle zwei bis fünf Jahre erneuert, während die Innenbespannung viele Jahre hält. Zu Beginn der diesjährigen Fangzeit war das hölzerne Bootsgerüst gerade mit neuen Fellen bezogen worden. Anstelle der meist verwendeten gespaltenen, schweren Walroßhaut hatten meine Eskimos für ihr Fangboot die dünneren Häute des großen Seehundes »Ogrook« zusammengenäht. Dadurch wurde das Umiak leichter und beweglicher. Während die großen Transportboote acht bis zwölf Menschen aufnehmen können, war unser Schifflein kürzer und gab nur vier bis sechs Jägern Platz. Meine Fanggruppe verfügte also für die Waljagd über ein schnelles Boot. Auf dem Bug lagen vier schußbereite Harpunen. Sie hatten eine lose aufgesetzte Spitze, die an einer langen Leine hing, an deren oberen Teil ein Luftsack aus einer aufgeblasenen Seehundsblase befestigt war. Das untere Ende der Leine lag im Boot. Das Seil mußte so sorgfältig aufgerollt sein, daß es nach dem Wurf der Harpune störungsfrei ablaufen konnte. Die Harpunenspitze aus Elfenbein trug an ihren Enden ausgekerbte Widerhaken. Der Vorderschaft aus Geweihknochen, der die locker aufgesetzte Spitze hielt, war fest mit dem dünnen hölzernen Hauptschaft verbunden. Dieser hatte unten einen scharfkantigen Elfenbeinarm, damit er tief ins Eis gerammt werden konnte.

Eine Harpune muß mit außerordentlicher Kraft weit und zielsicher auf den schwimmenden Wal geworfen werden. Die Entfernung zwischen Jäger und Wild beträgt höchstens fünfzig Meter. Beim wuchtigen Aufprall der Harpune auf den Körper des Wales dringt die Spitze ins Fleisch, hält sich mit den Widerhaken fest und stellt sich quer. Der sich von der Spitze gelöste Harpunenschaft fällt ins Wasser. Die im Wildkörper sitzende Spitze ist durch die lange Leine mit den Jägern im Boot verbunden. Der Wal kann seine Verfolger nun nicht mehr abschütteln. Mit der abrollenden Leine ist auch der Luftsack ins Wasser gerutscht, der den jeweiligen Aufenthalt des harpunierten Tieres kennzeichnet. Sobald der Wal auftaucht, kann er beschossen werden. Erscheint er in Bootsnähe an der Wasseroberfläche, dann werfen die Fangmänner ihre Speere, bis der Wal getroffen ist und der Zug der Leine nachläßt. Mit der Lanze wird ihm dann der Todesstoß versetzt.

Während unserer Jagd vom Sommerlager aus war mit dem Auftauchen von Blauwalen (Balaenoptera musculus) zu rechnen, den bis hundert Tonnen schweren Meeressäugern und Giganten der Ozeane. Sie sind die größten Lebewesen der Erde — größer und schwerer als die riesigen Dinosaurier, die vor Millionen von Jahren lebten.

Für derartige Kolosse reichten die leichten Harpunen der Eskimos nicht aus. Wir hatten deshalb auch zwei stärkere Metallspitzen an Bord. Zwischen Spitze und Widerhaken war ein kleiner Sprengsatz befestigt. Er detoniert beim Aufprall der Harpune und gibt dabei vier gräßliche Widerhaken frei, die sich im Walkörper sofort ausbreiten und wie Anker in seinem Fleisch festkrallen. Sie sind so widerstandsfähig, daß sie auch dem stärksten Zug eines getroffenen, wild um sich schlagenden Wales standhalten. An der fast hundert Meter langen Leine der großen Harpunen waren drei Schwimmblasen befestigt. Die größere davon hing mit einem Hornring locker an ihr.

»Warum ist die große Schwimmblase lose an der Leine befestigt?« fragte ich Karlik.

»Sie muß bis zum äußersten Ende zurückgleiten können, wenn wir einen Pottwal harpunieren«, erwiderte er, ohne beim Zusammenlegen einer Harpunenleine aufzublicken.

»Warum gerade beim Pottwal?« forschte ich weiter.

»Weil der Pottwal bis auf den Meeresgrund taucht«, antwortete er wortkarg.

Recht hatte er. Pottwale (Physeter catodon) sind die besten Taucher der Welt. Mit einem Gewicht von fünfzig Tonnen können sie tiefer tauchen als jedes Tier, auch tiefer als der Mensch mit einem Tauschgerät oder einem normalen U-Boot. Man hat einen Pottwal, der auch »Spermwal« heißt, in 1200 Meter Tiefe gefunden, wo er sich auf dem Meeresboden in einem Kabel verfangen hatte. Ein gewöhnliches Taucherboot würde in dieser Tiefe vom Wasserdruck wie ein rohes Ei mit einem Schlag zusammengepreßt. Der Pottwal muß aber diesen hohen Druck aushalten, da seine Hauptnahrung bekanntlich aus großen Tintenfischen besteht, die in solch ungewöhnlichen Tiefen leben. Er ist mit zwanzig Meter Länge der größte unter den räuberischen Zahnwalen, kann länger als eine Stunde unter Wasser bleiben und einen zwei Meter langen Hai auf einmal verschlucken. Allein sein zähnebewehrter Unterkiefer wiegt schon über fünf Zentner. Man erkennt den Pottwal leicht an seinem breiten, vierkantigen Kopf und vor allem daran, daß er als einziger Wal seinen Luftstrahl nicht senkrecht, sondern schräg nach vorn in die Luft bläst. Bei hohem Wasserdruck zieht er seine Lungen zusammen, so daß sich der Sauerstoffverbrauch erheblich vermindert und dadurch der Herzschlag auf die Hälfte herabgesetzt wird. Vor allem aber schützt das »Walrat« in seinem Schädel diesen vor zu hohem Druck.

»Du, Karlik, weißt du, was Walrat ist?« fragte ich meinen erfahrenen Eskimojäger.

»Nein, noch nie gehört«, verneinte er.

»Sie machen Seife daraus«, erklärte ich ihm.

»Oh, das glaube ich nicht.«

»Doch, es ist wahr«, erwiderte ich und erzählte ihm alles, was ich über Pottwale gehört hatte. Es ist wirklich erstaunlich, daß Pottwale als einzige ihrer Art eine besondere Fettmasse im Vorderkopf besitzen, aus der eine farblose ölige Flüssigkeit gewonnen werden kann. In der Industrie wird diese zu Spezialölen verarbeitet, zu wertvollen Seifen, Arzneien, Kosmetika und Kerzen.

»Weißt du denn, was ›Ambra‹ ist?« bohrte ich unbarmherzig.

»O nein, das habe ich auch noch nicht gehört«, gestand er und blickte mich dabei mißtrauisch an.

Mit aller Geduld und einfachen Worten versuchte ich ihn dann die Bedeutung des Parfüms für weiße Frauen klarzumachen, das mit Ambra hergestellt wird. Ambra ist ein graues Ausscheidungsprodukt der Darmwand des Pottwales, das auch oft auf dem Meer umher schwimmt oder an die Strände gespült wird. Ambra strömt einen durchdringenden moschusartigen Duft aus und wird daher auch in teurer Seife verarbeitet.

Unser Gespräch minderte die Eintönigkeit des nur aus Warten bestehenden Lagerlebens. Meine Fangmänner hatten ihre Felle neben dem startbereiten Boot auf das blanke Eis gelegt und schliefen den Schlaf des Gerechten. Ukku lag breit in der Sonne und schnarchte wie ein Walroß. Mit beiden Händen hielt er seinen für Eskimos ungewöhnlich dicken Bauch fest. Das grelle Licht der Polarsonne wurde wohl von den glitzernden Eismassen reflektiert und bräunte die Gesichter — aber warm war es nicht. Itouk hatte zum Schutz gegen den eiskalten Polarwind Paddel und Bootshaken ins Eis gerammt und mit Fellen bespannt. Sein unrasiertes, wetterverbranntes Gesicht und die wuscheligen Haare deuteten auf die strapaziösen Jagdtage der vergangenen Woche hin, in der die Jäger mehrere Walrosse und Seehunde erlegt hatten. Er saß — an einer Zeltstange gelehnt — im Halbschatten und trug eine selbstgemachte, elfenbeinerne Brille. Ukku lag ohne Augenschutz auf der Bärendecke und hatte sich einen windstillen Platz zwischen hohen Eiswänden ausgesucht. Seine schmale Fellmaske, durch die Gesicht und Augen gleichzeitig geschützt werden, lag mit der Brille neben ihm im Schnee. Karlik war mit dem Überprüfen der Fanggeräte fertig geworden und sah Ukku in der prallen Sonne liegen.

»Ukku, setz' die Brille auf!« befahl er.

Ukku fuhr hoch, setzte sich und starrte den Alten entgeistert an.

»Was willst du?« fragte er hastig.

»Du sollst die Brille aufsetzen«, wiederholte Karlik.

Ukku schwieg, senkte die Augenlider und tastete — seine Brille suchend — über den Schnee. Als er zum zweiten Mal daneben griff, zischte Karlik ärgerlich:

»Was ist mit dir, was suchst du?«

»Meine Brille«, gab Ukku zurück.

»Da liegt sie doch. Siehst du sie nicht?« rief der Alte verwundert und riß Ukkus Kopf hoch. »Du hast ja rote Augen!« stellte er besorgt fest, hob ihn auf und führte ihn zu Itouk in den Schatten. Ukku litt an der Schneeblindheit.

Diese meist rasch vorübergehende Krankheit wird von entsetzlichen Schmerzen begleitet. Während normales Blindsein Dunkelheit bedeutet, taucht Schneeblindheit die ganze Umgebung ohne Umrisse in ein trostloses, schimmerndes Weiß. Das helle Licht flackert wie Flammen um den Kopf, und die Augenhöhlungen brennen wie Feuer.

Viele Arktisbewohner und auch Mitglieder von Forschungsexpeditionen sind durch den ständig quälenden Schmerz der Schneeblindheit schon wahnsinnig geworden. Im gefährlichsten Stadium dieser Augenkrankheit tastet man sich nur noch vor und taumelt vor Schwäche. Fern von ärztlicher Behandlung und ohne alle Medikamente, hilft nur ununterbrochenes Baden mit Salzwasser. Auch ständiges Auflegen von Schnee oder Eisstücken auf Auge und Stirn helfen die Qualen zu lindern. Beide Methoden sind bewährte Heilbehandlungsrezepte alter Eskimos. Sie würden auch Ukku Linderung bringen.

Wo aber blieben die Wale? Es gab noch zu wenig offenes Wasser. Wir brauchten starken Wind. Die Sonne stand wie eine glühende Scheibe am Himmel. Ihr matter Schein spiegelte sich auf blankem Eis. Das Firmament war von dünnen Wolkenschleiern bedeckt, die durch die Mitternachtssonne ein prachtvoll violett und lila getöntes Farbenkleid zeigten. Einsam stand unser Zelt inmitten der Eiswüste; ringsum nur die fast unmerklich treibenden Eismassen. Über uns funkelten zahllose, unnatürlich große Sterne. Sie leuchteten wie Edelsteine zu uns herab. Es war eine unheimlich stille, helle Winternacht.

»Ein Seehund!« rief Itouk plötzlich, der gerade Wache hatte. Er zeigte aufs Wasser hinaus.

»Da, noch einer!« Weit draußen zwischen dem Treibeis sah ich zwei runde, naß glitzernde Köpfe auftauchen. Langsam bewegten sich die schwarzen Bälle auf uns zu. Itouk hatte sich auf einen Eishügel geworfen und hielt sein verrostetes Gewehr im Anschlag. Die Robben kamen allmählich näher. Zum Schießen war es immer noch zu weit. Plötzlich tauchten die Tiere weg. Wir warteten zehn Minuten, doch schien es so, als solle es mit der frischen Leber nichts werden.

»Die Robben haben einen Schwarm junger Lachse entdeckt«, meinte Itouk verzichtend, »sie ziehen jetzt mit den Schollen nach Norden.« Damit stand er auf, putzte den Schnee von seinem Gewehr und steuerte auf das Küchenzelt zu, aus dem uns frischer Kaffeegeruch entgegen kam.

»Da sind sie«, schrie ich ihm nach. Wie ein Blitz drehte er sich um, sah die Robben ganz dicht unter der Küste, warf sich in den Schnee, riß die Waffe an die Backe und schoß. Bum . . . Bum! Aus — die Bühne war leer.

Doch dann schob sich langsam ein Kopf aus dem Wasser, diesmal nur bis zu der stumpfen, tiefschwarzen Nase, die sich markant gegen das glatthaarige, zinngraue Gesicht abhob. Ihm folgten der grauglitzernde leblose Körper und dann ein roter Ring seines Lebenssaftes, der sich auf dem stillen Wasser ausbreitete. Aus dem tödlichen Einschuß an der Stirn sickerte langsam Schweiß. Ein sauberer Schuß — und ein schneller Tod für die Robbe. Das schmackhafte Abendbrot war gesichert. Auch für die Hunde gab es frisches Fleisch.

Schnell flog die Holzkeule mit den Widerhaken hinter dem Seehund ins Wasser und hakte beim ersten Ruck ein. Vorsichtig zog Itouk die Robbe aus dem Eisbrei und trug sie stolz zum Küchenzelt. In wenigen Minuten hatte er das Fell abgezogen und die Leber, etwas Fett sowie die wertvollsten Fleischstücke herausgeschnitten. Mit dem Rest fütterte er die Hunde, die von der Fleischwittrung wach geworden waren, sich aber nach dem ersten Brocken gleich wieder beruhigten und weiterschliefen.

Itouk hatte einen »gemeinen« Seehund (Phoca vitulina) erlegt, der nicht nur im Eis lebt, sondern auch im Binnenland, in Flüssen oder Seen, manchmal weit ab vom großen Meer. Er heißt auch »Harbor Seal« und ist ein intelligentes, reizendes Tier, das ein leopardenähnlich gezeichnetes Fell hat und zu den bekanntesten, weitverbreitetsten Seehunden Nordamerikas gehört. Seine Jungen werden nach neuneinhalbmonatiger Trächtigkeit des Weibchens auf dem Eis oder an Land geboren. Sie kommen im Frühjahr zur Welt, bleiben ein bis zwei Wochen bei der Mutter, sind bei der Geburt dreißig Pfund schwer, siebzig Zentimeter lang und wachsen rasch heran, denn die Muttermilch der Robben ist zehnmal so fett wie Kuhmilch. Die sorgsamen Mütter warnen ihre Jungen vor Gefahr und bringen sie an Land, sobald sie vom Schwimmen müde werden. Sie lassen ihre Kinder auch allein, wenn sie für Stunden auf Futtersuche sind und Nahrung »produzieren« müssen.

»Findet Ihr manchmal auch junge Seehunde ohne ihre Mütter?« fragte ich Itouk. »O ja«, antwortete er. »Aber nur selten. Wenn Seehunde Zwillinge haben, dann ist ein Junges oft kräftig und das andere mager. Die Mutter läßt das schwächere im Stich und füttert es nicht mehr. Es heult dann jammervoll und muß verhungern. Größtenteils wird es zur Beute von Raubtieren. Ukku hat in diesem Sommer schon einen jungen Seehund gefunden. Seine Kinder haben damit gespielt. Am anderen Tage war er tot.«

Es gibt nur wenige echte »Heuler«, junge Seehunde, die von ihren Müttern nicht mehr ernährt werden, da Zwillingsgeburten sehr selten sind. Meistens handelt es sich bei den kleinen Findlingen um gesunde junge Tiere, die nur für kurze Zeit von der Hündin allein gelassen worden sind. Man sollte sie deshalb nicht aus falsch empfundener Tierliebe aufheben, um sie zu füttern und großzuziehen.

Ihre Aufzucht außerhalb der natürlichen Umgebung gelingt nur selten. Die für das Wachstum der kleinen Seehunde lebenswichtige Milch enthält allein über vierzig Prozent Fett und ist mit den übrigen Aufbaustoffen kaum durch eine andere Nahrung zu ersetzen. Es gibt schon genug Robben und Seehunde in Zoos und Tiergärten, wo sie häufig — ihrer Eltern, Heimat und Freiheit beraubt — ein elendes Leben fristen müssen.

Tag für Tag schwimmen sie in runden, schmutzigen Betonbecken mit trübem, laubverschmutztem Wasser. Statt mit frischer Nahrung wie Quallen, Krebse, Würmer, Jungfische oder Muscheln, werden sie mit toten Heringen, Fleisch von eingegangenen Kühen und Schweinen oder von Besuchern mit Bonbon, Brot oder Nüssen gefüttert.

Itouks Beute war ein altes Weibchen, das keine Junge mehr haben konnte, denn ihr Gesäuge war vollkommen verkümmert. Es wog mindestens zweieinhalb Zentner und war fast zwei Meter lang. Sein Fell hatte silberweiße Haare und oben braunschwarze Flecken; die hellere Unterseite schmückten weiße Ringe und kleine unklare Punkte. Wird ein Weibchen mit Jungen erlegt, die noch nicht geboren sind, so bedeutet das für die Eskimos ein besonderes Glück, denn die Ungeborenen tragen ein dünnes, wolliges Fell mit langen, goldgelben Haaren, aus dem die Eskimofrauen für sich und ihre Kinder Unterwäsche herstellen.

Seehunde werden sehr alt. Das älteste bisher wissenschaftlich untersuchte Tier hatte 35 Jahre auf dem Buckel. Trotz vieler Feinde, wie Schwertwal, Eisbär, Walroß, Adler, Wolf und Mensch, wird der Bestand des Gemeinen Seehundes allein in der Arktis auf einhunderttausend Stück geschätzt. Man trifft diese Robben zumeist in großen Kolonien und Familiengruppen an, weil sie Geselligkeit über alles lieben.

Die Nacht war kalt, und der Frost hatte die langanrollenden Dünungen an der Küste zu bizarren Eisgebilden gefrieren lassen. Unser Jagdzelt war mit einer flimmernden Schicht Schneekristalle überzogen. Ein heller, goldgelber Sonnenstrahl drang durch den winzigen Spalt unseres dünnen Sommerzeltes, als ich erwachte. Meine Uhr zeigte die zweite Morgenstunde an.

Mein erster Blick aus dem Zelt fiel auf einen weißblau glitzernden Eisberg, so groß wie ein städtisches Hochhaus. Sein Haupt hatte tiefe Furchen und lange, dunkle Risse. Gewaltige Burgen und spitze Türme ragten seitlich neben ihm aus dem stillen Wasser. Ein abstraktes Kunstwerk der Natur — wie von der Hand eines Bildhauers geschaffen. Langsam glitt er an unserem Zelt vorbei, immer der Strömung nach Norden folgend, dem zum Pol drängenden märchenhaften Eislabyrinth ständig auf dem Fuße.

Normalerweise folgen dem treibenden Eis die Wale. Ich leuchtete das Meer mit dem Fernglas ab — aber vergeblich!

Langsam schlenderte ich zum Küchenzelt, wo sich die wachfreien Jäger schon wie eine Meute hungriger Wölfe um eine Pfanne mit bratender Leber geschart hatten. Leber schmeckt am besten halbgar. Die Männer hielten deshalb ihre Messer griffbereit in der Hand, um jeweils ein deftiges Stück aufzuspießen, bevor es vollends gebraten war. Das Seehundsöl duftete appetitlich. Es roch kaum nach Fisch oder Tran und machte die Leber zart und weich. Sie hatte einen angenehmen, süßlichen Geschmack. Aus kunstvoll geschnitzten Holzschalen gab es Rührei von Alken- und Kormoraneiern.

Die Spender dieser dottergelben Kost sind prachtvolle große Vögel, die in Felswänden unmittelbar am Meer oder auf aus dem Wasser ragenden Steinvorsprüngen nisten. Zur Paarungszeit, Ende Mai, erscheinen sie in der Arktis oft in Flügen zu Hunderttausenden, verdunkeln den Himmel und lassen sich in riesigen Wolken auf den Hängen ihrer gewaltigen Vogelberge nieder. Dort bebrütet das Alkweibchen, ohne Nest aufrecht auf dem harten Gestein sitzend, ihr einziges Ei, das mindest so groß ist wie ein Hühnerei und das sie mit ihrem scharfen Schnabel gegen Raubmöwen und menschliche Eierdiebe hartnäckig verteidigt. Einer der Jäger hatte mit seiner Flinte in eine brausende Wolke von Alke hineingeschossen und aus der dichten Masse zwei der schwarzrückigen, weißbrüstigen Vögel heruntergeholt.

Zum Tee gab es fette Mehlfladen und Blutkuchen — ein Gebäck aus Mehl, Alkeneiern und frischem Seehundblut, das die Eskimos beim Aufbrechen erlegter Robben in großen Gefäßen gesammelt hatten. Diese waren nicht nur aus Treibholz hergestellt, sondern sie verwendeten auch Trinkbecher und Schalen aus dem Horn von Moschusochsen. Kellen, Suppenlöffel und kleine Schüsseln waren ebenfalls aus Horn. Fleischstücke fischte man mit knöchernen Gabeln aus Näpfen und Wassereimern, bestehend aus Leder oder Häuten.

Zwischen Mehlfladen, Leber und Blutkuchen aßen die Eskimos große Stücke der knorpeligen Walhaut, die sie »Muktuk« nannten. Sie schmeckten wie Kokosnüsse oder Nuß mit Butter. In kleinen Mengen munden sie recht gut. Eskimos essen Muktuk pfundweise. Besonders bei Jagdreisen und während des Wartens am Meer kauen sie neben getrocknetem Fleisch und Fisch diese schwarz und weiß-rosa gestreiften Würfel.

Ukku, dessen Augenleiden sich gebessert hatte, übernahm die Wache. Karlik frühstückte rasch und verteilte dann die Flinten. Es galt den Wildgänsen und Enten den Garaus zu machen. Die einseitige Nahrung sollte dadurch eine Abwechslung erfahren. Ich war bei der Jagd nicht nur zahlender, sondern auch willkommener Gast. Jede Flinte zählt beim Empfang der anfliegenden Breitschnäbel. Die Waffen der Weißen sind bei den Eskimos wegen ihrer Präzision und Zielgenauigkeit sehr beliebt. Sie helfen ihnen, schneller große Beute zu machen.

Karlik gab mir den besten Stand. Er lag inmitten aufgetürmter Eisschollen und war windgeschützt. Ich hatte gute Sicht nach allen Seiten. Zur Tarnung zog ich ein weißes Schneehemd über. Die Eskimos bedeckten ihre schwarzen Haare mit weißen Fuchsfellmützen. Itouks Kopfbedeckung war aus dem Magensack eines Walroßjungen genäht. Karlik trug einen gebleichten Wettermantel aus Robbendarm. Mit derartiger Schutzkleidung waren alle Jäger in ihren Eisschirmen für vorüberstreichendes Flugwild fast unsichtbar.

Die Sonne strahlte vom blauen Himmel. Nicht eine Wolke war zu sehen. Vor uns lag das eisbedeckte Meer. Gigantische Eisberge ballten sich aus der weißen Wildnis turmhoch gegen die kalte Polarsonne. Gipfel und Kanten der schwimmenden Gletscherbrocken glitzerten und funkelten. Frischer Wind wehte von See her über die Schollen. In kalter Morgenstunde saß ich frierend in einem Eisloch und wartete auf Gänse. Es war wunderbar einsam und still.

Werden sie heute kommen, die großen wilden Vögel? Und sind meine Schrote, dreieinhalb Millimeter, stark genug? . . . Oder soll ich die Nummer eins laden? — Fragen über Fragen! So recht nach Jägermanns Art.

Angestrengt suchte ich den Horizont ab. Nichts zu sehen.

. . . Oder doch? — Ja! . . . in der Ferne entdeckte ich einen dünnen dunklen Strich. Es waren wirklich Gänse. Deutlich erkannte ich ihre typische Fluggruppierung.

Ich machte mich ganz klein in meinem Loch. Die Gänse kamen immer näher, trotz großer Höhe strichen sie schnell heran. Es waren mehrere Schofe. Die erste Schar, ein Flug von fünfzehn bis zwanzig Stück, löste sich aus der Hauptmasse — vielleicht ein Familienverband. Er bildete eine dreifache Keilformation — voraus die Führungsgans. Waren es nur die Spione, die bei Gefahr warnen sollten, oder die »Quartiermacher«?

Nein, sie hegten kein Mißtrauen. Ihr Anflugstempo wurde immer geringer. Schon konnte ich die ersten Rufe hören: Hee — rong, hee — rong. Ein Flug Schneegänse war es. Ihr Rufen wurde immer lauter. Sie kamen aus dem warmen Süden und folgten ihrem Drang zu den altgewohnten Nistplätzen in den Tundren der Arktis.

Nicht weit von mir hockte Karlik in seinem weißen Schirm. »Ang, ang — Kaiak«, beantwortete er den Ruf der Saatgänse; »Ijo — Ijock«, ahmte der die Stimme der Bleßgans nach. Er war ein Meister im Nachahmen der Wildgänse. Ein guter Flugwildschütze — der Karlik zweifellos war — muß nicht nur die verschiedenen Gänse- und Entenarten rasch und richtig in der Luft und auf dem Wasser ansprechen, sondern sie auch klangecht nachahmen können.

Die ersten Gänse begannen ihr Einfallmanöver. Sie verlagerten ihr Gewicht erst auf die eine, dann auf die andere Schwingenspitze. Dadurch bremsten sie den rasanten Fall ihrer schweren Körper zur Erde ab. Vorsichtig schob ich meine schußbereite Doppelflinte über den Eisrand des Schirms. Ich glaubte über mir das ungestüme Brausen der vorbeistreichenden Gänsevögel zu hören, den Luftzug der großen, schwingenden Flügel zu spüren.

Langsam schob ich mich aus der Deckung.

Da kamen sie...! Fünf, sechs, zehn und mehr. Im Sturzflug segelten sie zur Erde. Ich nahm die letzten aufs Korn und schwang mit... Im Ziel bleiben! Jetzt... Schrotschußnähe!... Bauz! Und wieder ins Ziel gehen... mitfahren... und nochmal Bauz. War das ein Glück! Zwei Braten klatschten vor mir ins Wasser.

Es waren Blaugänse im Jugendgefieder. Alte Blaugänse oder Kleine Schneegänse (Anser coerulescens) haben einen weißen Kopf und Hals. Aber Jungtiere fliegen meist am Ende eines Schorfes. Sie haben ein schlichtes graublaues Federkleid.

Bums, bums, — in schneller Folge fielen zwei Schüsse über meinem Nachbarstand. Wieder taumelten zwei der großen Wildgänse vom Himmel. Karlik hatte eine gute Dublette angebracht. Eine Gans stürzte wie ein Stein zu Boden. Ihr harter Aufschlag auf dem Eis war deutlich zu hören. Die andere war offenbar weidwund getroffen und segelte noch weit über das Eisfeld. Dann aber verlor sie an Höhe, drehte sich endlich im Kreise und fiel im schrägen Todessturz direkt neben dem Küchenzelt aufs Eis. Eine solch glückliche Art des Beutemachens ist nur noch dadurch zu übertreffen, daß die Gänse gebraten vom Himmel fallen. Der Alte war deshalb noch viele Tage Mittelpunkt witziger Bemerkungen.

Volle zwei Stunden knallte es noch über allen Ständen. Dann wurde es ruhig. Itouk, der im äußersten Schirm saß, kam, schweißtriefend und außer Atem, mit fünf Stockenten angeschleppt. Es waren drei alte Erpel mit blaugrünen, violett schillernden Spiegeln und zwei grauschnäbelige Enten. Sie sind auch in Deutschland heimisch.

Ich hatte noch Erfolg auf einen besonders schönen Königseidererpel. Er löste sich als einziger Vogel aus einem mit lautem Geschnatter hoch über meinen Schirm fliegenden Schof. Mit heiserem Gog — Gog — Gog ließ er sich auf einer weit im Wasser treibenden Scholle nieder. Den hochgereckten Kopf drehte er sichernd nach allen Seiten, begann heftig mit den Schwingen zu schlagen, dabei ununterbrochen seine heiseren Balzrufe ausstoßend.

Für einen Schrotschuß war die Entfernung zu weit. Sie betrug fast hundert Meter. Mit meiner Bockbüchsflinte, die ich für Weitschüsse — möglicherweise auf Seehund — mit in den Schirm genommen hatte, verfügte ich über die rasante Patrone .222 Remmington, so daß ich einen Kugelschuß wagen konnte. Kaum war die Brust des Erpels im Visier, da tauchte er kopfüber in den Eisbrei. Offensichtlich verfehlte er jedoch seine Beute, denn bald schon schwamm er wieder zwischen den Eisblöcken umher.

»Nicht geschossen ist auch gefehlt«, dachte ich mir — und ließ die Kugel fliegen. Peng! Das Wasser spritzte. Gänse und Enten flogen, laut schreiend, aus dem Eis davon. Eine vielköpfige Vogelschar, Möwen, Alke, Bekassinen, Austernfischer und Raben bildeten eine wogende, schnatternde und schreiende Wolke. Der Erpel aber lag mit einem Kopfschuß im Wasser.

Itouk ließ das Boot vom Eis rutschen und fischte meinen Breitschnabel auf. Karlik kam aus dem Eis. Er hatte seine Schneegans in der Hand, warf sie freudestrahlend vor uns in den Schnee und pries das Wildpret in höchsten Tönen. Danach entlud er seine Flinte und rief: »Ende der Jagd! Für heute haben wir genug zu essen.«

Meinen Eidererpel durfte ich behalten. Auf den Braten war ich nicht versessen. Ich wollte den schönen Vogel ausstopfen lassen. An Ort und Stelle entfernte ich den Kern. Itouk half mir bei der Arbeit. Das Wildpret kam in die Küche unseres Jagdlagers. Den gefiederten Balg krempelte ich um, bestreute ihn mit einem bekannten Waschpulver, das ich zur Reise mitgenommen hatte, und hing ihn zum Trocknen ins Zelt. Er blieb übrigens bis zur Rückkehr nach Deutschland in tadellosem Zustand und ließ sich noch einwandfrei präparieren.

Eiderenten (Somateria mollissima) gehören zu den Tauchenten. Sie sind mit ihren Verwandten — Prachteiderenten, Plüschkopfenten und Scheckenten — fast überall in Alaska verbreitet, besonders im Norden. Ihre Nahrung besteht aus Pflanzen, Fischen und besonders Muscheln, nach denen sie bis vierzig Meter tief auf den Meeresgrund tauchen. Zur Fortbewegung unter Wasser benutzen sie auch ihre Flügel. Balz und Paarung erfolgen auf dem Wasser, während sie ihre Nester offen auf dem Lande anlegen und mit Daunen polstern. Sie legen bis zu zehn große, grüne oder graugelbe Eier, die sie in vier Wochen ausbrüten. Die erdbraunen Küken suchen gleich nach dem Schlüpfen das Wasser auf. Erst nach drei bis vier Jahren werden sie fortpflanzungsfähig. Eiderenten sind schlicht braun, während die Erpel ein schwarzweißes Prachtkleid mit smaragdgrüner Kopffärbung und metallisch glänzenden Flügelspitzen tragen. Auf dem Schnabelansatz der Prachteidererpel prangt ein auffallend hoher, gelbroter Stirnhöcker, der fast bis in Augenhöhe verläuft.

Eiderenten gehören zu den schönsten Wasservögeln der Welt, soweit es sich um den Erpel handelt. Bekannt und beliebt sind die weichen Eiderdaunen, die zu Bettfedern verwendet werden. Die dicke Daunenpolsterung um den drei Kilogramm schweren Körper ermöglicht es der Eiderente, ihre Eier auf dem Eisboden der Arktis voll auszubrüten.

Der Gesamtbestand der Eiderenten wird auf etwa fünf Millionen Stück geschätzt. Während ihnen in der Arktis Räuber nachstellen, wie Schnee-Eulen, Seeadler, Polarfüchse, Wölfe, Raubmöwen und sogar Bären, haben sie in europäischen

Gewässern und deren Küsten kaum ernstzunehmende Feinde. Trotzdem stehen Eiderenten in Deutschland völlig unter Naturschutz.

Mittags gab es Entenbraten mit Gänseleber. Jeder Jäger durfte einen ganzen Vogel allein verzehren. Wer nicht bei der Entenjagd war, bekam Speck und getrockneten Lachs. Das gute Essen hob die Stimmung der Jäger, die lustlos geworden waren, weil sie seit Tagen vergeblich auf Wale warteten. Enten und Gänse waren für die Eskimos ein Hochgenuß. Sie mundeten ihnen besser als Robbenspeck oder zähe Seehundsflossen. Einige gerupfte Vögel waren gekocht. Sie schwammen mit gelben Füßen und Schnäbeln im Suppentopf. Ukku lutschte mit sichtbarem Genuß einen Gänsekopf aus und zerkaute zähneknirschend Schnabel und Füße. Die gelbliche Gänsesuppe tropfte ihm dabei durch seinen struppigen Bart.

Gegen Abend frischte der Wind endlich auf. Er drehte auf Nordost und drückte die Packeismassen von der Küste ab. Das haushoch getürmte Küsteneis geriet in Bewegung. Es entstanden tiefe Risse, dann Spalten und zuletzt breite Kanäle. Unerwartet knackte auch das Eis unter uns. Es schwankte, barst und knirschte. Wir bangten um unseren Lagerplatz. Er drohte in die offene See zu treiben. Karlik ließ alles Hab und Gut zusammenpacken und zurücktragen. Die Zelte wurden abgebrochen und an sicherer Stelle wieder aufgebaut.

Die Fläche offenen Wassers vergrößerte sich zusehends. Nun konnten die Wale kommen! Eine rollende und mahlende Masse Knolleneis löste sich donnernd und polternd von der Küste. In phantastischen Windungen schlängelte sie sich durch einen offenen Wasserarm seewärts. Mit weithin hörbarem Krachen brach ein gewaltiger Eisblock aus dem haushohen Packeisgürtel, der sich wie eine unzerstörbare Burgmauer um das erhöhte Steinufer gelegt hatte. Die Luft war vom Dröhnen der splitternden und berstenden Eismassen erfüllt.

Mit Staunen betrachtete ich das Spiel der Naturkräfte. Die abgebrochenen und blankgewaschenen Eisklumpen glitzerten und funkelten im grellen Sonnenlicht wie ungeschliffene Riesensaphire. Das Eismeer zeigte sich in einer mir bisher unbekannten Pracht. Die Abermillionen gleißenden Reflexe der abendlichen Polarsonne auf dem kristallenen Firnschnee der treibenden Schollen blendeten das Auge. Das wilde Chaos von zersplittertem und wirr durcheinandergewürfeltem Eis war von einem warmen, zartrosa Schimmer überzogen.

Stunde um Stunde verging. — Die eisfreie Fläche war schon so groß geworden, daß sich Tausende von Walen hätten darin tummeln können. Mit Vorliebe halten sie sich an den Rändern der Treibeisfelder auf, wo es von Lebewesen mannigfaltigster Art nur so wimmelt. Die See ist eine große Energiespenderin für Pflanzen und Tiere. Es ernährt Millionen von Geschöpfen allein durch das Plankton, das wie eine kräftige Suppe unterhalb der sonnenbeschienenen Wasseroberfläche umherschwimmt. Dieses seltsame Gemisch von frei schwebenden Pflanzen und kraftlosen Lebewesen ist die Hauptnahrungsquelle der Bartenwale. Sie jagen an den Eiskanten nach diesem Plankton und den vielen kleinen Flügelschnecken, Fischen, Quallen oder Krebsen, die allesamt aus der Tiefe unter der bisher geschlossenen Eisdecke zur warmen Wasseroberfläche drängen.

Eine Bewegung riß mich aus meinen Betrachtungen. Karlik suchte unablässig mit dem Glas das Meer ab. Unruhig kaute er dabei seine Muktukwürfel. Kaum war das Glas von seinen Augen, da riß er es wieder hoch. Sah er was? Nein. Oder doch . . .?

»Wale, Wale!« schrie er plötzlich.

Wie elektrisiert, sprangen die Jäger aus ihren Zelten und stürzten sich in die Boote. Das Fernglas ging von Mann zu Mann. Jeder wollte die Wale sehen. Waren es Blauwale oder Belugas?

»Da sind sie! Dort . . . neben dem Eis. Sie blasen!« rief Itouk aufgeregt.

»Ja . . . ich sehe sie . . . an der Kante!« Wir schrien es fast gleichzeitig. Die Wale preßten ihre verbrauchte Luft durch das Spautloch. Der meterhohe Strahl wuchs in der Kälte zu einer pilzartigen Dampfsäule empor. Deutlich waren die Fontänen feuchtwarmen Atems über der blauen Wasserfläche zu sehen. Ganze Strahlenbündel schossen in die Luft. Weißwale waren es!

Eine große Schule näherte sich der Küste. Unsere Herzen pochten vor Erregung — die Hände zitterten. Das Jagdfieber hatte uns alle gepackt. Endlich Wale! Die Jagd konnte beginnen.

Blitzschnell waren die Leinen gekappt. Fast gleichzeitig schossen unsere Boote in die See. Knatternd sprangen die Außenbordmotore an. Itouk steuerte mein Boot. Er gab sofort Vollgas, hielt direkt auf die Fontänen zu. Die ersten weißglänzenden Buckel wurden sichtbar. Mit äußerster Geschwindigkeit rauschten die Boote durch die kurzen Wellen. Die Vordersteven ragten hoch aus dem Wasser. Das wogende Meer überschüttete uns mit Gischt und sprühendem Salzwasser. Karlik überprüfte die Harpunen. Sie waren schußbereit. Die Leinen konnten unbehindert ablaufen. Sie lagen tadellos gerollt am Boden.

Die Boote stoppten. Wir waren an der Stelle, wo die Wale zuletzt geblasen hatten. Regungslos hockten die Eskimos neben mir im Umiak. Es tänzelte auf den Wellen und schaukelte in der langen Dünung. Wir guckten uns fast die Augen aus — aber kein Wal war zu sehen. Hatten sie unsere Motoren vernommen?

Raubmöwen segelten über uns in der Luft. Fast bewegungslos standen sie vor dem Wind, die Ruder unter dem geschmeidigen Stoß fest angezogen. Nur ihre scharfen Augen blickten unruhig umher, ständig auf der Suche nach Beute.

Wo waren die Belugas geblieben? War das Rudel zur Äsung unters Eis getaucht? Ihre milchig weiße Haut hebt sich nur schwer vom blauen Wasser ab, wenn sie inmitten großer Eismassen schwimmen oder Wellenberge weiße Kronen tragen. Die hellen Luftfontänen decken sich gut mit dem eisigen Hintergrund. Belugas flüchten oft blitzschnell unter Eisschollen, um ihrem Todfeind, dem von allen Meeresbewohnern gefürchteten Schwertwal zu entkommen. Bewegungslos verharren sie dort, bis die Gefahr vorüber ist. Ihre weiße Haut macht sie unter dem Eis für ihre Feinde unsichtbar.

Unsere Boote lagen in Sichtweite nebeneinander. Sie schlingerten wie kleine Nußschalen in der See. Eisiger Wind blies durch alle Ritzen unserer nassen Kleidung. Er wurde immer stärker und kräuselte die See. Laut klatschten die Wellen gegen die Fellbespannung des Umiaks.

Plötzlich jagte das Nachbarboot davon. Das zweite folgte im Parallelkurs. Jetzt sahen auch wir überall Strahlen in die Luft spritzen.

»Voll voraus!« befahl der alte Steuermann. Der Motor heulte auf. Wie ein Pfeil schoß das Boot durch die See. Es bäumte sich vorn hoch und hinterließ achtern eine weißschäumende Heckwelle. Itouk bediente den Außenborder. Karlik stand vorn im Boot — aufrecht wie ein Speerwerfer. Ich duckte mich in der Mitte, die Büchse in der Hand.

»Stop!« kommandierte Karlik. Er hatte einen breiten Ölfleck entdeckt. Itouk nahm das Gas weg. Der Motor schwieg sofort. Mit kräftigen, fast lautlosen Ruderschlägen schoben die Eskimos das Boot an die strudelnde Stelle, an der laufend kleine Bläschen an die Wasseroberfläche trieben. War der Wal hier getaucht? Würde er an dieser Stelle wieder hochkommen? Alle blickten aufs äußerste gespannt umher. Karlik war schußbereit. Mit hoch erhobener Harpune lehnte er sich — die Beine weit gespreizt — vorn über den Bug. Noch einmal schob er mit dem Fuß die Leine zurecht.

»Da...!« Einem weißen Torpedo gleich, schoß ein Wal aus der Tiefe..., nur fünfzig Meter entfernt. Wie ein weißes Gespenst tauchte er urplötzlich aus dem dunklen Wasser auf. Noch einer...! Laut prustend, blies er seinen perligen Strahl in die Luft.

Ssss...sst!... und schon sauste die Harpune durch die Luft. Der helle Rücken drehte und tauchte. Die breite Schwanzflosse schlug klatschend aufs Wasser. Der Wal war fort! Die Leine hing schlaff im Wasser. Karlik zog sie ein. Die Harpune hatte nicht getroffen.

Nur wenige Sekunden braucht ein Wal, um seine Lunge vollzupumpen. Es kann danach lange dauern, bis er wieder auftaucht. Die letzten Dampfwolken über dem Meer fielen in sich zusammen. Aber schon wölbte sich wieder ein weißer Rücken über dem Wasser. Ein neuer Strahl schoß in den Himmel.

»Schießen!« rief Itouk mir über die Schulter zu. Ich riß die Waffe hoch... zielte...und schoß!

Dorffest bei den Eskimos

»Vorbei, zu kurz«, grinste der Alte. »Höher halten«, ergänzte Itouk.

Die Wale kreisten um unser Boot. Überall schossen weiße Fontänen aus dem Wasser. Das ganze Rudel war wieder aufgetaucht. Für einen sicheren Schuß allerdings viel zu weit. Karlik wollte unbedingt seine Harpune werfen. Wir verhielten uns ruhig und warteten. Bums . . . bums, dröhnte es von den Nachbarbooten herüber. Hatten sie mehr Glück gehabt? Wir wagten nicht, zur Seite zu schauen und starrten unablässig auf die aufsteigenden Luftblasen. Das Gekräusel an der Oberfläche wurde zu Strudeln.

»Jetzt . . . er kommt!« schrie Karlik.

Der weiße Schatten war deutlich im Wasser zu erkennen. Raketengleich schoß der Wal ans Licht. Elegant durchschnitt er mit seinem weißen Körper die grünen Wellenberge. Seine Rückenflosse schob sich aus dem Wasser. Das Spautloch sprühte weißen Dampf aus. Ein mächtiger Eisklotz nahm uns die Sicht, verhinderte einen Schuß. Der Wal raste so dicht unter unserem Boot durchs Wasser, daß ich seine winzigen schwarzen Augen in den runden Kopflöchern sah. Sie saßen seitlich an seinem kegelförmigen Kopf, unmittelbar neben der hochgewölbten Stirn.

Das Boot schaukelte auf dem aufgewühlten Wasser. Es sprang von Welle zu Welle. Schußbereit zog ich meine Waffe dem weißen Schatten nach. Über Kimme und Korn sah ich den Wal mal oben, mal unten. Kaum hatte ich ihn erkannt und Ziel genommen — da war er auch schon wieder fort. Schließlich ging ich in die Knie und schaukelte einfach mit. Da hob plötzlich eine rollende Welle den Beluga hoch. Auf gut Glück schoß ich in die weiße Masse, dorthin, wo ich den Kopf vermutete. Bums . . .! Der Schuß war raus.

»Getroffen . . . du hast ihn . . er ist tot!« schrien die Eskimos.

Der Wal hatte die Kugel. Trotzdem verschwand er in die Tiefe. Das Wasser färbte sich rot. Selbst die Schaumkronen hatten sich gerötet. Neben dem Boot zeigten sich Wirbel und Blasen.

Itouk warf den Motor an und brauste mit dem inzwischen weit abgetriebenen Boot zur Tauchstelle des Wales zurück. Belugas tauchen alle zehn bis zwölf Minuten auf, um ihren Lungen frische Luft zuzuführen. Sind sie durch Verletzung geschwächt, dann bleiben sie oft noch länger unter Wasser.

Wir schauten unentwegt nach allen Seiten, um den auftauchenden Wal sofort auszumachen. Karlik hielt die Harpune wurfbereit in der rechten Hand, preßte seine Knie auf die vordere Bank und starrte bewegungslos auf die Blasenwirbel. Vor meinem Schuß hatte er die Harpune nicht anbringen können, weil die Belugas zu weit waren. Ein guter Harpunenwurf geht selten über dreißig Meter hinaus. Er erfordert großes Können, viel Kraft und jahrelange Erfahrung. Schon die Kinder der Eskimos lernen den zielsicheren Speerwurf auf Fische und Vögel. Bei der Waljagd ist es besonders schwierig, mit der Harpune zu treffen, weil

◀ Elfenbeinschnitzer mit Handbohrer

Entfernung, Wind und das Schaukeln des Bootes berücksichtigt werden müssen.

»Da ist er!« brüllte Itouk plötzlich und zeigte, ohne aufzublicken, ins Wasser, wo sich der Wal schemenhaft aus der Tiefe schob. Der rotgefärbte Kugeleinschuß war deutlich zu sehen. Nur noch zwanzig Meter trennten uns von dem verwundeten Tier. Karlik reagierte blitzschnell. Mit aller Wucht seiner Bärenkräfte schleuderte er dem weißen Wal seine Harpune entgegen. Pfeilschnell sauste sie durch die Luft. Wir hielten den Atem an. Wird sie ihn treffen . . .?

Ein mächtiger Wellenberg hob den Beluga fast ganz aus dem Wasser. Im gleichen Augenblick bohrte sich die Harpune in seinen weißen Körper. Ein blutroter Quirl — mit Dampf gemischt — schoß aus dem Blasloch, aus dem vorher noch eine perlend weiße Fontäne feuchten Atems entwichen war. Roter Lebenssaft sickerte aus seinen Wunden in das schwappende Wasser. Die Harpune hatte sich mit der Spitze und den grauenhaften Widerhaken tief in den glatten Walkörper gebohrt, ohne daß der Schaft abfiel. Er wippte wie ein Speerschaft auf und ab. Es war ein gut gelungener Wurf.

Der Wal gab aber nicht auf. Es mußten unbändige Kräfte in ihm wohnen. Verzweifelt versuchte er, dem Tod zu entrinnen. Kopfüber tauchte er unter, peitschte mit seiner mächtigen Schwanzflosse die Wellen und stürmte mit voller Kraft voraus. Rasend schnell rollte die Leine ab; dann kam ein Ruck, der mich lang ins Boot warf. Ungestüm riß der Wal unser leichtes Boot hinter sich her. Durch den Zug an der Leine senkte sich das Vorschiff bis an die Wasseroberfläche.

Der weiße Rücken des Beluga tauchte immer wieder zwischen den Wellenbergen auf. Schlangenähnlich wand sich das Tier durch die dunkle Flut. Die Leine war zum Zerreißen gespannt. In rasendem Tempo ging die lautlose Fahrt dahin. Salzige Gischt und Wellen spritzten über uns. Wir robbten nach hinten auf das hochragende Heck. Der Wal versuchte, sich unter das Eis zu retten, so, als seien die Räuberwale hinter ihm her. Es war für ihn ein verlorener Wettlauf mit dem Tode. Mit letzter Kraft, vielleicht rasend vor Schmerz, trachtete er danach, seine Verfolger abzuschütteln.

Nur eine Handbreit raste das Boot an einem scharfkantigen Eisblock vorbei. Karlik kletterte rasch wieder nach vorne und hielt das Messer über der Leine, um sie sofort zu kappen, wenn der Wal unser Boot gegen eine Eisbank zerren sollte. An den glasharten Kanten wäre es zerrissen worden.

Mit einem Male ließ die Spannung der Leine nach. Nur hin und wieder war noch ein leichtes Rucken zu spüren. Unser Boot richtete sich vorn wieder auf. Die Kraft des Wales war erlahmt. Meter um Meter holten wir das Tau ein, um näher an das Tier heranzukommen. Allmählich wurde sein weißer Körper unten im Wasser sichtbar. Dicht vor dem Umiak hob es den Kopf aus den Fluten, bäumte sich noch einmal auf und klatschte mit seinem geflügelten Hinterteil —

eine scharfsinnige technische Vollendung der Natur — ein letztes Mal gegen die Wellen. Dann lag er still da ... Die Eskimos hatten gesiegt! Der Beluga drehte sich langsam auf die Seite und schwamm mit seinem hellen Bauch wie ein sonnengebleichtes Stück Treibholz auf dem Meer. Um ihn herum — von der Sonne erleuchtet — sein Blut wie ein Kranz roter Rosen auf einem frischen Grab.

Große Freude bei den Eskimos! Sie reckten die Arme in Siegerpose in die Luft.

»Wir haben ihn ... er ist tot!« jubelte Itouk und riß die Lanze aus der Halterung. Einem alten Brauch folgend, löschte der Älteste der Eskimos — Karlik — das Leben des Wales durch einen tiefen Stich ins Herz endgültig aus. Mit dem Bootshaken hoben die Eskimos den Wal vorn etwas hoch und stießen mit einem breiten Messer ein Loch durch die gewölbten Lippen. Im Wasser ist der Wal nicht schwer, aber an Land hätten die Männer das tonnenschwere Tier nicht zu heben vermocht. Karlik zog zwei Seile durch das Loch. An einem befestigte er die große Schwimmblase, das andere vertäute er fest mit dem Boot. Zur Sicherheit stieß er noch eine Harpune durch die dicke Speckschicht und band ihre Leine ebenfalls an den Umiak.

»So«, lachte er und wischte sich den Schweiß von der Stirn, »das war eine harte Arbeit.«

»Und eine aufregende Jagd«, fügte ich ergänzend hinzu.

Inzwischen brausten auch die anderen Boote heran. Sie schleppten gemeinsam einen großen Beluga-Bullen hinter sich her. Er hatte ihnen einen harten Kampf geliefert, bevor er aufgab. Das erste Boot wurde von der Schwanzflosse des wild um sich schlagenden Wales getroffen, so daß ein Nachbarboot zur Hilfe kommen mußte. Am Heck des beschädigten Bootes klaffte ein handgroßes Loch, durch das die Eskimos eine der Schwimmblasen geschoben hatten. Von innen war sie mehrfach mit Riemen umwickelt und mit den Fellbespannungsleinen verknüpft. Eine Spante hatte der Wal zerschlagen und eine Harpune war über Bord gegangen. Ukku schöpfte ununterbrochen Wasser aus dem Boot. Seine Augen blitzten, während er mir strahlend etwas zurief, das ich nicht verstand. Karlik übersetzte gleich: »Ob du nun zufrieden bist? fragt Ukku.«

»Sag ihm ›Ja‹ und frag ihn, ob ich heute mein Gastgeschenk bekomme«, gab ich gleich zurück. Karlik grinste und übersetzte. Ukku bog sich vor Lachen und schöpfte dann, zufrieden grinsend, weiter. Auch die übrigen Jäger strahlten vor Freude über den großen Erfolg.

Mit drei Booten nahmen wir unsere zwei Belugas gemeinsam ins Schlepp und tuckerten mit der schweren Last langsam der vereisten Küste entgegen.

Für den Fang von Walrossen und Walen hat die Regierung den Eskimos starke Außenbordmotore zur Verfügung gestellt. Ihre Jagd ist durch die Motorisierung der Fangboote leichter geworden und die Zahl der Unfälle durch Ertrinken erheblich gesunken. So schnell kann jetzt kein Boot mehr durch die Strömung abtreiben. Dennoch bleibt die Jagd auf dem Wasser und zwischen dem Eis für die Eskimos hart und gefährlich.

Gegen starken Nordostwind und zwischen den dichter gewordenen Eismassen kamen wir in der aufgewühlten See nur langsam vorwärts. Immer wieder mußten wir den Motor abschalten und uns mit Hilfe der einseitigen Paddel einen Weg durch das scharfkantige Treibeis bahnen, denn die Eskimos befürchteten eine Beschädigung der Motorschraube oder das Aufreißen der Fellbespannung ihrer Boote.

Der eisige Nordwind stach wie Nadeln in unsere Gesichter. Hohe Wellen überspülten unseren Geleitzug. Wir waren bald bis auf die Haut durchnäßt. Ich fror und zitterte am ganzen Körper. Die Kälte hatte meine Beine fast zu Eisklötzen gemacht. Bei heimischen Jagden hätte ich mir einen Schluck aus der Flasche genehmigt. Bei den Eskimos aber gab es keinen Alkohol. Es hieß einfach durchhalten!

Unser Fellboot war plötzlich undicht geworden. Wie aus einer Quelle sprudelte es aus dem Boden. Angstvoll behielt ich die undichte Stelle im Auge, während die Eskimos, rege plaudernd, den Wassereinbruch unbeachtet ließen. Sie lachten über alles Mögliche und drehten sich dabei immer wieder zu den im Schlepp schwimmenden Walen um. Karlik erzählte, daß er schon einen Weißwal von über sechs Meter Länge erlegt habe. Sein größter Wal sei mehr als dreißig Zentner schwer gewesen.

»Warum tragt ihr bei der Jagd auf See keine Schwimmwesten?«, fragte ich ihn.

»Wir haben keine Schwimmwesten«, versicherte er. »Unsere Luftblasen aus Robbenhaut oder Magensäcken junger Walrosse halten uns nur kurze Zeit über Wasser. Aber das hilft auch nicht. Wer im Eismeer länger als zehn Minuten schwimmt, der ist verloren. Das Wasser ist viel zu kalt. Eskimos können auch nicht schwimmen. Wo sollen wir das bei dem eisigen Wasser auch lernen. Selbst unsere Hunde sterben, wenn sie lange im Meer bleiben.«

Inzwischen war das Wasser im Boot so hoch gestiegen, daß es den Boden vollends bedeckte und den Jägern in die dünnen Fellstiefel drang. Endlich bequemte sich Itouk, das Wasser auszuschöpfen. Dabei strahlte er wie ein kleines Kind, das in einer Pfütze spielen darf. Eskimos lachen anders als Weiße. Ihr Lachen ist nicht nur der Ausdruck von Freude, sondern einer urmenschlichen Lebenskraft. Sie lachen, wenn sie sich im Blizzard verirrt haben, wenn sie ihre erfrorenen Hände und Füße reiben, der Schlitten umschlägt, ein Hund den anderen zerreißt, wenn sie im Eis einbrechen oder bei der Jagd ständig ihr Ziel verfehlen. Eskimos sind das ärmste Volk auf der Welt. Sie trotzen den schwierigsten Lebensbedingungen überhaupt. Dennoch: Kein Volk kann so lachen wie Eskimos.

172

Trotz Eis, Nässe und Kälte brachten wir die zwei Belugas sicher zur Küste. Von den durch Flut und Brandung aufgestauten Eismassen war etwa die Hälfte abgebrochen und ins Meer getrieben. Nur der äußere Ring hatte sich gelöst und eine breite Wasserrinne freigegeben. Die Landung der eineinhalb Tonnen schweren Wale war zu einem großen Problem geworden. Für den Start der Boote hatten die Eskimos nur einen schmalen Weg durch das Küsteneis geebnet. Die Bergung der riesigen Fleischkolosse erforderte aber das Freischlagen einer breiten Furche durch das kristallharte Eis der drei Meter hoch liegenden Küste.

Das Erscheinen der Wale und Auslaufen der Boote hatte sich im Nu von Hütte zu Hütte herumgesprochen. Fast alle Eskimos des Dorfes waren mit ihren Schlitten zur Küste geeilt. Nun empfingen sie uns mit Winken, Lachen und freudigem Gebell ihrer Hunde. Jeder half bei der Arbeit. Mit vereinten Kräften räumten sie die großen Eisbrocken beiseite; mit Hilfe von Bootshaken und Hackpickel entstand bald der erforderliche Einschlag in der Küsteneiskante. Die schweren Walkörper wurden an zusätzlichen Leinen befestigt und mit gemeinschaftlichem Kraftaufwand aus dem Wasser gehievt und aufs Eis gezogen.

Die Freude der Eskimos über die erfolgreiche Jagd war grenzenlos. Sie verfügten nun durch den Fang bei jedem Wal über eine Tonne reinen Fleisches und Fettes, vor allem auch über das allseits begehrte Muktuk. Der Hunger konnte ihnen in den nächsten Wochen nichts mehr tun; auch die Hunde hatten ausreichend Futter. Den Eskimos geht es bei der Waljagd nicht um hohen Gewinn wie den modernen Walfangbooten und Walkochereien auf hoher See, sondern lediglich um die Fleischbeschaffung für ihre Familien und Hunde.

Mit Messern und Äxten rückten die Eskimos dem weißen Koloß zu Leibe. Zuerst schnitten sie die harte schneeweiße Haut in lange Streifen. Darauf folgte das Abspecken der wohl zwanzig Zentimeter dicken Fettschicht, die den ganzen Walkörper umschließt. Das war harte und schmutzige Arbeit. Die abgetrennten Speckstücke, die bei den Eskimos »Blubber« heißen, fielen in Platten und Scheiben vom Riesenleib des Belugas. Aus jedem Einschnitt quoll das Blut in Strömen. Das Eis färbte sich rot wie Wüstensand. Der gefrorene Boden war glitschig, und überall dampften herausgeschnittene Körperteile in der kalten Luft. Frauen, Greise und Kinder wühlten im riesigen Rumpf herum, über und über mit Blut und Fett besudelt. Die Fangmänner standen bis zu den Hüften in dem ehemals weißen Wal. Sie schnitten mit armlangen Messern Herz, Lunge und Leber heraus. Auch der Magen wurde geerntet. Er enthielt die für Eskimos so wichtigen Vitamine. Seinen Inhalt teilten sie sorgfältig in dicke Scheiben und ließen diese auf dem Eis gefrieren. Er besteht praktisch nur aus reiner Seespeise wie winzige Fische, Krebstiere aller Art, Muscheln, Plattfische, Garnelen und vitaminreichen Wasserpflanzen.

Nach dem Ausweiden wurden Haupt, Halswirbel und Rippen auseinanderge- trennt. Von der knorpeligen weißrosafarbenen Haut, dem Muktuk, erhielt jede Familie einen gleich großen Anteil. Dann begann das große Knabbern und Kauen...!

Über uns kreisten beutegierige Möwen. Schreiend und kreischend forderten sie ihren Tribut. Immer mehr wurden es. Dreist ließen sie sich neben uns auf dem Fleischberg nieder und rissen große Stücke heraus, um die dann heftig gestritten wurde. Dabei lärmten sie fast so stark wie die Eskimos.

Junge Burschen brausten mit hochbeladenen Schlitten über das holprige Eis ins Dorf und brachten mit ihrem leeren Gefährt immer mehr Eskimos ins Sommer- lager. Scharen von Kindern umlagerten den Schlachtplatz. Alle griffen fleißig zu. Keine Hand ruhte eher, bevor nicht der ganze Fleischberg verschwunden war. Er mußte zerlegt und zerteilt werden, noch ehe das Fleisch gefror. Wer kein langes Messer hatte, der kroch mit kurzen Klingen in den großen Leib. Andere setzten ihre Messer auf Stangen aus Treibholz. Erst mit der letzten Fuhre hörte das fleißige Treiben auf.

Die Ankunft der ersten Schlitten mit dampfendem Fleisch und Speck wurde im Dorf jubelnd gefeiert. Wie ausgehungerte Geier fiel alt und jung über die frischen Fleischstücke her. Der dunkelrote Saft des Fleisches und gelbes Speköl liefen ihnen die breiten Backen hinunter, besonders den Kindern. Auch die Hunde kamen zu ihrem Recht. Anfangs waren sie mit den ihnen zugeworfenen Fleischbrocken nicht zufrieden und rissen große Fetzen aus der dampfenden Masse. Nur mit Stock- hieben konnte man sie fernhalten. Jetzt lagen sie vollgefressen auf dem Eis und waren sogar friedlich untereinander — was bei Huskys selten vorkommt.

Alle Mitglieder der Eskimogemeinschaft erhielten den ihnen zustehenden Teil an Fleisch und Speck. Den Rest der Beute beförderten Frauen und Kinder mit Schlit- ten zu den Eiskellern der Dorfgemeinschaft. Das sind drei bis fünf Meter tiefe Gruben, die im Sommer in den harten Boden gegraben wurden. Darin bleibt das Fleisch immer frisch. In Notzeiten bekommt jeder Eskimo Fleisch für sich oder seine Familie und Hunde. Die Schächte werden von mächtigen Walknochen abge- deckt. Darüber kommt Schnee, der dann später gefriert und vereist.

Im Dorf lagen große quadratische Platten des gelben Blubbers, der beim Aus- weiden ursprünglich weiß ist. Er wurde von Frauen mit ihrem Spezialmesser, dem »Ulo«, in handliche Portionen zerschnitten. Das Ulo, auch Frauenmesser genannt, bestand früher aus einer flachen Steinklinge in Ellipsenform mit Horn- griff. Heute gibt es schon Ulos mit Metallblättern und Holzschaft, häufig auch in Form eines Ankers.

Einen Teil der Speckmassen füllten die Frauen in halbhohe alte Ölfässer. Der Blubber wurde dann über großen Feuern erhitzt und zwischen Steinen zerquetscht.

Das so gewonnene Walöl — sorgfältig gesiebt — ergab schmackhaftes Speiseöl. Der Rest war Nahrung für Öfen und Specklampen.

Die Tranleuchten der Eskimos sind Mittelpunkt der Familien. Früher war ein Leben ohne sie nicht möglich. Auf ihnen wurde gekocht, gleichzeitig lieferten sie die einzige Beleuchtung der Iglus. Sie bestehen aus einer halbmondförmigen, meist ovalen Schale, die aus Speckstein, einem sehr weichen Felsmaterial, geschnitzt ist. Den Tran füllt man in den hinteren, tiefer ausgekerbten Teil und bringt die Dochte entlang der Vorderkante an. Sie sind aus Tundragras oder gedrehtem Heidekraut und saugen das eingefüllte Öl auf. Die ausgekochten Speckstücke sehen aus wie brauner Kuchen und geben ein hervorragendes Heizmaterial ab.

Viele Speckstücke indes wanderten in Räucherkammern, meistens alte Erdhäuser, die durch Tod der bisherigen Bewohner frei geworden waren. Waren die Rauchkammern voll, in denen auch Fische aller Art geräuchert wurden, dann brachte man die Rauchstücke in die großen Gefrierkammern des Ortes, so daß wieder Platz für neues Frischfleisch zur Verfügung stand.

Gegen Abend waren Arbeit und Kälte vergessen. Wir gingen nicht zu Bett, sondern zum großen Walfest. Die Eskimos versammelten sich dazu auf ihrem Festplatz. Ihn kennzeichneten riesige gebleichte Walknochen, die zwei Meter hoch aus dem gefrorenen Erdreich herausragten und oben spitzwinklig zusammenliefen. Rundherum waren lange Rippen und Kieferknochen eingegraben.

Das Fest begann ohne jede Ansprache, aber mit einem ausgelassenen Trampolin-Springen. Für ein »blanket toss« werden sehr viele Robbenfelle zu einer fünf mal fünf Meter breiten Plane zusammengenäht. »Toss-Springen« ist heute ein sehr beliebter Eskimosport. Früher dienten die Sprungtücher dazu, Jäger im flachen Eisgelände hoch in die Luft zu werfen, um von der Höhe aus offenes Wasser für die Robbenjagd oder Bären auf dem Eis auszumachen.

Das große »Whale festival« findet am Ende der Fangsaison statt und entspricht etwa unserem Erntedankfest. Dazu kommen viele Eskimos aus entfernten Iglus, ja sogar über das Meer von kleinen Inseln in den Ort.

Unser Weißwal-Fest dauerte die ganze Nacht über. Kinder eröffneten den Tanzreigen mit Volksliedern und Gesängen. Ein einzelner Trommler, zu dem sich dann später noch fünf weitere gesellten, sang ein schwermütiges, fast eintöniges Lied, das er selbst mit monotonem Trommelschlag begleitete. Sein Instrument war ein mit dünner Tierhaut bespannter Knochenreif. Er schien einer der ältesten Menschen des Ortes zu sein, sein Körper war knorrig und dünn, das Gesicht runzelig, die Augen tief eingefallen.

Mit dem Eintreffen weiterer Trommler tanzten die Männer ihre Jagdrituale als Ausdruck der Freude und Dankbarkeit für den guten Fang und Lob auf die guten Geister. Wenn sich ihre Gesichter verfinsterten, dann sangen sie Lieder von

Hunger oder Tod. Ihre Tänze gipfelten in abwehrenden Gebärden gegen böse Geister, deuteten Angriff und Verteidigung im Kampf mit Bären an oder waren Ausdruck von Klage und Trauer über Elend und Not. Anschließend tanzten vornehmlich Frauen und Jugendliche. Ihre Lieder und Tänze waren allerdings fröhlich. Da tauten nach und nach selbst die düstersten Gemüter auf, und zum Schluß tollten sich sogar Kinder und Großmütter auf der Tanzfläche. Es war erstaunlich, daß die Eskimos ohne Alkohol in eine solche Hochstimmung kamen.

Alkoholgenuß nämlich ist in den Eskimosiedlungen verboten. In den Kirchen wird auf die bösen Folgen des Teufelwassers hingewiesen und — soweit keine Gotteshäuser oder Missionare vorhanden sind — predigen die Dorfältesten über Laster und Gefahren durch Alkoholgenuß. In derartigen Notgemeinschaften, wie sie Eskimodörfer heute noch darstellen, gilt das Wort des Ältesten, wiegen seine Anweisungen, wird sein Rat von Männern und Frauen befolgt.

Die Jagd ging nach dem Fest weiter. Wir lösten die Jungen und Alten ab, die während der Feier am Meer die Wache gehalten hatten. Ihre Jagdbeute bestand immerhin aus zwei großen Robben und drei Gänsen. — Nach der Feier empfand ich die Kälte besonders, zumal eisiger Nordwind um die Zelte fegte. Ukku hatte daher aus Treibholz ein Feuer entfacht. Die prasselnden Flammen und ausstrahlende Wärme lösten die Zungen der sonst so schweigsamen Eskimos. Sie saßen auf dicken Fellen rund um die Feuerstelle, kauten ihren Muktuk, scherzten und erzählten sich ihre Jagderlebnisse.

»Warum nennt Ihr den weißen Wal ›Beluga‹«, erkundigte ich mich bei Karlik.

»Oh, das ist ein alter Name«, sagte er und machte eine Pause, als besänne er sich auf längst vergangene Zeiten. Dann erzählte er mir, was er von seinem Großvater wußte.

Die Eskimos, die von der sibirischen Küste über die gefrorene Beringstraße kamen, oder denen sie während der Jagd und beim Fischen begegneten, nannten den weißen Wal »Beluga«. So wurde der Name auch von den Eskimos Alaskas übernommen. Beluga heißt in der russisch-eskimoischen Sprache soviel wie »weiß«.

Die Samojeden, eine uralte Bevölkerungsgruppe auf der russischen Eismeerinsel Nowaja Semlja, verehren die Belugas als heiliges Tier. Sie leben nur von Rentieren, dem Fischfang und der Jagd. Selbst die inzwischen christianisierten Samojeden hängen noch dem Schamanismus an. Interessant ist, daß sie trotz der Verehrung des Weißwales sein Fleisch essen, aber nur solange seine Färbung noch grau-blau ist. Die weiße Haut bekommt er nämlich erst im vierten Lebensjahr. Bis dahin ist er kein Beluga, kein weißer Wal. Die Schamanen, die Zauberer der Samojeden und Eskimos, haben sich während einer Hungersnot mit ihrer Version vom heiligen Beluga nur durch die Ausrede mit dem jungen Grauwal vor der Mißgunst ihres Volkes bewahrt.

Heimkehr nach erfolgreicher Jagd ▶

Unterhalb der Harpune taucht der Wal auf

»Walfangstation« an der Küste

Das Fleisch junger Belugas schmeckt hervorragend. Ihr Gewicht beträgt bei der Geburt vier bis sechs Zentner. Sie sind dann eineinhalb Meter lang. Im Frühsommer, wenn sie unter dem Eis geboren werden, schwimmen sie schon fast so schnell wie ihre Eltern. In den ersten Lebensmonaten schmiegen sie sich derart eng an die Seite ihrer Mutter, daß diese jede Regung ihres Neugeborenen spürt. Braucht dieses frische Luft, dann taucht sie mit ihm auf. Sie säugt ihr Junges unter Wasser. Ist es zum Saugen zu schwach, dann spritzt sie ihm die fette gelbe Milch ins Maul. Die Eltern verständigen sich untereinander und mit ihren Jungen durch Signale, rauhes Bellen oder sanfte, feine Laute.

Karlik versicherte mir, daß die Eskimos an der Beringstraße nur weiße Bullen schießen oder harpunieren. Weibliche Wale sind gut zu erkennen, weil sie fast immer in Begleitung ihrer grauen Jungen schwimmen. Einmal wollen sich die Eskimos den Nachwuchs der Meeressäuger erhalten, und zum anderen schießen sie keine weiblichen Stücke, aus Angst davor, sie könnten die »Mutter der Seetiere« erzürnen.

Bei diesem Wort horchte ich auf. Wer war dieses Fabelwesen, von dem ich die Eskimos schon oft hatte sprechen hören? Konnte ich Karlik auf seine religiösen Vorstellung ansprechen? Meine Neugierde ließ mir keine Ruhe.

»Wer ist das, die Mutter der Seetiere?«, fragte ich kurz entschlossen. »Kannst du mir das sagen?«

Der Alte sah mich verwundert an, runzelte seine dicken Augenbrauen und sagte bedachtsam: »Ich will es dir erklären«. Dann begann er zu erzählen:

»Ein tüchtiger Jäger unseres Stammes — er hieß Aklakiuk, hatte nur eine Tochter. Seine Frau war gestorben. Er kämpfte mit einem Bären und wurde dabei verletzt. Da konnte er nicht mehr zur Jagd gehen und mußte hungern. Seine Tochter Nuali sollte einen jungen Jäger heiraten. Sie wies aber alle Männer ab.

Eines Tages ging Aklakiuk zum Fischen, und Nuali war allein in ihrem Iglu. Da kam ein Mann und rief: ›Die, die nicht heiraten will, soll zu ihrem Vater kommen!‹ Nuali kroch aus dem Iglu und ging mit dem Mann ans Meer. Er nahm sie in seinen Kajak und fuhr davon. Als sie weit auf dem Meer waren, zog er sie aufs Eis und schrie: ›Du wirst mich heiraten, oder die Fische des Meeres werden dich fressen!‹ Dann riß er seine Gesichtsmaske herunter. Nuali sah, daß er ein häßliches schwarzes Gesicht hatte, eine spitze Hakennase und rote Augen. Er war ein verzauberter Rabe. Sie erschrak und rief: ›Ich heirate dich nicht!‹ Doch der Wüstling zog sie mit Gewalt in seine Höhle und ging mit ihr zu Bett.

In der Nacht riß das Eis auf, und die Höhle brach entzwei. Der häßliche Rabenmann bekam Flügel und flog krächzend davon. Nuali fiel ins Wasser. Fische, Seehunde und Walrosse schwammen um sie herum. Wale kamen und trugen sie mit ihrem großen Maul auf den Grund des Meeres. Alle Tiere des Wassers versammelten sich um die schöne Nuali und brachten ihr zu essen. Fortan war sie die Mutter der Seetiere und hat diese seither in ihrer Gewalt. Angstvoll behütet sie alle Fangtiere. Wir nennen sie ›Nuligjuk‹. Das heißt ›die liebe Frau‹. Sie ist leicht verärgert und schwer zu besänftigen. Alles Böse der Menschen setzt sich wie Läuse in ihre Haare. Dadurch wird sie zornig und schickt den Jägern und Fischern keine Fangtiere.«

»Was tun die Eskimos, wenn die Mutter der Seetiere vergrämt ist und keine Fangtiere schickt?« forschte ich weiter.

»Ein Schamane muß dann zur Mutter der Seetiere auf den Meeresgrund reisen und mit ihr reden, um sie gnädig zu stimmen.«

»Aber wie macht er das?«

»Oh, das ist schwer zu erklären.« Karlik fuhr sich kraulend mit der Hand durch sein Haar. »Der Geistesbeschwörer ruft die Bewohner des Ortes zusammen. Sie singen mit ihm gemeinsam alte Geisterweisen, um die Mutter der Seetiere zu erfreuen. Der Schamane ruft dann seine Hilfsgeister herbei. Sobald er ihren Rat hat, werden alle Lampen gelöscht. Unter Rauschen und Poltern öffnet sich dann unter ihm die Erde, und sein Geist fährt zur Mutter der Seetiere hinab. Er spricht mit ihr über die Not der Menschen, ihren Hunger und verspricht guten Willen. Gelingt es ihm, sie zu versöhnen, dann schickt sie den Jägern wieder Fangtiere.«

»Glaubst du an die Mutter der Seetiere?«, fragte ich den Alten, obwohl ich befürchtete, er würde mir keine Antwort geben. Aber Karlik lachte und reagierte gelassen auf meine Frage.

»Alle Jäger glauben daran. Unsere Fallas — womit er die Missionare meinte — sagen, es gibt keine Mutter der Seetiere und auch keine Geister. Alle Schamanen wären Zauberer des Bösen. Die Fallas haben aber immer genug zu essen und brauchen keine Fangtiere. Sie bekommen alles von ihrem ›Nunaliorte‹, den die Weißen Gott nennen. Sie sprechen immer von dem, der alles gemacht hat und erhält. Viele Eskimos glauben schon an den ›Nunaliorte‹ der Weißen, aber auch an die Mutter der Seetiere.«

Dann schwieg Karlik. Er schien all seiner Redelust beraubt. Hastig griff er zur Schale und schenkte sich Tee ein. Nach einer langen Pause wechselte er das Thema und sprach wieder von weißen Walen, die jetzt bei der Jagd für alle Jäger das Wichtigste waren.

»Weiße Wale sind sehr gefährlich«, begann er das neue Gespräch.

»Das verstehe ich nicht. Belugas haben doch keine Zähne.«

»Das weiß ich auch«, lachte er über mein Argument, »aber sie tauchen immer in großen Rudeln auf. Oft umkreisen sie ständig unsere Fangboote und kommen plötzlich unter ihnen hoch. Viele Jäger sind schon ertrunken, weil ihr Umiak von der schweren Schwanzflosse der Belugas getroffen und zerschlagen wurde.«

Tatsächlich ist es so, daß Weißwale die Geselligkeit lieben. In großen Herden folgen sie den Laichzügen der Heringe und Lachse bis ins ewige Eis. Bei Gefahr warnen sie sich gegenseitig durch Signale. Sind große Schulen zusammen, dann ist das Wasser voll grunzender, pfeifender Töne und schwingender Klänge. Wegen ihres Zirpens und Trillerns heißen sie auch »Kanarienvögel der See«.

Weißwale schwimmen zur Futtersuche entlang der Küsten und Treibeisfelder. Sie folgen beständig dem treibenden Packeis mit der Ozeanströmung und schwimmen dabei Hunderte von Kilometer die sibirischen Flüsse hinauf, dringen in die Mündung des Mackenzie-Rivers vor, dem größten Fluß Kanadas und bleiben oft tagelang an einer Stelle, wenn sie einen guten Nahrungsplatz gefunden haben. Auch in nordeuropäischen Gewässern kommen Belugas vor. Sogar die Rheinmündung sind sie schon hinaufgeschwommen. Im Jahre 1966 drang ein Weißwal bis weit in den deutschen Teil dieses Stromes nämlich bis Bad Honnef vor und hielt sich dort eine längere Zeit auf. Man nannte ihn damals »Moby-Dick«, nach dem sagenhaften weißen Walbullen. Dieser war jedoch kein Weißwal, sondern ein weißer Pottwal — eine der üblichen Albinobildungen, die immer wieder in der Natur vorkommen. Die Nahrung der Weißwale besteht aus Bodenfischen, anderen Seetieren, Tintenfischen und Krebsen.

Gern pressen spielende Wale auch aus Zeitvertreib ihre Zungen gegen den Gaumen und spritzen so dicke Wasserstrahlen durch den Mund in die Luft. Oft wird ein solches Spiel für echtes Blasen aus dem Spautloch gehalten.

Im seichten Wasser und in Flußmündungen tauchen Belugas gern nach Fischbrut, Würmern, Krebsen oder Plattfischen. Dabei geraten sie manchmal aufs Trockne. Das ist nicht unbedingt lebensgefährlich, denn der Wassermangel macht ihnen als lungenatmende Meerestiere — im Gegensatz zu Fischen — nichts aus. Allerdings werden Wale in solchen Fällen oft zur Beute von Bären, Vielfraßen und Wölfen, wenn die Flut sie nicht rasch genug wieder flottmacht. Nahe der Küste tauchen sie bei geschlossener Eisdecke auch aus Robbenlöchern zum Luftholen oder Blasen auf. Dabei werden sie oft von Hunden entdeckt und mittels Harpunen oder durch Gewehrschüsse von Eskimos erbeutet. Weißwale (Delphinapterus leucas) sind mit Delphinen verwandt. Davon zeugt schon ihre äußerst große Intelligenz. Auf ihren Streifzügen im offenen Meer schließen sie sich gern ihren geselligen Verwandten an, den Tümmlern und Narwalen. Markantes Zeichen der Narwale ist ein bis zu drei Meter langer, gedrehter Stoßzahn. Die ganze munter durchs Wasser schießende Gesellschaft wird oft von Rudeln großer Haie oder Schwertwale angegriffen. Diese unersättlichen Räuber schlucken junge Wale mit Haut und Haar und richten unter ihnen ein fürchterliches Blutbad an.

»Habt Ihr schon einmal ein ›Einhorn‹ geschossen?« fragte ich die Eskimos.

»Ja«, rief Ukku temperamentvoll. »Mein Vater hat mir davon erzählt. Es ist ein böses Tier, wie ein Teufel. Niemals kommt es aus dem Wasser, und auch mein Vater hat es nicht gesehen. Es ist ein böser Geist, den uns die Mutter der Meertiere schickt, wenn sie zornig ist. Das Ungeheuer durchbohrt die Kajaks mit seinem Spieß, so daß die Männer ertrinken. Wo diese Teufel im Wasser sind, fährt kein Jäger zum Robbenfang heraus.«

»Unser alter Zauberpriester, der schon gestorben ist, hatte ein Stück von diesem bösen Wassergeist«, erinnerte sich jetzt auch Karlik. »Es galt als Schutz vor Unheil. Dieses Stück war die Spitze vom Speer des Tieres. Mit ihm bekämpfte er die bösen Geister. Als er sein Amulett verlor, starb er am nächsten Tage.«

Hier kam wieder der starke Glauben der Eskimos an Amulette und böse Geister zum Ausdruck. Narwale sind an der Küste der Beringstraße nur selten. Sie werden von den dortigen Eskimos niemals erlegt und geistern deshalb als dunkle Meeresungeheuer in ihren Seelen und Gedanken umher. Mit »Einhorn« bezeichnet man den sechs Meter langen, recht verspielten Narwal (Monodon monoceros). Sein Name ist eine alte skandinavische Bezeichnung für Leichnam. Er trägt ihn deshalb, weil er eine graue bis schwarze »leichenfarbige« Haut mit schwarzen Flecken hat. Sein Hauptlebensraum ist am Rande des Polareises. Wenn nötig hält er sich auch — wie ein Seehund — ständig Luftlöcher offen, indem er sie so oft besucht, daß sie niemals ganz zufrieren können. Weil er auch unter dem Eis lebt, wird er selten gesehen und gilt als besonderes Fabeltier. Aus seinem Oberkiefer, etwa dreißig Zentimeter über den Oberlippen, ragt beim Männchen ein hohler, bis 2,8 m langer Stoßzahn heraus.

Diese schraubig gewundenen Elfenbeinzähne wachsen nur bei den Männchen, sind zerbrechlich wie Glas und scharf wie ein Dolch. Ob Narwale die speerähnlichen Zähne als Waffen zur Verteidigung gegen Haie oder Schwertwale benutzen, konnte noch nicht erforscht werden. Man vermutet aber, daß sie mit den spitzen Dolchen den Meeresgrund nach Plattfischen und Muscheltieren durchwühlen, ähnlich, wie das Walroß es tut. Auch nicht sicher ist, daß sich die Lanzenhelden in der Brunstzeit mit ihren langen Waffen duellieren und der Schwächere dann mit einem abgebrochenem Dolch abziehen muß.

In früheren Zeiten wurde dem Narwal hart nachgestellt, um in den Besitz seiner Stoßzähne zu kommen. In aller Welt waren sie als Trophäe begehrt. Man verwendete gebranntes Narwalzahnpulver als Medizin und glaubte an die magische Heilkraft des Wunderzahnes, besonders in Abwehr von Giftstoffen. Kaiser und Könige ließen sich kunstvoll geschnitzte Stäbe daraus machen. Grafen, Fürsten und Bischöfe waren für kein Geld in der Welt bereit, sich von ihrem Wunderstab zu trennen. Heute wird der Narwal wegen seiner Trophäe kaum noch verfolgt.

Mit dem Plaudern am Lagerfeuer vergingen viele Stunden. Die See war ruhiger geworden. Unsere Hoffnung auf weitere Belugas oder auf den großen Blauwal war nicht sehr stark. Der Wind kam direkt vom Pol. Nur der Ostwind konnte die Eismassen weiter ins Meer schieben.

Das Warten wurde durch eine kräftige Mahlzeit unterbrochen. Sie bestand aus Hoosh, Schneehase, Weißfuchs und Seehundsflossen. Hoosh ist eine braune Suppe mit dem Hauptbestandteil »Pemmikan«. Dieses ist eine besondere Fleischpaste aus getrocknetem Karibu-, Robben- und Bärenfleisch, gemischt mit Fetten aller Art. Als Zusatz verwendet man Pflanzensprößlinge oder getrocknete Beeren. Pemmikan ist zeitweise die einzige Nahrung für Polarforscher, Walfänger, Trapper und Jäger. In der Hoosh-Suppe schwammen Haut, Haare und Speck. Ich schöpfte mir eine Kumme voll aus dem Blechnapf, aß die Brühe und schob das übrige unauffällig zur Seite. Irgendwer hat den Rest dann gegessen. Hase und Weißfuchs schmeckten dagegen tadellos.

Der Abend brachte keinen Wetterumschlag. Die offenen Wasserflächen wurden nicht größer. Stunde für Stunde suchten wir die Eisfläche nach Walen ab. Aber vergeblich! Die Sonne stand wie eine glühende Scheibe am Himmel, obgleich wir Mitternacht hatten. Als sie sich hinter die violett geränderten Wolken verzog, kühlte es rasch ab. Von See her wehte ein eiskalter Polarwind. Ich verkroch mich ins Zelt und deckte mich mit zwei Karibufellen zu. Dann warf ich mir noch ein Seehundsfell über. Mein Schlaf war leider nur kurz. Irgendetwas strich über mein Gesicht. Es war naß, weich und kalt. Im Traum sah ich einen Bären über mir. Als er mir mit seiner Pranke durchs Gesicht fuhr und mich schmerzhaft kratzte, wachte ich plötzlich auf.

Auf meinem Bauch und Gesicht krabbelten vier kleine Wolfhunde ...! Ich schrie laut auf und schlug — halb im Traum — wie wild um mich. Die erschreckten Husky-Jungen fauchten mich böse an und streckten mir ihre Krallen entgegen. Sie waren klitschenaß, von ihrem eigenen Kot besudelt und stanken fürchterlich. Neben mir lag Ukku und schnarchte. Er war unbemerkt zu mir ins Zelt gekrochen und hatte die vier triefenden Bündel mitgebracht, da er sie nicht im Schneesturm draußen lassen wollte. Die Hündin lag vor dem Zelt und ließ sich zuschneien.

Krabbelnde und stinkende Hunde, ein im Schlaf wie Holzfäller sägender Eskimo und kalte Füße — es war nicht zum Aushalten! Ich war froh, als Ukku erwachte und schlaftrunken murrte: »Die Nacht ist vorbei. Ich habe Hunger.« Wenn es ums Essen ging, dann sprach er sogar gut englisch.

Das Meer war unruhig geworden. Der Wind hatte gedreht und brachte das Eis in Bewegung. Wir schöpften wieder Hoffnung für die Jagd. Die Wachen an den Booten waren verstärkt worden.

Die Köchin hatte Mehlkuchen gebacken. Dazu gab es Fischsuppe und Tundrabeeren. Der Tee war kalt. Ukku aß hastig und schlurfte seine Suppe. Sie brodelte in einem Topf über der Glut des Lagerfeuers.

»Gibt es keinen heißen Tee?« fragte ich Ukku.

»Ja, in der Küche. Geh' zu Kikki!« brummte er finster, stand stracks auf und eilte zu seinem Boot.

Ich nahm meine Teeschale und ging zum Küchenzelt. Der Youkon-Ofen war glühend heiß. Auf der Herdplatte stand nur ein Topf kochendes Wasser. Aus einem kleinen Nebenzelt zog mir der Geruch frischen Kaffees entgegen. Ich ließ mich von meiner Nase führen und stand plötzlich im Wohnzelt der Eskimoköchin.

»Komm herein!« rief sie mit weicher Stimme, als ich kehrt machte, um schnell wieder zu verschwinden.

»Ich möchte nur heißen Tee!« entgegnete ich verlegen.

»Nimm von meinem Kaffee, er ist noch heiß!« bot sie mir freundlich lächelnd an und zeigte auf eine rote Kaffeekanne auf dem Boden.

Ich schenkte meinen Becher voll und wandte mich zum Gehen.

»Bleib hier, zieh deine Parka aus . . . es ist heiß hier!« bat sie in weiblichem Befehlston. Ich fühlte plötzlich, wie warm es in ihrem Zelt war. Der Kaffee floß wie Feuer durch meinen Körper. Meine Parka rutschte fast von selbst von den Schultern.

»Möchtest du etwas Kuchen?« fragte sie gastfreundlich.

»Nein, danke; ich habe schon gegessen«, wehrte ich ab.

Das Innere des Zeltes war in ein gelbes Dämmerlicht gehüllt. Es wirkte beruhigend und verführerisch zugleich. Köchin Kikki lag auf ihrem Pelzschlafsack, die Knie weit bis zu den Hüften angewinkelt. Sie trug eine lange Hose aus silbrig getöntem Seehundsfell. Ihren straffsitzenden Pulli hatte sie weit aufgeknöpft. Langsam fuhr sie sich mit ihren langen Fingern durch das ölige, schwarze Haar und rieb sich ihre Kopfhaut. Ihre Augen glänzten hell aus dem Dunkel des Zeltes.

»Willst du nicht bleiben, heute?« fragte sie zögernd.

»Das geht nicht«, antwortete ich schnell. »Ich muß zu den Booten. Bald werden die Wale kommen.«

»Das hat noch Zeit«, erwiderte sie, »Karlik wird dich rufen, wenn sie blasen.«

Ich blieb und wärmte mich in ihrem Zelt. »Kikki« — der Name paßte zu ihr. Sie war anders als die übrigen Eskimofrauen: ein zierliches Persönchen; nicht dick, sondern schlank, statt schmutzig — blitzblank. Ihre Hände waren klein und zart, nicht kurz und quallig. Mit ihrem glänzend schwarzen Haar, der sonnengebräunten Haut, dem hübschen runden Gesicht und ihren gewinnend weiblichen Formen galt sie als eine ausgesprochene Eskimoschönheit.

»Bist du allein?« fragte ich sie. »Hast du keinen Mann?«

»Mein Mann ist tot . . . die Wale haben ihn zerrissen«, sagte sie leise. Ihre Stimme zitterte und ihr Gesicht wurde plötzlich ernst.

»Das ist ja entsetzlich«, stieß ich hervor. »Wie war das möglich?«

Sie schwieg eine Weile – dann erhob sie sich halb von ihrem weichen Lager, schob mehrere Felle unter den Rücken und stützte sich auf ihre Ellenbogen. Mit unterdrücktem Schluchzen begann sie zu erzählen:

»Vor einem Jahr fuhr mein Mann mit einem älteren Jäger und dessen Sohn zum Fischfang hinaus. Sie hatten ein leichtes Fellboot, einseitige Paddel, aber noch keinen Heckmotor. Nahe der Königsinsel, die inmitten der Beringstraße liegt, stießen sie auf einen großen Schwarm Lachse, die zum Laichen zur Küste zogen, um in den Gebirgsflüssen ihre Eier abzulegen. Die Fischer folgten ihnen, warfen die Netze aus und machten guten Fang. Sie füllten ihr Boot bis zum Rand damit. Während des Fischens drehte der Wind plötzlich und trieb das Schiff weit aufs Meer. Die Männer ruderten mit Leibeskräften gegen die Strömung. Als sie endlich wieder Land sahen, rissen die Nähte der Fellbespannung, die dem Druck der erbeuteten Fischmassen nicht stand hielten. Das Boot kenterte und sank.

Ich wartete viele Stunden und einen Tag auf meinen Mann«, fuhr sie fort, »dann fanden unsere Jäger einen Anker aus Rentiergeweih mit kleinen Steinen daran. Er gehörte meinem Mann. Es war schon dunkel geworden. Am nächsten Tag suchten wir weiter. Unter den Küstenfelsen entdeckten wir das Boot mit Netzen und einigen Fischen. Es war in einer Felsspalte eingeklemmt. Zwischen angespültem Treibholz lag der alte Jäger. Sein rechtes Bein war abgerissen. Wir trugen ihn in ein Iglu. Er hatte große Schmerzen, erzählte noch von den Mörderwalen und starb dann in der Nacht.     Mein Mann wurde viele Tage später an die Küste gespült – ohne Arme und Beine. Den jungen Jäger fanden die Fischer ohne Kopf. Es war grauenvoll ...!«

Kikki hielt einen Augenblick beide Handflächen vors Gesicht; dann starrte sie ins Leere, so, als wäre sie weit weg. Dann tat sie einige tiefe Atemzüge – und begann wieder mit schwacher Stimme zu sprechen. Ich betrachtete sie aufmerksam dabei, etwas mit Bewunderung, ein wenig mit Bedauern. Wie sie erzählte, stießen die Eskimos bei der Suche nach den vermißten Fischern auf ein Rudel der gefürchteten Schwertwale (Orcinus orca), die wie wild durch das Wasser schossen. Sie griffen die Fischer erneut an, die aber mit größeren Umiaks ausgefahren waren und über starke Heckmotoren verfügten. Sie beschossen das Rudel und konnten es in die Flucht treiben. Von da an fürchteten die Eskimos die schwimmenden Räuber mehr als zuvor. Sie waren davon überzeugt, daß die Fellbespannung der Boote nicht gerissen war, sondern daß die Mörderwale die Fischer angegriffen und ihre Boote umgestürzt hatten. Die an Bord befindlichen Fische werden Hauptanziehungspunkt der hungrigen Wale gewesen sein.

Kikki saß aufrecht zwischen den Fellen. Ihr langes Haar wallte locker über die Schultern. Sie nähte Itouks zerrissene Parka. Ihre feinen Finger hantierten geschickt mit Nadel und Faden. Plötzlich legte sie das Nähzeug beiseite, sah mich wie ein verlorenes Kind an und fragte hastig: »Willst du nicht bei mir bleiben — für immer?«

»Das ist nicht möglich«, erwiderte ich erschrocken. »Ich habe ja eine Frau zu Hause!«

»Oh, das macht nichts«, sagte sie nach Eskimoart, »Du kannst ja zwei Frauen haben ... und ich bin auch lieb zu dir.«

Flugs stand sie auf, streckte mir auffordernd ihre rechte Hand entgegen und ging mit ihrer linken über meiner Schulter auf Wanderschaft.

»Nein, das geht doch nicht«, wehrte ich ab.

»Warum nicht?« bohrte sie weiter. »Du kannst bei mir wohnen. Ich nähe deine Kleidung, und kochen kann ich auch. Du bist ein guter Jäger und kannst für Fleisch sorgen«, schlug sie vor und sah mich dabei mit glühenden Augen an.

»Du stellst dir das zu einfach vor, Kikki«, versuchte ich abzulenken. Sie ließ aber nicht locker, lehnte sich ganz an meine Schultern und glitt mit ihren zitternden Fingern über mein Haar.

»Gib mir bitte noch etwas Kaffee«, bat ich sie in meiner Beklemmung und schob mit einer Geste der Zärtlichkeit ihre Hand beiseite. Sie kniff mich in die Schulter, warf ihren Kopf mit dem strähnig aufgelösten Haar zurück und eilte zum Küchenzelt.

Plötzlich knirschten harte Schritte im gefrorenen Schnee. Ich hörte laute Eskimostimmen. Und schon stand Itouk atemlos vor mir: »Wale ... schnell ... sie blasen! Wo bleibst du denn?«

Geschwind warf ich mir die Parka über, stürzte aus dem Zelt und rannte mit dem Eskimo zum Boot.

»Schnell, oder willst du keinen Wal schießen?« schrie mir der Alte entgegen. Das Boot schaukelte unruhig in der schäumenden Brandung. Der Motor lief auf vollen Touren.

»Komm, einsteigen!« drängte auch Ukku, der unserem Fangboot zugeteilt worden war. Er half mir mit einer Hand ins Boot und reichte mir mit der anderen mein Gewehr. Ich saß kaum, da schoß das Schifflein schon davon.

Die Sonne strahlte hell vom Himmel und blendete uns. Sie war von einem dünnen Wolkenschleier umgeben, einem dunstigen Flor, der Schneefall ankündigte. Zwischen den treibenden Schollen stiegen weiße Dämpfe und Nebel aus dem Meer. Der Wind hatte die Masse des Eises von der Küste abgetrieben. Nur vereinzelt schaukelten gewaltige Eisberge im freien Wasser, so groß wie unwirkliche Urwelttriesen. Karlik hielt das Glas vor den Augen und starrte angestrengt in eine Richtung. Er hatte einen Wal ausgemacht. »Da bläst er ... eine riesige Wolke ... direkt neben dem Eisberg!« rief er begeistert.

Ich entdeckte sie auch gleich, eine hohe Dampfsäule über dem Wasser. War es wirklich ein Wal, oder nur aufsteigender Nebel vor den treibenden Schollen? Ich ließ mir das Glas geben und suchte den Horizont ab. Ja — es war das Blasen eines Wales! Deutlich hob sich die silbern glänzende Fontäne vom blauen Horizont ab. Schnell entwickelte sie sich zu einer zehn Meter hohen pilzförmigen Wolke. Kaum fiel der erste Wasserstrahl in sich zusammen, da schoß ein zweiter in die Luft, ein viel kleinerer. Der Steuermann gab Gas und lenkte das Boot direkt auf die blasenden Wale. Wir waren fast auf hundert Meter herangekommen, da rief der Alte: »Stopp, eine Walkuh mit ihrem Kalb!« Itouk schaltete den Motor ab und beobachtete die Wale durch das Glas. »Die wollen wir leben lassen«, meinte er lachend, »wir werden den Bullen schießen!«

Die Walkuh glitt mit ihrem Kälbchen in harmonischer Eintracht durch die Wellen. Ihren emporschießenden Fontänen folgten in gleichen Abständen die kleinen Blaswolken des sich eng an die Mutter lehnenden Jungwales.

Wir warteten fast eine Stunde, ohne neue Dampfsäulen zu entdecken. Das leichte Boot tanzte wie eine Ente auf den Wellen. Schwimmende Eisinseln und Gletscherbrocken trieben bedrohlich nahe an unserem Umiak vorbei. Die Sonne war höher gestiegen und von zwei nebeneinanderliegenden Sonnenringen umgeben. Sie bestehen aus Millionen von Eiskristallen und bilden sich dadurch, daß die Luft oben schneller erwärmt wird als der Schnee unter ihr.

Karlik und Ukku zeigten immer wieder auf einen Eisberg und diskutierten laut in ihrer Sprache. Hatten sie blasende Wale entdeckt?

»Ein Bulle und eine Kuh«, meldete Ukku lauthals. Hohe Dampfwolken schossen zwischen dem Treibeis in die Luft. Itouk riß an der Starterleine des Außenborders. Er sprang aber nicht an. Hastig drückte er auf den Knopf der Benzinpumpe, so daß der Vergaser überlief.

Endlich klappte es! Im Nu waren wir mitten im blasenden Rudel. Rundum standen sprudelnde Fontänen über dem Wasser. Es war eine Herde von mindestens fünf bis zehn Blauwalen. Sie schwammen alle in einer Richtung. Man konnte es genau an ihren Blasstrahlen erkennen.

»Langsam nach rechts ... etwas schneller!« — Ruhig und sicher gab der Alte seine Kommandos.

»Mach dein Gewehr fertig!« flüsterte mir Ukku zu. Schnell repetierte ich meine unterladene Mauserbüchse und stellte den Sicherungsflügel hoch. Wird das 19-Gramm-Geschoß für den Giganten reichen? Ein mächtiges Rauschen, Zischen und Strudeln unterbrach meine Gedanken. Vor mir wölbte sich ein riesiger schwarzer Rücken aus dem Wasser, drehte sich auf die Seite und tauchte blitzschnell weg.

»Nicht schießen! Hast du das große Maul gesehen?« rief Karlik lachend.

»Ja, hab' ich, aber warum soll ich nicht schießen?«

»Zu weit!« meinte er. »Wir müssen noch warten.«

Sorgfältig legte der Alte die Leinen zurecht und lehnte sich mit seiner Harpune weit über den Bug. Und wieder schoß ein stahlblauer Riese mit aufgesperrtem Maul aus dem Wasser. Sein klobiger Kopf ragte meterhoch in die Luft. Mit einem Male kam ein zweiter Wal angerauscht und raste mit Wucht gegen den aufgetauchten Bullen. Der Aufeinanderprall der massigen Leiber brachte das Meer zum Kochen. Wild tobend, jagten die Wale durch die aufgewühlte See.

Ich stand wie erstarrt im Boot. Der Schreck war mir in die Glieder gefahren. »Festhalten!« schrie Karlik und riß mich auf die Sitze. Schon rollten die Brandungswellen über uns hinweg. Wir waren naß bis auf die Haut. Meine Eskimos schüttelten sich vor Freude. Für sie war das ganze ein Riesenspaß.

Der erste Wal tauchte bald wieder auf und spie seine verbrauchte Luft aus. Er war fast zweihundert Meter entfernt. Mit Vollgas jagten wir ihm entgegen. Kurz vor uns verschwand er wieder in die Tiefe. Der Steuermann nahm das Gas weg und stoppte das Boot. Er griff zur zweiten Harpune, ordnete die Leine und überprüfte den Sitz der Spitze. Nun hatte auch ihn das Jagdfieber gepackt. Federnd hielt er sein rostiges Wurfgeschoß in der Hand und beugte sich weit über das Heck. Karlik stand mit erhobener Harpune vorn am Bug. Ukku bewegte das Boot mit leichten Paddelschlägen lautlos im Kreise. Wir warteten und starrten unentwegt auf die aufsteigenden Luftblasen. Wo wird der Wal auftauchen? Wird er das Boot umwerfen oder rammen? Unsere Nerven waren äußerst gespannt.

Tief unter uns bewegt sich ein dunkler Schatten. Schäumende Wirbel steigen empor. Deutlich erkenne ich die Umrisse des riesigen Ungeheuers in der Tiefe. Meine Hände zittern vor Erregung. Krampfhaft presse ich das Gewehr gegen die Schulter. Langsam schiebt sich das Ungetüm aus dem Wasser. Ich halte den Atem an. Da! ... ein rauschendes Brausen, Brodeln des Wassers. Der Kopf des Wales erscheint — sein schwarzer Rücken — eine Wolke Wasserdampf ... und Schuß! Die Kugel war raus. Sie schlug mitten in den Walkörper.

Mit gewaltiger Kraft bäumt sich der Wal auf. Ich repetiere und schieße noch einmal. Die Kugel schlägt direkt hinter dem Kopf ein und reißt ein großes Loch. Rot sprudelt es aus dem glänzenden Buckel.

S ...st! S ...st! — Beide Harpunen sausen durch die Luft!

»Getroffen!« schreit Itouk aus Leibeskräften. Auch Karliks Geschoß bohrt sich in den blutbedeckten Rücken. Rasch rollen die Leinen ab und reißen die Schwimmblasen über Bord. Der verwundete Wal schlägt wild mit dem Schwanz um sich, hebt seinen Körper noch einmal empor und stößt dann hinab.

Die Leinen spannen sich. Ein Ruck reißt uns nach vorn. Der Bug taucht tief ins

Wasser. In schneller Fahrt zieht der Wal das Boot hinter sich her. Das Wasser spritzt hoch über uns hinaus. Geduckt klammern wir uns an die Bordwand. Nach wenigen Sekunden läßt der Druck auf die Leinen nach, und die Spitze des Bootes richtet sich wieder auf.

»Leinen einholen«, rief der Alte, der sich gleichzeitig neben Itouk nach hinten setzte. Hand über Hand zogen die Eskimos das nasse Seil ins Boot. Zwei Drittel hatten sie schon aufgerollt. Die Schwimmblasen tanzten vor uns auf den Wellen. Der Wal mußte bald auftauchen. »Nimm Dein Gewehr«, rief Karlik »und gleich schießen!«

Ich steckte neue Patronen in den Lauf und backte die Waffe an. Zehn Meter vor uns tauchte der Kopf des schwarzen Riesen empor. Höher und höher hob sich die dunkle Masse aus der Tiefe. Dem Spautloch entquoll nur noch ein roter Strahl ... Meine Kugeln konnte ich mir sparen. Mit der letzten Kraft seines verlöschenden Lebens wälzte sich der Koloß auf die Seite. Das aufgewühlte Meer färbte sich dunkelrot. Ukku ruderte das Boot an den Wal heran, und der Alte stieß ihm die Lanze ins Herz.

Unbemerkt waren uns die anderen Boote gefolgt. Sie hatten die Schüsse vernommen und unsere wilde Fahrt im Schlepp des Blauwalbullen verfolgt. Langsam ruderten sie an den treibenden Wal heran. Das breite Maul hatte er halb geöffnet, die blanken Barten leuchteten in der Sonne. Der Gigant der Meere lebte nicht mehr. Sein kraftstrotzender, tonnenschwerer Körper war zum Spielball der schlingernden Dünung geworden. Der schwefelgelbe, wellige Bauch schwamm inmitten eines Halbkreises seines sonnendurchleuchteten rotblassen Lebenssaftes.

Die leichten Boote tänzelten auf den Wellen, und die Fangmänner klammerten sich mit Haken und Leinen an den glitschigen Fleischberg. Karlik feuerte zur Sicherheit seine letzte Harpune ab. Die Widerhaken der Spitze griffen wie ein Anker in die lederharte Haut. Der Harpunenstiel klatschte ins Wasser. Ukku warf die Blase über Bord und befestigte die Leine am Boot. Die längste Lanze sauste in den Walrücken. An ihrem oberen Ende wehte ein weißes Tuch. Es sollte das Auffinden des Wales erleichtern, sollten die Leinen beim Abschleppen reißen.

Mit armlangen Schlagmessern durchtrennten die Eskimos eine Mundfalte und die Seitenflossen des Riesen, um daran die Zugseile zu befestigen. Zwei Fangboote nahmen den Wal in ihre Mitte. Er war an jeder Seite mit reißfesten Stricken an den Umiaks befestigt. Wir fuhren mit unserem Boot voraus. Unser Schleppseil hing am Kopf des Wales. Karlik hatte es durch den Einschnitt an der Mundfalte gezogen und mehrfach verknotet.

Meile um Meile kämpften unsere drei Fellboote gegen die rauhe See. Der Wind war stärker geworden, und hoch gingen die Wellen. Die schwere Schlepplast machte den schwachen Motoren viel zu schaffen. Der im Kielwasser schwimmende

Wal zurrte mit aller Macht an die Leinen, so daß wir ständig mit dem Reißen der Taue rechnen mußten. Die Bänder aus dickem Seehundsleder oder rundgehäuteten Walroßjungen waren wohl zäh, konnten aber keine Stahltrossen ersetzen.

Hungrige Möwen umkreisten unsere Boote. Mit krächzendem Geschrei stürzten sie sich immer wieder auf den blutenden Wal herab und zerrten gierig große Brocken aus den Einschnitten in seiner Haut. Große Schofe Enten zogen mit lautem Geschnatter über uns nach Norden. Die Männer schöpften pausenlos Wasser aus den Booten, weil ständig neue Schaumkronen der sich an den Bordwänden brechenden Wellen über die Fellbespannung schlugen. Aber die Eskimos sangen und waren glänzend gestimmt. Ihnen hatte die Jagd seit langem den größten Erfolg gebracht.

Bei der Landung der weißen Wale waren wir freudig begrüßt worden. Jetzt aber begann das große Walfest bereits auf dem Küsteneis. Die schmale Landebucht war voller Menschen, sie glich dem großen Festplatz im Ort. Wohl kaum ein Eskimo, der nicht bettlägerig war, wollte dabei fehlen. Selbst die Lehrerin, die als Gast zur Unterrichtung der Kinder eingeflogen worden war, stand mit ihrer Schulklasse am Wasser. Die Kinder hatten das Felltrampolin mitgebracht und ließen sich nacheinander in die Luft werfen, um besser sehen zu können. Sie liefen uns mit ihren Fellstiefeln bis weit ins Wasser entgegen. Dutzende von Hunden bellten und heulten — vor Freude oder Hunger; genau weiß man das bei den Huskys nie. Den alten Menschen standen vor Freude Tränen in den Augen. Dieser Fang bedeutete für alle Familien ein Ende der Not. Für jeden gab es Fleisch und Fett in Hülle und Fülle. Der große Blauwal brachte ihnen allein über hundert Faß Öl.

Die Fangmänner befestigten die Schleppleinen an den kantigen Eisvorsprüngen und zogen die Boote aus dem Wasser. Gemeinsam mit allen Eskimos am Strand zerrten sie den Wal auf die Eiskante. Er wurde unten am Wasser auseinandergehackt und später Stück für Stück emporgezogen. Die rote Arbeit des Zerteilens überließen sie den Männern und Frauen aus dem Dorf und gingen zum Küchenzelt, um sich auszuruhen und zu essen.

Kikki hatte Ölkuchen gebacken. An einem Gestell über dem knisternden Feuer hingen knusprig gebratene Gänse und Enten. Die Eskimos hockten sich um die züngelnden Flammen, trockneten die nasse Kleidung und stillten ihren Hunger. Mir schmeckten die Gänse am besten.

Nach dem Essen saßen die Jäger um die schwelende Glut und diskutierten über die Erlebnisse der beendeten Jagd. Sie hatten noch viel Zeit bis zum Walfest um Mitternacht. Ich sah aufs Meer und bewunderte die herrliche Rosafärbung der Wolkenränder, die von der tief stehenden Sonne angestrahlt wurden. Der Himmel war silbergrau. Die endlose Wasserfläche mit den treibenden Schollen und Eisbergen wirkte furchterregend und kalt. Meine nasse Wäsche ließ mich zittern und frieren. Was suchte ich überhaupt am Eismeer? Hatte ich es zu Hause nicht viel besser? Mußte ich fremden Abenteuern nachlaufen, unnötig mein Leben aufs Spiel setzen? Mit Schaudern dachte ich an die vielen Gefahren zurück, denen wir mit den dünnen Fellbooten glücklich entrinnen konnten.

Ich begriff, daß ich in einem Land war, in dem die Natur jedem feindlich gesonnen ist. Rachsüchtig und aggressiv droht das Polarmeer allen, die versuchen, ihm eine Beute zu entreißen. Aus den Packeisansammlungen herausragende Gletscherblöcke glotzten mich mit einem Male an wie weiße Gespenster mit zackigen Raubzähnen. Das helle Licht der Polarsonne wirkte kalt und tot wie der blasse Schein des Mondes. Gab es wirklich Geister des Meeres, gute und böse?

Plötzlich waren sie mir alle verhaßt: die Einsamkeit und Stille der angsteinflößenden nordischen Eiswelt und die kalten Polarnächte, die heulenden Stürme und Blizzards mit dem Knirschen und Knacken der ständig mahlenden Eismassen, die erbarmungslosen eisigen Schneeböen, die tiefschwarze Färbung der unendlichen Wasserflächen und die frostklirrenden Eis- und Gletscherwüsten.

Heller Lichtschein des aufflackernden Lagerfeuers riß mich aus meinen düsteren Betrachtungen in die Gegenwart zurück. Karlik und Ukku zogen mich in ihre Mitte. Kikki brachte heißen Tee und lächelte wie der glücklichste Mensch. Die Wärme des großen Feuers ließ unsere Kleidung allmählich trocknen. Das munterte mich wieder auf.

Karlik war zum Mittelpunkt der um das Feuer versammelten Eskimos geworden. Er erzählte von seinen Erlebnissen mit Walen, so von der Geburt eines Jungwals, die er einmal hatte beobachten können:

»Es war im September, als wir mit dem Kajak zum Fischen an die Flußmündung fuhren«, begann er seine Erzählung. »Wir mußten ein Zelt aufschlagen, weil es früh dunkel wurde. Am nächsten Morgen sahen wir einen großen Walrücken aus dem Wasser ragen. Wir paddelten schnell hinaus und fuhren nahe an den Wal heran. Niemand hatte ein Gewehr oder eine Harpune bei sich im Boot. Wir blieben mit den Kajaks so weit vom Wal weg, daß er uns nicht mit seinem Schwanz treffen konnte, den er um sich schlug. Dann blieb er endlich still liegen. Wir dachten, er sei tot. Das Wasser war ganz klar. Unten am Bauch sahen wir noch einen zweiten Schwanz und glaubten, er habe einen großen Fisch gefressen. Der Schwanz wurde immer größer, bis ein junger Wal aus dem Bauch kam. Er war schon viele Meter lang. Erst blieb er am Bauch der Mutter liegen, dann tauchte er auf und blies seine Luft aus wie ein großer Wal.«

Diese Geschichte konnte durchaus wahr sein, denn junge Wale kommen mit der Schwanzflosse zuerst auf die Welt. Karlik erzählte noch viele Geschichten von großen und kleinen Walen. Manche gehörten zu den Märchen, einige aber brachten mir neue Erkenntnisse.

Der Blauwal ist das größte und schwerste Tier, das die Erde jemals hervorgebracht hat. Ausgrabungen und Versteinerungen konnten kein Tier deuten, das schwerer als fünfzig Tonnen war. Der größte Blauwal dagegen wog 150 Tonnen und war 33 Meter lang. Er wurde 1948 von japanischen Walfängern erbeutet. Sein Gewicht entspricht dem von zweihundert Eisbären oder dreißig Elefantenbullen. Merkwürdig ist, daß Blauwalweibchen schwerer werden als Männchen.

Die Größe des Blauwales ist vor allem an seinem Hunger zu messen. Er schluckt zu einer Mahlzeit eine Tonne Futter und mehr. Seltsamerweise ernährt sich das größte Tier der Erde von kleinen Lebewesen, dem Plankton. Damit bezeichnet man alle bis zu mikroskopisch kleinen Lebewesen und Pflanzen, die ohne Eigenantrieb im Wasser schweben. Im altgriechischen Sprachgebrauch heißt Plankton »das Schwebende«. Pflanzliches Plankton besteht aus Milliarden winziger einzelliger Pflanzen, Spaltpilzen und Algen. Ihre Nahrungsgrundlage bilden Sauerstoff und Mineralien. Sie vermehren sich in der durch das Wasser dringenden Lichtflut der Sommersonne. Wissenschaftler nennen sie »Phytoplankton«. In der Arktis gibt es mehr Plankton als in den tropischen Gewässern, da der arktische Meeresboden reicher an Mineralien ist.

Das pflanzliche Plankton bildet die Nahrung des Zooplanktons, der kleinsten tierischen Organismen. Diese wiederum werden von größerem Plankton gefressen wie Garnelen oder Krebse, aber auch von Seesternen, Krabben, Schnecken und Austern. Außerhalb des Meeres beteiligen sich viele Vogelarten an der Vertilgung des kleinen und großen Planktons, vor allem der Garnelen und Fischbrut. Das kalte Polarmeer ist reich an Sauerstoff. Durch Mischung mit den mineralhaltigen Strömungen ergibt sich die beste Wachstumsgrundlage für alles pflanzliche Plankton.

Nach genauen Berechnungen überwiegt die Gesamtmenge der von allen Meeren erzeugten Pflanzenmassen bei weitem die von der Erde hervorgebrachten, da die Ozeane eine weit größere Fläche der Erdkugel bedecken.

Pflanzliches Plankton schwimmt aufgrund des hohen Salzgehaltes der Polarmeere in großen grünen Wolken nahe der Wasseroberfläche, wo ausreichend Licht und Sonne sind. In außergewöhnlich großen Massen kommt es deshalb an den Rändern geschlossener Eisdecken zum Vorschein.

Unter den Begriff Plankton fallen über siebenhundert verschiedene Arten kleinster Lebewesen, besonders Ruderfüßler wie Krebse und Garnelen, ferner winzige Quallen, Fischbrut, Würmer, Weichtiere, Eier und anderes.

Interessant ist, daß die ganze Lebensgemeinschaft der Meere auf der Nahrungsgrundlage des pflanzlichen Planktons basiert. Von da ab folgt die bekannte

Nahrungskette: Einer frißt den anderen. Sie beginnt damit, daß das kleinste tierische Lebenswesen von winzigen Pflanzen lebt. Es wird von den größeren Tieren wie Heringe, Lachse und Makrelen gefressen. Diese wiederum werden Opfer größerer Raubfische wie Dorsche, Haie, Barsche oder Tunfische. Ihnen stellen dann die Meeressäuger nach: Seehunde, Walrosse, Seelöwen und Wale. Das Ende dieser Kette sind der Schwertwal, der Eisbär, der Mensch.

Die größte Kreatur der Erde, der Blauwal, ist kein Raubtier. Er kann nicht einmal einen Hering fressen. Sein riesiges Maul ist wie durch ein Sieb verschlossen. Anstelle der Zähne hängen von seinem Oberkiefer Sechs- bis Achthundert dreieckige Barten herab. Das sind 50 bis 100 cm lange wellenförmige Hornplatten. Jede dieser biegsamen Barten ist bis zu einem Meter breit und am Innenrand in unzählige, seidenartige Haare zerfasert, die ein dichtes Netzwerk bilden.

Mit weit geöffnetem Maul schwimmt der Bartenwal durch das Meer und in die unermeßlichen Planktonwolken. Er stößt durch die Laichablagerungen der Heringe, Makrelen und Lachse oder durch große Schwärme von Krill, einer Garnelenart, die sich nur fünfzig Meter unter dem Meeresspiegel oder an den Packeisrändern aufhält. Er erntet dabei oft 100 kg Futter auf einmal, in dem er die geschluckten Wassermassen beim Schließen des Rachens mit Hilfe der Zunge durch den bürstenähnlichen Fischbeinvorhang seiner Barten preßt. Wie in einem Sieb bleiben die ihm als Nahrung dienenden kleinen Meerestiere dabei zurück.

Das größte Maul unter den Bartenwalen hat indes der Grönlandwal (Balaena mysticetus). Es ist so groß, daß er darin fast einen Ochsen halten kann. Sein Schlund dagegen ist zu schmal, eine große Makrele zu schlucken.

Der Blauwal jagt auf seinen Streifzügen mit einer Geschwindigkeit von zwanzig Kilometern in der Stunde durch das Wasser. Er folgt dem Plankton bis in die Südpolargebiete und darüber hinaus bis zu den Treibeisfeldern der Antarktis. Außerordentlich ist seine Fähigkeit, sich als Meeressäuger den unterschiedlichen Temperaturen der Meere während seiner Wanderungen anzupassen, zumal er als Warmblütler seine Körpertemperatur beibehält, während kaltblütige Meerestiere diese mit der jeweiligen Temperatur des Wassers wechseln.

Die warmen Gewässer um den Äquator sind die Kinderstube des Blauwales. Dort wird er geboren und kehrt mit der Mutter zur Arktis zurück. Zur Brunstzeit halten sich die Blauwale ebenfalls in höher temperierten Meeren auf. Die jungen Wale werden nach elf Monaten geboren. Sie sind bei der Geburt schon schwimmfähig und sieben Meter lang. Nach sieben Monaten — solange werden sie gesäugt — erreichen sie eine Länge von vierzehn Metern, im Alter eine solche von dreißig Metern. Täglich bekommt ein junger Wal über hundert Liter Milch. Die Zitzen der Walkuh liegen in zwei tiefen Schlitzen versteckt, weit hinten hinter dem Bauchnabel. Sobald das neugeborene Kälbchen mit dem Kopf gegen die richtige

Falte stößt, schiebt sich die Zitze heraus und spritzt ihm einen Strahl sahniger Milch in die Kehle, die ein Drittel reines Fett enthält. Ein bis zwei Jahre bleiben die Jungen mit der Mutter zusammen. Mit etwa drei bis vier Jahren werden sie geschlechtsreif und pflanzen sich dann meist alle drei Jahre fort. Blauwale begleiten ihr Weibchen ein Leben lang und werden bis zu fünfzig Jahre alt.

Der Wal war ursprünglich ein Landtier. Anfangs war er vielleicht ein kleineres Tier und erreichte seine außergewöhnliche Größe erst durch die unerschöpfliche Nahrung in den Weltmeeren.

Es gibt ja heute noch Tiere, die halb im Wasser leben und teils auf dem Lande, wie Flußpferde, Krokodile, Schildkröten oder Biber. Auch Elche und Bären suchen ihre Nahrung auf dem Land und an Flüssen, Seen oder im Meer.

Blauwale werden neuestens durch Schutzmaßnahmen der internationalen Walfangkommission in London vor zu großer Bejagung geschützt. Die Zahl der jährlich zu erbeutenden Wale durch moderne Walfangflotten wird genau begrenzt. Experten schätzen den heutigen Restbestand an Blauwalen nur noch auf etwa 8 000 Exemplare.

Wir kamen auch auf Schwertwale zu sprechen, von denen ein Rudel Kikkis Mann getötet hatte. Sie sind die wildesten Bewohner der Meere und gehören zur Familie der Delphine. Das verrät schon allein ihre große Klugheit. Durch die Stromlinienform vermittelt der Schwertwal, von den Engländern auch Killer-Wal genannt, den Eindruck größter Kraft und Wendigkeit. Sein langer, glatter Rücken ist schwarz, der Bauch hellgelb und das Kinn weiß. Die Männchen werden bis zu acht Tonnen schwer und neun Meter lang. Das Weibchen mißt nur fünf bis sechs Meter. Nach der winterlichen Paarungszeit bringt es zwölf Monate später ein zwei Meter langes Walkind zur Welt. Es schwimmt nach wenigen Tagen so gut, daß es den Eltern bis ins Nordmeer folgen kann. Während der langen Reisen in die Antarktis durchqueren Schwertwale die warmen Gewässer um den Äquator und passen sich überraschend schnell den wärmeren Wassertemperaturen an.

Die schwarzweißen Kolosse schwimmen über fünfzig Kilometer in der Stunde. Sie sind die gefräßigsten unter den Walen. Ihr Rachen ist mit 40 bis 48 Kegelzähnen bewehrt. Zu ihrer Beute gehören neben sämtlichen Fischen, Weichtieren und Seevögeln vor allem die Meeressäuger wie Robben, Walrosse, Delphine und Narwale. Wie Wölfe fallen sie in Schulen von zwei bis vierzig über friedliche Bartenwale her. Wenn diese Tiger der See in großem Schwarm sind, dann fürchten sie keinen Gegner und greifen in Ausnutzung ihrer Übermacht selbst den riesigen Blauwal an. Bei ihren taktisch klugen Angriffen umzingeln sie ihn und schlagen gleichzeitig ihre scharfen Zähne in alle Teile seines Körpers. Besonders an den verwundbarsten Stellen, den zarten Hautfalten und Weichteilen des Mundes, zerren sie solange, bis der Wal durch Blutverlust ermattet.

Der Speck wird verteilt                    Freudensprünge auf Eskimo-Trampolin

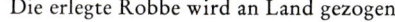

Die erlegte Robbe wird an Land gezogen

Schwertwal – ein gefürchteter Räuber der Meere

Das Hungergespenst ist verscheucht: Speck und Fleisch in Hülle und Fülle

Mit ungewöhnlicher Schlauheit bemächtigen sich einige der Angreifer des schlagenden Schwanzes und hindern ihn solange an der Verteidigung, bis die übrigen das mörderische Werk vollendet haben. Als erstes beißen sie dem Wal die Lippen ab und reißen ihm die schmackhafte Zunge heraus. Danach rupfen und zerren sie solange an ihm, bis er restlos zerfetzt ist. Sobald der Kadaver in Fäulnis übergeht, lassen sie ihn liegen und wenden sich neuen Beuteabenteuern zu.

Besonders gern greifen diese Seeungeheuer auch Walroßmütter und fischende Weibchen der Seelöwen an.

Während seiner Jagdzüge hebt der Raubwal seinen Kopf weit aus dem Meer. Hat er an den Eisrändern Seehunde entdeckt, dann schwimmt er lautlos unters Eis, um sie von unten anzugreifen. Mit einem gewaltigen Ruck seines muskulösen Rückens hebt er große Schollen aus dem Wasser, so daß sie zerbersten. Die Robbe stürzt dann ins Meer, und ihr Schicksal ist besiegelt.

Wo immer die hungrigen Piraten wie Wolfsrudel im Meer auftauchen, da verbreiten sie Panik und Schrecken. Zum Beutesuchen besitzen sie eine natürliche Schallortungsanlage. Das Echo ihrer Peillaute kann damit aufgefangen werden.

Im Magen eines sechs Meter langen Schwertwales wurden einmal 14 Seehunde und 13 Tümmler gefunden, die noch nicht ganz verdaut waren. Einem anderen dieser Räuber entnahmen Wissenschaftler die Überreste von 20 Seebärenjungen und 15 neugeborenen Walrossen. Die Felle der Beutetiere werden vom Schwertwal nicht verdaut, sondern wieder ausgeworfen.

Lachse reichen für die Sättigung der großen Raubwale kaum aus. Trotzdem verfolgen sie die fetten Fische bis tief in die Flußmündungen mit seichtem Wasser. Dabei werden sie oft von Ebbe überrascht und stranden. Sie sterben dann an Luftmangel, obwohl sie als Säugetiere eine große Lunge haben. Das erklärt sich nur dadurch, daß das große Eigengewicht der Walkörper die Lungen derart zusammenpreßt, daß die Tiere nicht mehr atmen können.

Ist aber ein tonnenschweres Fleischungeheuer gestrandet, dann zieht der Aasgeruch Tiere von weit her an. Eisbären kommen aus allen Richtungen, gefolgt von Scharen weißer Füchse. Vom Land her folgen Wölfe, Braunbären, Schwarzbären und Vielfraß. Tausende von Vögeln stürzen aus der Luft: Adler, Bussarde, Falken, Schnee-Eulen und Möwen aller Art. Auf dem gestrandeten Kadaver sitzen sie dann alle beisammen — für jeden ist ja Fleisch genug da.

Mein letzter Jagdtag unter den Fangmännern am Eismeer ging zu Ende. Ich durfte noch einmal ein großes Walfest erleben und Gast einer liebenswürdigen Eskimofamilie sein, bevor ich in die moderne Zivilisation zurückkehrte. Ich bin glücklich darüber, mit diesen Menschen gelebt zu haben. Ich aß wie sie, lernte die rauhe Natur kennen, in der sie leben müssen und war Zeuge ihres harten Lebenskampfes um Nahrung, Essen und Kleidung. Kaum ein Volk der Erde lebt

noch wie sie in der Eiszeit. Das unwirtliche, bitterkalte Land hat sie zu furchtlosen Menschen gemacht, zu unübertrefflichen Jägern der Arktis, aber auch zur
gegenseitiger Hilfsbereitschaft und Achtung erzogen. Ihr Gemeinschaftssinn ist
einmalig auf der Welt. Jeder teilt alles mit jedem, einer unterstützt den anderen.
Es gibt weder Neid noch Habgier, keinen Besitz, den jemand rauben könnte.
Stolz darf sich das nördlichste Volk der Erde rühmen, noch niemals in der
Geschichte einen Krieg geführt zu haben.

Wer einmal diesen aufrichtigen, ehrlichen Menschen begegnet ist, ihr gewinnendes
Lächeln erlebt hat, der wird sie liebgewinnen. Sie sind still und bescheiden. Ihre
rücksichtsvolle Freundlichkeit, Hilfsbereitschaft und Natürlichkeit ihres Wesens
hat sie zu den aufrichtigsten Menschen gemacht, die ich je angetroffen habe.

# Walrosse vor der St.-Lorenz-Insel

Die Jagd auf Walrosse ist viel gefährlicher als die auf Eisbären oder Schwertwale. Schon manches Fellboot der Eskimos wurde von den fast meterlangen Elfenbeinzähnen der tonnenschweren Dickhäuter zerfetzt und in die Tiefe gerissen. Unvermutet tauchen sie unter den Kajaks der Eingeborenen auf und vermögen bis zu vierzig Zentimeter dickes Eis prasselnd zu durchbrechen. Hat die Wut mehrere Walrosse erst einmal erfaßt, dann geht bald die ganze Herde zu wilden Gegenangriffen über, brodelt das Meer von prustenden, schnaubenden Seeungeheuern. Riesige lederharte Schwimmflossen peitschen die See, die Luft ist erfüllt mit lautem Bellen, Brüllen und furchterregenden Schreien. Die Eskimos bezeichnen Walrosse als die gefährlichsten Tiere des Eismeeres. Was konnte mich da noch abhalten, einer Einladung zur Teilnahme an einer derart aufregenden Walroßjagd zu folgen?!

Ziel meiner Reise war diesmal die einhundertsiebzig Kilometer lange und fünfzig Kilometer breite St.-Lorenz-Insel in der sturmgepeitschten Beringsee zwischen Sibirien und Alaska, vor deren Küste sich zwischen dem aufgebrochenen Eis im Frühjahr große Walroßbullen mit starken Elfenbeinstoßzähnen aufhalten sollten. Seit Menschengedenken wohnen auf ihrem kärglichen, baumlosen Tundraboden ausschließlich Eskimos. Sie ist ein typisches, unverfälschtes Eingeborenenland, das weder Straßen noch Autos, Industrie oder Fremdenverkehr kennt. Ihre 350 Bewohner leben vom Fischfang und von der Jagd auf Walrosse, Seehunde, Rentiere und Polarfüchse.

Meine Flugroute führte von Hamburg aus über Anchorage, Fairbanks, Nome und Kotzebue nach Savoonga, einer der zwei Eskimosiedlungen auf der St.-Lorenz-Insel, die über einhundertfünfzig Einwohner zählt. Bei gutem Wetter wird das Eiland regelmäßig von kleinen Postflugzeugen oder Privatmaschinen angeflogen. Im Winter machen jedoch dichter Nebel und orkanartige Schneestürme oftmals jede Landung von Flugzeugen unmöglich, so daß die Eingeborenen viele Wochen oder sogar Monate völlig von der Außenwelt abgeschlossen sind.

Die Sonne strahlte vom blauen Himmel, und es war warm wie im Sommer, als ich Anfang Mai wieder nach Alaska flog. Bei der Landung in Anchorage, dem größten internationalen Flughafen des Landes, wurden alle meine Träume von einer Walroßjagd bei warmem Frühlingswetter von eisigem Sturm weggeblasen: Alaska, das Land des ewigen Eises, machte seinem Namen alle Ehre und begrüßte mich mit wirbelnden Windböen und grimmiger Kälte. Zum Glück reichte der Aufenthalt in Anchorage aus, um meine Wollsachen hervorzukramen und mir warme Pelzkleidung anzuziehen.

Nach sechsstündigem Flug traf ich noch abends in der alten Goldgräberstadt Nome ein. In einem barackenähnlichen, verwitterten Holzhaus, dem »Polaris-Hotel«, fand ich für hundert Mark ein Zimmerchen ohne Frühstück. Es hatte größter Überredungskunst bedurft, ohne Anmeldung überhaupt eine Schlafstatt zu bekommen. Außer einem Paar zerschlissener Gardinen, dem wackeligen Bett, einem zerbrochenen Stuhl, einer uralten wurmzerfressenen Kommode sowie dem windschiefen Schrank mit knarrenden und klemmenden Türen war der niedrige, muffige Raum bar allen Komforts. Eine Blechschüssel mit eiskaltem Wasser ersetzte am nächsten Morgen Bad oder Brause.

Auf mein Frühstück, das ich nicht im Hotel einnehmen konnte, sondern in einer naheliegenden Bar, mußte ich wegen ekelerregenden Schnapsgeruches und des unbeschreiblichen Schmutzes verzichten. Stattdessen erkundigte ich mich nach dem nächsten Flug über die Beringsee zur St.-Lorenz-Insel. Um zehn Uhr sollte eine kleine Maschine vom Typ »Cessna« starten, die für die Inselbewohner Post, Pakete, Werbekataloge, Benzin für Motorschlitten, Mehl, Zucker, Tee und Kaffee an Bord hatte. Mit denselben Maschinen fliegen auch gelegentlich Händler ein, die von den Eskimos Felle und Elfenbeinschnitzereien kaufen. Ich nutzte die erste Fluggelegenheit und löste einen Flugschein am Schalter des privaten Flugdienstes. Mein Übersee-Ticket war nur bis Nome gültig. Ich wartete bis zehn Uhr, bis elf Uhr — bis Mittag. Es wurde auch Abend, aber das Flugzeug startete nicht. Niemand sagte Bescheid, niemand gab Auskunft.

»Vielleicht morgen!« vertröstete mich ein anmutig lächelndes Eskimomädchen mit allerliebst geschlitzten Augen, das für die Abfertigung der Fluggäste in dem engen Holzbüro der Private Airlines tätig war.

Das Wetter blieb erbarmungslos. Schneetreiben, Stürme, Dunst und Nebel schafften Bedingungen, unter denen kein vernünftiger Pilot das Risiko eines Starts auf sich nahm. Es vergingen fünf lange Tage meines Urlaubs, die ich ausschließlich in dem schmutzigen Holzbarackenhotel verbringen mußte. Da mir »Radio-Call« in meinem Hotel laufend die neuesten Wettermeldungen durchgab und der Start unangemeldet jeden Augenblick erfolgen konnte, durfte ich meine Hotelbehausung höchstens für einen kurzen Spaziergang verlassen. Brennende Abenteuerlust — und dann fünf Tage untätig warten — wer kann das aushalten? Doch wer nach Alaska reist, muß viel Zeit mitbringen! Und Geduld. Ich wußte das bereits. Aber dennoch ...

Da indes nichts zu machen war, nutzte ich meinen Zwangsaufenthalt, um mir das kleine Nome einmal genau anzusehen. Es besaß nur eine Hauptstraße mit Geschäften, Bars, Büros und Hotels, die allerdings zur Zeit der Schneeschmelze ständig unter Wasser steht. Frostaufbrüche verwandeln dann die mit einer behelfsmäßigen Teerdecke versehene Fahrbahn in lehmigen Morast. Kindskopfgroße Steine und Rollkies lagerten in hohen Wällen auf der Straße. Aller Unrat, den der Schnee sonst verdeckte, kam zutage und verwandelte die Stadt mit ihren farblosen Buden, dreckigen Holzgebäuden und Bergen von Müll in ein grauenvolles Schmutznest. Umherliegende Flaschen, Scherben, verrostete Öltonnen, leere Konservendosen, zerbrochene Schlitten, alte Kisten, anwidernde Hundekadaver, Seehundsköpfe und Rentierschädel vervollständigten das Bild schrecklichster Verwahrlosung. Dazu stank es fürchterlich.

Nome hätte eine reiche Stadt sein können, wenn etwas vom Goldrausch der Vergangenheit zurückgeblieben wäre. Vor etwa hundert Jahren nämlich fand die Besatzung eines gestrandeten Fischerbootes am sandigen Meerufer fingerdicke Goldstücke. Bald eilte die Kunde von den sagenhaften Goldfunden wie ein Lauffeuer um die ganze Welt. Die Zeitungen halfen mit großen Überschriften wie »Zentnerweise Gold gefunden« oder »Eigroße Goldkörner am Strand von Nome« wirkungsvoll nach. Abenteurer aller Hautfarben strömten ins Land. Sie kamen aus dem sonnigen Kalifornien, aus Japan, China, Europa und sogar aus Deutschland. Es setzte geradezu eine Völkerwanderung nach Nome ein. Eine Flotte von Schiffen brachte Männer und Frauen aus allen Bevölkerungsschichten in die Bucht von Nome. Häfen gab es nicht, auch keine Kais und Piers. Alle schwimmbaren Ausrüstungsgegenstände wurden einfach ins Meer geworfen, damit sie mit der Flut an den Strand treiben konnten. Pferde und Hunde ließ man durch das kalte Wasser ans Ufer schwimmen. Jeder hatte nur einen Gedanken: so schnell wie möglich an die goldverheißende Küste zu kommen. Bei eisigen Arktisstürmen und fünfzig Grad Kälte kampierten die aus aller Welt herbeigeeilten Goldsucher in dünnen Sommerzelten am Strand, wohnten wie Eskimos in Iglus, hausten in Erdbunkern aus Felssteinen und Treibholz oder in dürftigen Holzbuden. Die Not der Menschen war groß. Einer entriß dem anderen Hab und Gut. Das Faustrecht herrschte. Mord und Totschlag waren an der Tagesordnung. Die wenigen Eskimofrauen wurden von den Goldsuchern auf ihre Boote geschleppt und vergewaltigt. In Eile entstanden Hütten, Gasthäuser, Bordells und Verkaufsläden. In wenigen Wochen wuchs am Strand von Nome eine seltsame Stadt von kuriosem Gemisch aus vielartigen Menschen und Unterkünften. Lockere Mädchen fehlten ebensowenig wie Geschäftemacher, Betrüger und Falschspieler. Insgesamt wurden bis 1920 — am Ende des Goldrausches — für fünfzig Millionen Dollar Gold gefunden. Man schwelgte in Millionen, wurde aber ebenso rasch wieder arm. Der glücklichste Goldgräber, ein Amerikaner aus Kalifornien, machte eine Beute von 1,2 Millionen Dollar und behielt sein Gold. Die meisten aber verloren ihr gesamtes Vermögen durch Alkohol, Spiel und Vielweiberei.

Heute wohnen noch 3000 Eskimos in Nome, dazu noch viele Weiße und Mischlinge. Die Goldgewinnung ist ein Industriezweig geworden. Moderne Maschinen großer Kapitalgesellschaften baggern das Gold aus der ständig gefrorenen Erde oder waschen es aus dem salzigen Sandstrand. Die Ausbeute deckt allerdings kaum die Kosten.

Die Urbevölkerung lebt von Jagd und Fischerei. Durch den Verkauf von Elfenbeinschnitzereien aus Walroßzähnen oder im frostigen Boden gefundener vorzeitlicher Mammutzähne beschafft sie sich zusätzliches Einkommen. Das Rohmaterial stammt von der St.-Lorenz-Insel und den anderen Walroßjagdgebieten der Westküste.

In einer kleinen Bar traf ich den Reporter der »Nome Nugget«, der ältesten Zeitung in Alaska. Er interessierte sich für meine Reiseziele und fragte geschickt nach dem Woher und Wohin. Am nächsten Tag zierte ein seitenlanger Bericht die sonst so eintönig aufgemachte Lokalzeitung mit der Überschrift: »Visiting German« — Deutscher Besuch. Ich kann mich nicht daran erinnern, so viel erlebt zu haben, wie aus dem Bericht zu entnehmen war. Aber jeder Einwohner von Nome kannte mich am nächsten Tage.

Ein kurzbeiniger Eskimo mit rundlichem Gesicht und knielangen Pelzstiefeln sprach mich in der Bar an und zeigte mir eine alte Russenkappe. Ich horchte erstaunt auf. Der Mann stammte von einer der zwei kleinen Diomedes-Inseln in der Beringstraße. Diese liegen in der Nord-Süd-Passage der Arktis, die die Welt zwischen Ost und West, zwischen dem amerikanischen Alaska und dem russischen Sibirien, trennt und nur fünfzig Kilometer breit ist. Genau zwischen diesen zwei Inseln verläuft die internationale Datumsgrenze. Der kränklich aussehende, früh gealterte Eskimo berichtete mir von einem Kuriosum durch die zeitliche Trennungslinie — vielleicht dem einzig Besonderen an diesem schmutzigen, dem Alkohol verfallenen Eingeborenen.

Er kam nämlich an zwei verschiedenen Tagen zur Welt, ja sogar in zwei Jahren zugleich. Bei der Geburt ihres Sohnes war seine Mutter auf der Großen Diomedes-Insel zu Besuch. Nach Ankunft des Sohnes ruderte sein Vater nach Hause — er wohnte auf der Kleinen Diomedes-Insel — und ließ die Geburt des kleinen Eskimos registrieren. Dieser war am 31. Dezember 1916 auf der Großen Diomedes-Insel zur Welt gekommen, während seine Geburt auf der amerikanischen Kleinen Diomedes-Insel erst am 1. Januar 1917 verbucht wurde...

Die zeitliche Trennung der zwei nur fünfzehn Kilometer von einander entfernten kleinen Inseln durch die internationale Datumsgrenze wirkt sich beispielsweise so aus, daß eine von der großen russischen Diomedes-Insel abgefeuerte Rakete einen Tag später auf der amerikanischen Insel einschlagen würde.

Auf die achtzig Eskimos, die auf der kleinen amerikanischen Alaskasinsel wohnen, wirken sich auch die politischen Gegensätze der zwei Supermächte aus.

Die wenigen dort noch lebenden Eskimos treffen sich mit ihren Rassebrüdern aus Alaska nur illegal, wenn sie gelegentlich im gleichen Gebiet fischen oder jagen.

Der Eskimo mit der Russenkappe war bei der Robbenjagd mit vier weiteren Booten auf eine Gruppe russischer Fischer gestoßen, die in einem Fellboot auf Walrosse jagten. Als diese die westlichen Eskimos erkannten, flüchteten sie aus Angst. Sie wurden aber schnell wieder eingeholt und zitterten nervös, als ihre westlichen Brüder ihnen die Hand zum Gruß reichten. Die Fischer trugen abgenutzte Militärmützen und verfügten lediglich über ein altes verrostetes Gewehr aus der Zarenzeit. Sie bestaunten die mit Außenbordmotoren ausgerüsteten amerikanischen Boote, interessierten sich vor allem aber für die modernen Feuerwaffen, von denen jeder westliche Eskimo eine besaß. Immer wieder fragten sie, ob es stimme, daß die amerikanischen Eskimos so reich seien. Vom Verkauf von Souvenirs hatten sie noch nichts gehört. Sie lebten in Sibirien noch wie früher ausschließlich in Erdhäusern oder Iglus. Geld bekamen sie überhaupt nicht in die Hände und ernährten sich allein von Fisch, Robben und Walrossen. Ihre Kleidung bestand ausnahmslos aus Fellen und Häuten erlegter Tiere.

Einer der Eskimos traf bei der Gelegenheit seinen Bruder. Er hatte ihn zehn Jahre nicht mehr gesehen. Sie umarmten sich, und beim Abschied flossen viele Tränen. Die westlichen Eskimos schenkten den russischen Brüdern drei Gewehre, Munition und Bootsausrüstung, vor allem aber Kleidung und Unterwäsche, die sie als Notausrüstung an Bord hatten. Als Andenken an diese Begegnung erhielt der mir an der Bar so zugetane Eskimo eine alte Russenkappe, die er stolz umherzeigte.

Am nächsten Tag meldete die Private Airlines endlich gutes Flugwetter. Eine zweimotorige »Grand Commander« flog mich zum Fanggebiet der Walrosse. Der sympathische Eskimopilot schilderte die Flugverhältnisse: »Bei gutem Wetter erreichen wir 190 Meilen pro Stunde«, erklärte er durchs Mikrophon und zog sich — seine Pfeife genußvoll rauchend — die enge Pelzjacke aus. »Oft fliegen wir mit diesem Flugzeug sechstausend Meter hoch. Jetzt haben wir eine Höhe von eintausend Meter erreicht. Die Sicht über der Insel ist gut. Wenn das Schneetreiben aufhört, dann werden wir eine gute Landung haben — anderfalls kehren wir wieder um und gehen in Nome runter.«

Ich hoffte allerdings, daß wir endlich auf der Insel landen würden. Rechts neben mir saß ein altes runzeliges Eskimoweib mit blauschwarzen strähnigen Haaren und auffallend schräg gestellten Augen. Sie roch nach Alkohol, rauchte Zigarren und hustete mir aus ihrer schwindsüchtigen Lunge ins Gesicht.

Mein Flugnachbar zur Linken war ein verknöcherter, wackeliger Eskimo mit tief gefurchtem Gesicht und frostverbrannter Haut. In Nome hatte man ihn ins Flugzeug gehoben. Er kam direkt aus dem Hospital, soweit man die windschiefe Sanitätsbaracke in der Goldgräberstadt als ein solches bezeichnen kann. Er berichtete so laut von seinem Schicksal, daß es alle Fluggäste hören konnten.

Ende Oktober vorigen Jahres war er zur Seehundsjagd weit in die Beringsee gerudert. Er hatte beinahe die Küste der »Sledge-Insel« erreicht, als plötzlich Nebel aufkam. Stunde um Stunde ruderte er, aber der Nebel hielt ihn gefangen. Er verlor jede Orientierung. Sein leichtes Lederboot wurde von der großen Strömung erfaßt und trieb auf die offene See. Heftiger Sturm peitschte das Meer und salzige Gischt überspülten sein Boot. Mit äußerster Kraft kämpfte er gegen hohe Wellen und den Sog der See, um noch heimzukommen. Aber vergebens.

Es wurde dunkel, und während der Nacht überzog arktischer Frost Kleidung und Boot mit einer glänzenden, starren Eisschicht. Am nächsten Morgen war er von meterhohen Eisblöcken und einer wallenden Masse Eisbrei umgeben. Um nicht zu erfrieren, ruderte er ununterbrochen mit den einseitigen Paddelstöcken weiter. Eskimos haben eine ausgeprägte Schulterpartie und kräftige, lederharte Muskeln, weil sie von Kindheit an einen Teil ihres Lebens rudernd in Kajaks oder Umiaks verbringen.

Italuk Sanakpeck — so hieß der Eskimo — schoß auf jeden Seehund, der seinen Kopf aus dem Wasser reckte, aber alle Schüsse gingen daneben. Mit der letzten Kugel erlegte er wenigstens noch einen Lachsfisch, den er sofort verzehrte. Fünf Tage blieb er ohne jede Nahrung und — was noch viel schlimmer war — ohne einen Tropfen Trinkwasser. Es hatte aufgehört zu schneien und das Meer war eisfrei geworden, so daß er weder Niederschlag auffangen noch Eiswasser schöpfen konnte. So sehr er auch ruderte, es kam kein Land in Sicht. Seine Füße und Beine waren in dem engen, oben geschlossenen Kajak ohne jede Bewegung und froren zu Eisklumpen. Die dünne Fellbespannung glich einem Eispanzer.

Nach sieben Tagen drehte der Wind auf Südwest und trieb sein Boot an die Küste. Dort fanden ihn Eskimojäger auf einer Klippe in seinem Kajak und trugen ihn zur nächsten Hütte. Er hatte bereits seine Besinnung verloren, und seine Füße waren bis zu den Knien erfroren. Das linke Bein mußte im Hospital amputiert werden. Jetzt kehrte er als Krüppel zu seiner Jägersippe zurück.

Wir waren über der Steilküste der St.-Lorenz-Insel. Unter uns glitzerten millionenfach zersprungene Eisflächen und wildgeformte Eisblöcke, die sich in der Strömung des blauschwarzen Meeres nach Norden schoben. Die Sonne strahlte durch die aufgerissene Wolkendecke und verwandelte das unendliche Eisfeld der Beringsee in eine funkelnde weiße Wüste. Wir überflogen gerade eine Formation blau-grün flimmernden Polareises, als der Pilot nach unten zeigte.

»Walrosse unter uns«, rief er und kippte die Maschine in eine steile Linkskurve. Dann flog er so flach übers Wasser, daß die Echolote wegen zu geringer Höhe Klingelalarm auslösten.

An die hundert Walrosse lagerten auf einer treibenden Scholle. Von unserem Motorenlärm erschreckt, drückten sie sich zunächst bewegungslos aufs Eis. Es waren mächtige Kolosse, vermutlich nur junge und alte Bullen. Vor jedem der dunklen, massigen Körper leuchtete ein Paar blendend weißer Stoßzähne. Beim zweiten Anflug stürzte sich etwa die Hälfte der Dickleiber kopfüber ins Wasser. Dann folgte die ganze Sippe. Zurück blieb nur eine schaukelnde Eisscholle mit dem schmutzigen, gelbbraunen Rastplatz. Bevor unsere Maschine auf Geradeaus-kurs ging, kletterten schon wieder die ersten Walrosse aufs Eis, wobei sie sich mit ihren Elfenbeinhauern an den Eiskanten und Schollenrändern festklammerten.

Walrosse sind sehr gesellig. Die Bullen haben nicht nur ein Weibchen, sammeln aber auch keinen Harem um sich. Niemals bleibt ein verwundetes Tier zurück. Kann es nicht mehr schwimmen, dann transportieren es die anderen auf ihren Rücken in Sicherheit und halten seinen Kopf klugerweise aus dem Wasser. Eine auffallende Schwäche zeichnet Walrosse aber besonders aus. Während des Dösens und Schlafens mögen sie nicht gestört werden. Stößt einer zufällig seinen Nach-barn während der Ruhepause an, so daß dieser davon erwacht, dann grollt er böse und zornig. Er schlägt mit seinen scharfen Hauern auf seinen Nebenbuhler ein und drängt ihn von seinem Platz. Der gestörte Artgenosse wiederum schreit und kläfft zurück und gibt den Stoß unter lautem Protest an den nächsten weiter. So setzt sich das Heulen und Brüllen von einem zum anderen fort, bis die ganze bleichrosafarbene Gesellschaft erwacht und sich schließlich bellend und trompetend ins Wasser stürzt.

Unsere Maschine donnerte über eine Wirrnis von Treibeis und ein imposantes Labyrinth dunkler Rinnen zwischen rissigen schneebedeckten Eisfeldern. Der Schneesturm hatte wieder eingesetzt. Dazu schlugen dicke Hagelkörner klatschend an die Scheiben. Später jagten Nebelfahnen um unser Flugzeug und verdichteten sich immer mehr zu undurchsichtigen Dunstbänken. Der Pilot zog am Tiefen-steuer und versuchte, die weißen Wolken zu unterfliegen. Allmählich wurde der Nebelwall vor uns lichter, dünner, brach auseinander. Wildgeformte Eisberge flogen uns entgegen. Vom grellen Sonnenlicht geblendet, riß der Flugzeugführer den zitternden Vogel in einer Steilkurve hoch und raste auf die gebirgige Insel mit ihren scharfen Felsvorsprüngen, Unterwasserriffen und lotrecht abfallenden Klippenwänden zu. Nach einem aufregenden Flug von etwa zwei Stunden setzte unser Silbervogel sanft auf dem weichen Schnee der Rollbahn von Savoonga auf, die erst kurz zuvor von einem primitiven Schneeräumer dürftig geebnet worden war.

Die Ankunft des ersten Flugzeuges seit einer Woche wurde von den Eskimos jubelnd begrüßt. Da es Post gab, war fast das ganze Dorf auf den Beinen. Auch Fluggäste sind ihnen willkommen, denn Eskimos lieben Besuch. In ihrem isolierten Dasein auf der einsamen Insel bedeuten Fremde Neuigkeiten und angenehme Abwechslung.

Die für mich vorgesehene Jagdmannschaft war vollzählig am Flugzeug versammelt und begrüßte mich wie einen alten Freund, den man lange nicht mehr gesehen hat. Es waren andere Eskimos, urige Inselbewohner, klein und gedrungen von Gestalt mit meist dunkelbrauner Haut. Sie hatten wettergegerbte, bartlose Gesichter mit freundlich strahlendem Antlitz. Die Männer trugen Stiefel aus Seehundsfell, Hosen von weichem braunen Karibuleder, farbenfreudige Daunenjacken oder knielange Fellparkas mit pelzbesetzten Kapuzen. Einige hatten auch lange Regenmäntel aus Walroßdarm an, die nicht nur vor Wind und Regen schützen, sondern auch Schnee und Kälte abhalten.

Mehrere Hundeschlitten standen bereit, um das Gepäck der Gäste, Post und andere Güter dieses Flugtransportes aufzunehmen. Die langhaarigen, kräftig gebauten Huskys blinzelten uns mit ihren blauen, schräggestellten Wolfsaugen verschlagen an. Sobald mein Fahrzeug beladen war, ließ Arnuk — mein Jagdführer — aus grunzender Kehle einen halbverschluckten Eskimolaut ertönen, und im selben Augenblick stobten neun bellende Hunde mit hochgestellten Ohren und buschig wehenden Ruten davon.

Einige jugendliche Eskimos brausten mit ihrem »Snowmobil« an uns vorbei. Diese Motorroller haben hinten Gummiketten und vorn bewegliche Schlittenkufen. Sie sind wesentlich schneller als Hundeschlitten. Man spart sich zudem das zeitraubende und mühselige Anschirren der unbändigen Hundemeute. Jüngere Eskimos mögen nicht mehr stundenlang bei schlechtem Wetter an den Atemlöchern der Seehunde stehen, um den Zugtieren Futter zu beschaffen. Sie kaufen lieber für wenige Dollars, die sie irgendwo verdienen, einige Liter Benzin und kutschieren mit ihren knatternden Schlitten umher.

Nach fliegender Fahrt entlang der vereisten Rollbahn hielt das Schlittengespann mit den ächzenden Hunden vor einem grauen, farblosen Haus mit kleinen, schmutzigen Fenstern. Im hohen Bogen warf der Eskimo mein Gepäck samt Waffe und Fotoausrüstung in den Schnee, so als wären es mehlgefüllte Postsäcke, und jagte mit dem leeren Schlitten zum Flugplatz zurück, um einen Freund abzuholen, der mit der selben Maschine aus Nome gekommen war. Ich stand ziemlich hilflos vor der bis zum Dach zugeschneiten Unterkunft. Die Hütte mit den klapprigen Türen und lukenartigen Lichtschächten wirkte kalt und unfreundlich.

Mit meiner umfangreichen Habe schlängelte ich mich durch einen brusthohen Schneetunnel, der zum Hauseingang führte. Vom flachen Dach der eingeschossigen Holzhütte, das mit Pappe, Kistenbrettern und verrostetem Blech gedeckt war, wehte der Wind feinen Pulverschnee herunter, so daß ich wie ein Schneemann den niedrigen Anbau der Hütte betrat, der den Windfang darstellte. Er war überfüllt mit getrockneten Fischen, schwarzrotem Robbenfleisch, ranzigem Speck und Holzgestellen, auf denen die Eskimos rohe Häute gespannt hatten. Aus dem Innern der Hütte, die nur aus einem großen Raum bestand, schlug mir eine wohlige Wärme entgegen, vermischt mit Fischgeruch und dem Gestank verbrannter Federn. Arnuks Frau empfing mich mit liebenswürdigem Lächeln. Sie war höchstens dreißig Jahre alt, klein und schlank. Ihre dünnen Beine steckten in kniehohen Schaftstiefeln aus kurzhaarigem Karibufell. Darüber trug sie ein kurzes, bunt gewebtes Wollkleid mit geflochtenem Ledergürtel und handgeschnitztem Elfenbeinverschluß. Sie hatte ein typisches rundes Eskimogesicht mit schmalen, verschmitzt dreinschauenden Augen, flacher Nase und einem langgezogenen Mund. Ihr rabenschwarzes Haar wallte locker über die Schultern.
Inzwischen war mein Jagdführer mit dem Hundeschlitten vom Flugfeld zurückgekehrt. Er schenkte gleich heißen Kaffee ein und zeigte mit Stolz den jüngsten Sohn, den seine Frau in der Kapuze auf dem Rücken trug. Eskimos sind sehr kinderlieb. So hatte auch Arnuk mit seinen 35 Jahren schon eine große Schar temperamentvoller Kinder. Ich glaube, es waren drei Jungen und zwei Mädel. Sie spielten Walroß und Schlittenhunde. Der Älteste verteidigte sich, die anderen griffen ihn als bellende Huskys an. Dazu knallte ein Sechsjähriger mit einer selbstgebastelten Peitsche. Speere flogen durch die Luft, die Harpunen darstellen sollten. So werden die Jungen durch Spielen schon frühzeitig mit den Aufgaben der Erwachsenen vertraut. Eskimos sind gut zu ihren Kindern und lassen ihnen viel Freiheit. Aber sie erziehen ihre Sprößlinge auch zu unbedingtem Gehorsam. Ein Wort der Mutter genügte, um sofort Ruhe eintreten zu lassen.
Im quadratischen Zimmer stand ein niedriger Tisch mit zwei wackeligen Stahlhockern. Kreuz und quer gespannte Wäscheleinen aus Walroßhaut ließen kaum noch aufrechtes Gehen zu. An der kalten Außenwand stand meine Koje — ein eisernes Bettgestell, unter dem ich auf fettverschmiertem Boden meine sieben Sachen verstaute. Schränke gab es nicht. Das einzige Angenehme in der muffigen Bude war der eiserne Ölofen, der mitten im Raum stand und das Zimmer heizte. Die altersgrauen Holzwände waren vom ständig feuchten Wetter morsch geworden. Bleche und Papier verklebten die undichten Stellen, um den Windzug aufzuhalten. Das Klosett bestand aus einem alten Eimer, der hinter kopfhoch befestigten Fellen versteckt war. Während eine primitive Notdurftvorrichtung im Iglu überhaupt nicht stört, weil im Schneehaus immer eine Minustemperatur

von etwa fünf Grad herrscht, stank der Scheißkübel im überhitzten Holzhaus fürchterlich.

Abends gab es gebratenes Karibufleisch, hefeloses Brot und gefrorene Tundrabeeren. Nach dem Essen besuchten uns noch sechs Eskimos. Sie gehörten zu der von Arnuk ausgesuchten Fangmannschaft. Die meisten Männer hatten vom Frost oder von der Sonne verbrannte braune Gesichter mit tiefen Falten. Ihre Anoraks und Kapuzen waren von innen pelzgefüttert. An den Füßen trugen sie ausnahmslos Fellstiefel. Besonders fielen mir ihre weißen Hosen aus Robbenfell auf.

Die Eskimos diskutierten den Ablauf der Jagd, die schon früh am nächsten Morgen beginnen sollte, denn heftiger Sturm hatte die Insel von den sie umgebenden Eismassen befreit. Zur Begrüßung schenkte ich den Eingeborenen eine Flasche Rum, die von den Männern sofort geköpft wurde. Das für sie ungewohnte Feuerwasser tat seine Wirkung, denn auf der Insel gab es keinen Alkohol. Gegen Mitternacht löste sich die Runde auf, und die Jäger torkelten singend durch den Schnee zu ihren Hütten.

Über Nacht hatte starker Südostwind den Eisring um die Insel aufgebrochen und große Eisfelder in die Beringsee getrieben. Der Widerschein der aufgehenden Morgensonne tanzte auf den hohen Wellen der unendlichen Wasserfläche, die nur noch von einzelnen Packeisfeldern und blaugrün funkelnden Eisbergen bedeckt war. Hunderte von Enten und Tauchvögeln belagerten die schwimmenden Eisfelsen. Der Sturm ließ aber nicht nach. Unsere Eskimos wagten sich nicht auf das unruhige Meer, das seine schäumenden Wellen in rauschender Brandung gegen die zerklüftete Felsenküste warf. Ich hatte mich vergebens auf den ersten Jagdtag gefreut.

Draußen neben dem Eingang lag ein ausgeschlachteter Motorroller mit zerfetztem Sitzkissen. Darunter hockte ein kleiner ausgemergelter, schmutziger Hund mit weißgelbem Fell und hervorstehenden Rippenknochen. Sein Bellen ähnelte nur noch einem kurzen, zaghaften »Wau, Wau«, und die Heullaute erstickten in seinem trocknen Hals. Er hing mit der Kette am Fahrgestell des Schlittens, konnte weder richtig stehen noch sitzen und lag halb auf dem Rücken. Sein langbehaarter Pelz war vom eigenen Kot verdreckt und klebte nur noch auf dem Knochengerüst. Das unglückliche Geschöpf schien halb verhungert zu sein, fraß vor Durst oder aus Verzweiflung Schnee und versuchte das ihm hingeworfene Futter aufzugreifen, was ihm aber wegen der eng ansitzenden schweren Kette nicht gelang. Näherte ich mich ihm, dann fauchte mich das bejammernswerte Tier auch noch an. Meine Vermutung, der kleine Beller würde aufgrund der herzlosen, barbarischen Behandlung nicht mehr lange leben, bewahrheitete sich leider schon drei Tage später. Morgens lag ein steifgefrorener Körper neben dem eisernen Rollergerüst. Mein Entsetzen wurde vom Eigentümer des Tieres, einem hohlbackigen greisen Eskimo mit breitem Grinsen quittiert. Er schleuderte den erstarrten Hundekadaver in die Schar der ausgehungerten Huskys, die ihn sofort in Stück rissen und hinunterwürgten.

So grausam und gefühllos uns hochkultivierten Europäern diese Episode erscheinen mag, so ist sie doch nur einfache Handlung einer rauhen Lebensart, die den arktischen Menschen täglich von der erbarmungslosen Natur aufgezwungen wird.

Da die Walroßjagd verschoben werden mußte, schlenderte ich unzufrieden und enttäuscht durch Savoonga. Von ferne hörte ich plötzlich lautes Hundegebell. Ich glaubte, das Läuten von Kuhglocken zu hören. Das schien mir aber auf einer Eskimoinsel recht unwahrscheinlich. Es wurde immer lauter. Gleichzeitig brummte ein Flugzeug heran und landete unmittelbar hinter den Häusern. Es war das einmotorige Postflugzeug, das vom Festland kam. Im selben Augenblick entdeckte ich auch einen Schlitten mit zwölf tiefschwarzen Hunden. Sie hatten herrlich blaue Augen — eine Seltenheit bei Huskys — und trugen große schwere Glocken an ihren Halsbändern.

»Das ist unser Postschlitten«, erklärte mir ein alter Eskimo, der meine Verwunderung bemerkt hatte. »Er fährt jeden Tag über die Berge und bringt Briefe, Päckchen, Pakete und manchmal auch Lebensmittel nach Gambell. Das ist die große Ortschaft im Nordwesten unserer Insel. Im Sommer fahren wir mit einem Motorboot dort hin.«

Das Kufenfahrzeug hatte sogar Platz für vier Fahrgäste. Gern hätte ich eine solche Post-Schlitten-Fahrt mitgemacht, aber unerwartet tauchte Arnuk auf und versprach mir mit seinem Hundegespann eine Fahrt über die Berge nach Gambell.

Gemeinsam streiften wir weiter durch das winzige Dorf. Es gab nur graue, eintönige Holzhütten, die in lockeren Reihen entlang der mit Holzplanken ausgebauten Ortschaft standen. Morsche oder zerbrochene Bretterstege führten zu den verwahrlosten Behausungen. Die meisten hingen voll gedörrter Fische oder waren mit zum Trocknen aufgespannten Fellen benagelt. An vielen Ecken sahen wir langhaarige, magere Hunde angepflockt, die jeden Vorbeigehenden zähnefletschend anfauchten. Mit aller Gewalt zerrten die ausgemergelten Geschöpfe an den schweren Ketten. Ihr Geheul verstummte nicht eher, bis ihnen ein Brocken Fleisch oder schieres Robbenfett zugeworfen wurde oder bis man sie mit der Peitsche traktierte.

Nur einige Eskimofrauen mit farbenfreudigen Kleidern oder Anoraks belebten das ausdruckslose Einerlei des winterlichen Dorfes. Einziges Schmuckstück war die gepflegte Holzkirche mit einem freistehenden Glockenturm, der von Kindern als willkommenes Turngerüst ständig belagert war. Eine vom Staat neu errichtete

Volksschule war leuchtend rot gestrichen. Mit der verwitterten Holzbaracke, die das Postamt beherbergte und dem »Nativ Store«, einem Kaufladen, sind alle Sehenswürdigkeiten des frostigen Inseldorfes erwähnt. Eine Anlegestelle gibt es auf der Insel nicht. Sämtliche Fellboote lagen am vereisten Strand oder waren auf Holzgerüsten aufgebockt.

Mein Eskimoführer lud mich zum Fischen ein. Er schaufelte seinen Motorroller frei, der unter dem Schnee begraben war. O Wunder — beim ersten Start sprang der Motor an! Mit Angelhaken, Pilker, Leinen und einem Eispickel rauschten wir bald mit angehängtem Schlitten über das blankgewehte Küsteneis.

An einer für Fischreichtum bekannten Stelle hackte Arnuk mit dem Eispickel, dessen Spitze aus einem scharfen Walroßzahn bestand, ein meterbreites Loch in die fünfzig Zentimeter dicke Eisdecke. Der Eskimo kam tüchtig ins Schwitzen dabei und ließ sich erschöpft aufs Eis fallen, als endlich blaßgrünes Meerwasser aus der Öffnung schoß.

Arnuk war eine kleine schmächtige Person, die mehr vom Herumfahren mit dem Knatterschlitten hielt als von schwerer Arbeit. So machte ihm auch das Eisfischen viel Spaß, das bei den Eskimos meist von den Frauen besorgt wird. Seine Hunde verlieh er an die älteren Dorfbewohner, die ihm dafür den Wintervorrat an Futter beschaffen mußten. Beim Haarschneider im Ort war er anscheinend unbekannt, denn sein fettiger, schwarzer Kopfschmuck füllte fast die ganze Kapuze. Natürlich fehlte auch nicht das flaumhaarige schwarze Bärtchen. Es paßte so recht zu ihm, daß er auf dem Eis keine hohen Lederstiefel trug, sondern nur Schleichsandalen aus Fell.

Der Eskimo hockte wie ein versteinertes Standbild am Eisloch und ließ die Angelleine auf und ab tanzen. Köder hatten wir nicht. Als Ersatz hing an der Schnur ein geschnitztes Stück Elfenbein in Form eines Fisches. Und siehe da — die Meeresbewohner ließen sich täuschen! Die Mutter der Seetiere hatte meinem Eskimo einen kapitalen Knurrhahn geschickt. Freudestrahlend landete er das zappelnde Opfer. Ein zweiter und dritter Fisch folgte in den nächsten dreißig Minuten. Dann versuchte ich mein Glück. Sobald ich einen Biß verspürte, riß ich die Leine hoch. Aber die Geister des Meeres schienen mir nicht wohlgesonnen. Der nadelspitze Haken blieb leer. Nach einer Stunde endlich — mir taten die Arme schon weh — verspürte ich einen harten Zug. Ein großer Fisch riß mir fast die Gerte aus der Hand. Langsam, aber immer wieder Leine gebend, holte ich die feine Schnur ein. Sie war zum Zerreißen gespannt. Würde sie halten? Ich tippte auf eine schwere Seeforelle, denn der wildkämpfende Fisch hielt tiefes Wasser. Der Eskimo gab mir andauernd fachmännische Ratschläge, bis sich der Fisch schließlich verausgabt hatte und die Leine schlaff wurde. Sobald er an die Oberfläche kam, erfaßte Arnuk ihn mit einem Widerhaken seiner hölzernen Wurfkeule und zog das wild mit dem Schwanz schlagende Tier auf Eis. Meine Beute war tatsächlich eine Seeforelle von 15 Pfund. — Petri Dank!

Nachdem das Sonnenlicht schwächer geworden war, bissen die Fische auch wieder gut an. Bis zum Ende der Fischwaid angelten wir noch sechs Knurrhähne, einen Seesaibling, zwei Arktische Äschen und einen Rotlachs.

Zum Abendessen gab es natürlich frischen Meeresfisch. Arnuk steckte alle Knurrhähne in einen großen Topf und kochte sie mit Eingeweide, Flossen, Kopf und Augen zu einem klebrigen Brei. Da ich großen Hunger hatte, würgte ich den Fischbrei — wenn auch mit Widerwillen — hinunter.

Die Einwohner Savoongas fischen hauptsächlich in den Sommermonaten im Meer oder den vielen fischreichen Seen der Insel, weil dann mehrere und größere Fischarten die Gewässer bevölkern. Im Winter ist das Fischen entweder nur Hobby oder bittere Notwendigkeit, beispielsweise dann, wenn alle Vorräte aufgebraucht sind. Hauptnahrung der Inseleskimos sind aber Robben und Walrosse.

Als sichere lebende Reserve für schlechte Zeiten hat sich die leidgeprüfte Inselbevölkerung mehrere Rentierherden angeschafft. Jahrtausende trotzten die Eskimos den unmenschlichen Lebensbedingungen auf dem kleinen Eiland, ohne es zu verlassen. Hungersnot und Krankheit rafften mehrmals die ganze Bevölkerung hin. Neue Bewohner strömten über das Eis aus Sibirien herbei. Im Jahre 1879 blieb jede Jagd ohne Erfolg. Die größte Kälte seit Menschengedenken verwandelte die Insel in einen riesenhaften starren Eisblock. Alle Vorratslager erschöpften sich rasch. An der Hungersnot starben zwei Drittel der Bewohner.

Ein geistlicher Betreuer der Eskimos importierte 1895 aus dem arktischen Kanada zwanzig kräftige Rentiere, Kühe und Bullen. Lappen aus Finnland mit großer Erfahrung in Rentierzucht siedelten sich mit ihren Familien auf der Insel an und brachten zusätzliche Rene mit, die gewohnt waren, sich in einem bestimmten Gebiet aufzuhalten. Es hat recht lange gedauert, bis die eingeborenen Jagdgemüter sich daran gewöhnten, nicht alles Wild zu schießen, was sie sahen. Dann aber vermehrten sich die Rentiere bis auf zehntausend Stück, und die Lappen konnten wieder in ihre weniger frostige Heimat zurückkehren.

Die Eskimos hegten ihre Rentiere wie wir unser Rotwild, denn die großen Herden waren die denkbar beste Lebensversicherung der ganzen Sippe für den Fall des Wiederauftretens einer großen Hungersnot. Im Winter 1949 ereignete sich aber eine große Tragödie für die Tundratiere. Auf meterhohen Schnee hatte es geregnet, und der arktische Frost überzog ihn während der Nacht mit einer undurchdringlichen Eisschicht. Den Renen war es nicht mehr möglich, mit ihren Schalen und Geweihen den frostigen Boden vom Schnee zu befreien, um an den Bewuchs heranzukommen. Zweidrittel von ihnen mußten elend verhungern. So existiert heute nur noch ein Rest von etwa dreihundert Stück auf der Insel.

Für Eskimos ist es unglaublich schwer, sich mit der Rentierzucht vertraut zu machen. Jedes Tier betrachten sie als Jagdbeute. Gewiß, sie sehen ein, daß Rentiere eine sichere Fleischreserve sind. Aber das ganze Jahr über gibt es Vögel, Enten und Gänse zu schießen, was früher ohne Flinten nicht möglich war. Heute könnte man in Notzeiten mit Handgranaten oder Dynamit Löcher ins Eis sprengen, um wenigstens den Fischfang zu ermöglichen. Neuerdings rufen notleidende Eskimos einfach den Staat um Hilfe an. All das hat dazu geführt, daß der Rentierbestand jetzt so gering und größtenteils verwildert ist.

Durch glücklichen Zufall hatte der Älteste den Eskimos gerade zur Zeit meines Aufenthaltes auf der Insel einige Rentiere zum Abschuß freigegeben. Ich durfte eine solche Jagd miterleben. Schon in den ersten Morgenstunden des nächsten Tages ging die Reise los. Zwei junge Männer des Ortes erschienen mit ihren Motorrollern, an die sie lange Holzschlitten gebunden hatten. Arnuk zog ebenfalls seine Schneemaschine aus dem Schuppen, befestigte das hölzerne Kufengefährt daran, zurrte die aus Zeltausrüstung, Kleidung und Proviant bestehende Ladung fest, und im Nu jagten drei knatternde Schlittengespanne über die weiße Ebene. Ziel waren die 35 Kilometer entfernten Vulkanberge der Insel mit den weißglitzernden Schneekuppen. In ihren engen Tälern und vorgelagerten Niederungen ästen einzelne Rentiere und kleine Rudel, während die größeren Herden das hohe Wildgras der baumlosen Tundra und den moosigen, flechtenreichen Küstenstreifen der nördlichen Inselseite bevorzugten.

Der Morgen war frostig und klar. Die weiße Landschaft aus Eis und Schnee glitzerte in der Sonne. Und wieder hockte ich auf einem Schlitten, aber diesmal stank es fürchterlich. Statt lautlos galoppierender Hunde zogen lärmende Schneemaschinen die hoch beladenen Schlitten. Sie zerstörten die himmlische Ruhe der polaren Welt und verpesteten zudem die keimfreie Luft der Arktis. Frierend saß ich hinter dem Auspuff auf meinem angebundenen Holzschlitten und mußte stundenlang die verbrannten Benzingase einatmen. Die Gummiketten des Rollers wirbelten losen Schnee auf, der mich völlig einhüllte und die Gläser meiner Schutzbrille verklebte. Der feine weiße Staub drang durch alle Ritzen der Kleidung. Von den Bergen her raste ein heftiger Sturm über die flache Eiswüste, schob große Massen Schnee vor sich her und türmte sie vor jedem Hindernis zu hohen Wehen. Sobald wir uns der offenen See näherten, wurden die Böen noch heftiger. Schneidender Fahrtwind stach wie Nadeln ins Gesicht.

Arnuk drehte sich auf seinem Fahrzeug zu mir um und deutete auf mein Gesicht. Nase, Stirn und Wangen waren mit den unheimlichen weißen Frostflecken gesprenkelt. Ich zog die Handschuhe aus — sie waren am Anorak festgebunden — und taute den eisigen Belag auf. Die wendigen Motorschlitten rasten im hohen Tempo über die Schneefelder. Sie erreichten in offenem Gelände über hundert

Vorratskammer im Eis

Der Autor beim Eislochfischen

Trockenfische

Kilometer Geschwindigkeit. Der angebundene Schlitten schlingerte hin und her und schlug hart gegen verborgene Eiskanten. In einer tiefen Bodenwelle krachte er gegen einen kantigen Eisblock und kippte um. Alles Gepäck, Waffe, Kamera und Fernglas verschwanden mit mir im Schnee. Ich verstauchte mir mein linkes Bein und sah vor Schmerz die Sterne blinken. Vor Wut und Pein biß ich mir auf die Zähne, sammelte dann aber mit Arnuk mein Hab und Gut auf und kletterte wieder unter die Felle, die am Schlitten festgebunden waren. Stöhnen und Klagen nutzten nichts, denn in der kalten Einöde hätte mir ohnehin niemand helfen können.

Sofort ging die Fahrt weiter. Etwa alle Stunden wechselte ich meinen Platz, kroch über das Gepäck nach hinten und stellte mich auf die Kufen. Hinter der schützenden Rückwand des Schlittens stehend, war es weniger kalt als vorn auf dem Bretterboden des Gefährts.

Nach drei Stunden hatten wir eine weite, offene Ebene am Meer erreicht. Alle hochgelegenen Grasflächen waren vom Sturm schneefrei gefegt worden. Die erste Losung von Rentieren lag vor uns im Schnee, und frische Fährten kreuzten unseren Weg.

Die Fahrzeuge stoppten. Mit steifen Gliedern, völlig durchfroren und am ganzen Körper zitternd, kletterte ich vom Schlitten und gesellte mich zu den beratschlagenden Eskimos. Sie sahen in ihrer Vermummung aus wie Wesen von einem anderen Stern. Auch ihnen hatte die Kälte arg zugesetzt, zumal sie vorn auf den Rollern standen und das hohe Tempo den eisigen Wind noch verstärkte. Ihre Gesichter waren rot gefroren, Rauhreif bedeckte Haare und Augenbrauen.

Arnuk schob seine Schneemaschine hinter eine aufrechtstehende Eisplatte, um sie vor Treibschnee und der Sicht der Rentiere zu schützen. Wir legten helle Walroßhäute um und pirschten über die weiße Ebene. Der Wind kam direkt von vorn. Jede Geländeerhebung ausnutzend, schoben wir uns zwischen hohen Schneewehen und aufgetürmten Eisschollen hindurch, immer den ausgemachten Schalenabdrücken des Wildes folgend.

Von einem Hügel aus erkannte ich die ersten dunklen Punkte. »Gib mir das Glas«, bat Arnuk. Seine wildgewohnten Augen entdeckten die Tiere sofort. Es war eine Gruppe von zehn Stück. »Sind gute Bullen dabei!« meinte der Eskimo, den nun das Jagdfieber gepackt hatte. Rasch pirschten wir uns näher heran. Der Schnee war verharscht und knirschte bei jedem Schritt. Endlich standen die ersten hellgrau bis silberweiß schimmernden Rentiere vor uns. Ich warf mich in den Schnee und lud meine Waffe durch. »Nicht schießen . . . noch zu jung!« mischte sich einer der Eskimos ein, der sich uns angeschlossen hatte und ebenfalls von Savoonga kam. Er übernahm die Führung, gab ein Zeichen, ihm zu folgen, und stolperte mit uns schnellen Schrittes über das holprige Eis.

◀ Liebstes Spielzeug der Eskimokinder: junge Schlittenhunde

»Dort steht ein ganzes Rudel«, flüsterte Arnuk mir aufgeregt zu. Ich sah eine Menge Geweihträger unter den Rentieren. Sie schienen mir aber kleiner, heller und leichter zu sein als Karibus. Im Vordergrund lagerte eine Gruppe von fünf jüngeren Hirschen. Die Masse des Wildes bewegte sich ständig fort, äste dabei oder schlug mit seinen harten Schalen den Schnee vom spärlichen Gras.

Es war gar nicht so einfach, auf der schutzlosen weißen Fläche das Wild anzupirschen und zwischen den fortwährend hin und her laufenden Renen das richtige Stück auszumachen. »Schieß den weißen Bullen«, rief mein Eskimo mir zu. Er meinte damit den größten Hirsch des Rudels, ein auffallend helles Tier mit kapitalem Geweih. Es trug an die zwanzig Enden und zwei ausgewachsene Schneeschaufeln über den Lichtern — eine große Seltenheit, die höchstens zwei- bis dreimal unter tausend Tieren zu finden ist. Ich pirschte mich gebückt bis auf einhundertfünfzig Meter an das Rudel heran und hockte mich — meinen rechten Ellbogen aufs Knie stützend — in den Schnee. Der anvisierte Hirsch zeigte mir nur den Spiegel. Hatte er sich endlich gedreht, dann schob sich auch schon ein anderes Stück davor, so daß ich lange Zeit kein Ziel fassen konnte. Im freien Tundragelände, auf dem die Wildrene äsen, gibt es keine Gewehrauflage. Man schießt freihändig, stehend oder kniend. Als mir Arme und Beine vom langen Hocken und Zielen zitterten, winkte ich dem Eskimo. Er schlich herbei und bot mir seine Schulter als Auflage an. Endlich schob sich der Hirsch an die Spitze des Rudels und stellte sich breit. Er hatte uns entdeckt, warf auf, windete mit erhobenem Äser und äugte zu uns herüber »Schießen!« raunte mir mein Jagdführer zu, blieb bewegungslos stehen, schob die linke Schulter vor und zog den Kopf ein. Ich legte das Gewehr auf, backte an, atmete ruhig durch — und Schuß!

Wie vom Blitz getroffen, brach der stolze Hirsch zusammen. Ein glücklicher Schuß, ein schneller Tod. Schmerzlos war der Leitbulle ins Jenseits befördert. Ein jüngerer, stärkerer nahm seinen Platz an der Spitze der davonstobenden Herde ein.

Die Eskimos jubelten. Konnten sie doch mit einer hundert Kilo schweren Beute ins Dorf zurückkehren. Jede Familie erhielt zur Abwechslung wieder einmal schmackhaftes Rentierfleisch.

Ich indes besaß eine kapitale Trophäe, eine wertvolle dazu, denn auch die stärksten Hirsche tragen selten zwei voll ausgebildete Vorschaufeln. Ob Rentiere damit den Schnee wegscharren, ist umstritten, denn im Winter werfen sie ihr Geweih ab. Sie holen außerdem, wie alle Hirscharten, das Futter mit den Schalen hervor. Die Geweihe der Tundrarene sind kaum so stark wie die der Wald- oder Bergrene. Zum Unterschied zu allen übrigen Hirscharten tragen beide Geschlechter Geweihe. Die Trophäe der Hirsche ist größer, hat längere Geweihenden und wiegt bis zu zehn Kilogramm. Die weiblichen Stücke erzeugen wegen des Kräfteschwundes durch Geburt und Aufzucht der Jungen weniger Geweihaufbaustoffe. Als einzige Hirschart bildet das Ren in der Bastzeit noch neue Sprossen und bringt es so manchmal auf mehr als fünfzig Geweihenden.

Rentiere (Rangifer taradus) gibt es nicht nur in Tundren, sondern auch in Wäldern und Bergen. Tundrarene sind z. T. von Lappen oder Eskimos gezähmte Tiere. Sie weichen kaum von den Waldrentieren der Rocky Mountains ab. Manche Karibus haben sich mit dem Hausren vermischt, das um 1900 in Alaska und Kanada eingeführt wurde, völlig ausgenommen das reinrassige Aleuten-Ren. Eine halbe Million wilder Rentiere wandert jeden Herbst in Trupps, Rudeln oder Herden, manchmal auch nur in Sippenrudeln oder Familiengruppen, über altgewohnte Wanderstraßen durch nordamerikanische Wildnis, über Bergrücken oder durch die niedrigen Tundren bis in die wärmeren Südregionen. Hauptsächlich bei der im Oktober stattfindenden Brunft kommt es zur Vermischung der Populationen.

Hauptnahrung der Rentiere sind Gräser, Kräuter, Flechten, Moose, Pilze, Knospen und Blätter junger Sträucher und Bäume. Zu ihrer vielseitigen Kost gehören auch Mäuse, Lemminge, Eier, Jungvögel und Fische. Lieblingsnahrung und wichtigste Winteräsung aber ist die bekannte Rentierflechte, deren dicke Polster von den Tieren bis zu einem Meter tief aus der weißen Winterdecke gegraben werden. Gegen das äußerst rauhe Klima der Arktis, eiskalte Winde und extreme Kälte schützt sie ihr dichtbehaartes Fell. Selbst Ohren, Muffel und Wedel tragen einen wärmenden kurzen, dichten Haarbesatz. Zur Fortbewegung in Moorgebieten, Sümpfen, tiefem Schnee sowie auf sandigen und steinigen Böden verfügen Rentiere über unzerreißbare Gelenksehnen und weit spreizbare Schalen mit Spannhäuten zwischen Haupt- und Nebenzehen.

Größere Herden werden oft von erfahrenen Kühen angeführt, während bei kleineren Rudeln die Leittiere meistens kapitale Bullen sind. Im Mai oder Juni nach fast sechsmonatiger Tragzeit bringen die weiblichen Tiere ein bis zwei Junge zur Welt — in seltenen Fällen sogar drei. Etwas unbeholfen stehen sie zunächst auf ihren wackeligen Läufen, aber schon kurze Zeit nach der Geburt folgen sie ihren Müttern auf allen Wegen. Sie wiegen bei der Geburt etwa zehn Pfund und erreichen ein Gewicht von drei bis vier Zentnern, wenn sie erwachsen sind.

Der Wolf ist der gefürchtetste Feind der Rene. Er greift sie einzeln oder in Rudeln an. Meistens folgt er der Herde stunden- oder tagelang, bis er einer unachtsamen Mutter das Kalb entrissen hat. Oft bleibt auch ein überaltertes oder krankes Tier zurück. Es wird dann immer sichere Beute der Verfolger. Nicht selten hängt sich auch ein hungriger Bär an die Fersen der Rentiere. Er stellt ihnen aber nur solange nach, bis er irgendein Tier gefaßt hat, und kehrt dann wieder zu seinem Einstandsgebiet zurück.

Mit geübten Griffen hatten unsere Eskimos das erlegte Rentier bald aufgebrochen und versorgt. Schnell waren Fleisch, Fell und Geweih auf Schlitten geladen und die erkalteten Motore der Metallfahrzeuge warmgelaufen. Als die Kolonne das rotgefärbte Eisfeld verließ, wehte eine frische Brise über die Spitzen der Eisberge. Die Sonne stand wie eine verglühende Metallscheibe am Himmel, von leichten blaugrauen und violett schwimmernden Wolkenschleiern umgeben, die Sturm verkündeten. Polareulen in ihrem weißen Gefieder mit der dunklen Sprenkelung umflogen unsere Kolonne und schossen im Sturzangriff auf die angehängten Schlitten, bis sie merkten, daß vom duftenden Rentierfleisch nichts zu fassen war.

Die Eskimos drängten zur Eile. Trotz der schnellen Fahrzeuge stand uns noch eine kalte, vierstündige Rückfahrt bevor. Die furchtlosen Inseljäger rasten mit ihren Schneerollern in einem Höllentempo über das spiegelglatte Eis, daß mir auf dem angehängten Schlitten Hören und Sehen verging. Ohne auf die angehängten Schlitten sonderlich zu achten, ging es über Eishöcker und Steine.

In einer engen Abwärtskurve kippte das Gefährt dann auch zum zweiten Male um. Ich rollte mitsamt Gepäck und Rentierfleisch in eine Schneewehe. Arnuk hatte meinen Verlust nicht einmal bemerkt. Erst nach fünf Minuten kam er mit seinem knatternden Schneegefährt zurück und besah sich meine blutenden Hautabschürfungen.

»Ist dir etwas passiert?« fragte er, sichtlich aufgeregt und schuldbewußt.

»Nein, noch nicht«, gab ich zur Antwort, lachte dabei wie ein Eskimo und humpelte zum Schlitten zurück.

»Mit den Fleischpaketen hättest du lange leben können, wenn du mir verlorengegangen wärst«, hänselte Arnuk mich, nachdem er sah, daß seinem Gast nicht viel passiert war. Lachend schwang er sich auf seinen brummenden Motorroller und fuhr noch schneller als vorher, denn jetzt war Zeit verlorengegangen, und er mußte seine Gefährten einholen. Breite Schneeflocken tanzten durch die Luft. Von See her wehte ein kalter Wind. Auf dem Schlitten war es kaum noch auszuhalten.

Auf halbem Weg kehrten wir zu meiner Erleichterung in eine Trapperhütte ein. Den Eingang bildete ein niedriges, verschneites Schlupfloch. Aus der engen Holzbude, die nur knapp zehn Quadratmeter groß war, strahlte uns eine behagliche Wärme entgegen. Auf dem Boden saßen sechs Eskimos mit auffallend dunklen Gesichtern und struppigen schwarzen Haaren. Sie sahen schmutzig und recht verwildert aus. Ein zahnloser Alter mit abgeschabter Kleidung und einem knochigen Gesicht, das nur aus Sehnen und Haut zu bestehen schien, war der Boß der Mannschaft. Der Jüngste, ein schmächtiger, drahtiger Bursche, hochgewachsen und mit kränklich aussehendem stumpfen Gesicht, heizte den Blechofen mit getrockneten Stücken Treibholz, das in großen Mengen an den Strand gespült wurde. An der

Decke hingen enthäutete, hasengroße Rentiere. Es waren einige der von den Eskimos nach eisigem Sturm, großer Kälte und stundenlangem Schneefall gefundenen fünfundsechzig Rentierkälber, die trotz Fürsorge ihrer Mütter an Unterkühlung eingegangen waren.

In der hölzernen Unterkunft wohnten ständig Eskimos, die ihre großen Rentierherden bei Tag und Nacht bewachten, so wie sie es von den Lappen gelernt hatten. Mit Hunden und Schlitten blieben sie den Tieren dauernd auf den Fersen, um deren Feinde zu bekämpfen. Neben Wolf und Bär gehören auch Adler, Fuchs, Eulen, Greifvögel, Krähen und Raubmöwen dazu, die vor allem den Neugeborenen nachstellen. Kranke Rene erlösten die Männer durch einen Kugelschuß; selbst verendete Tiere dienten zur Nahrung, da diese in der eiskalten, bakterienfreien Luft noch nach Wochen genießbar sind. So wurden aus Seetierjägern Rentierhirten — »Cowboys der Eismeerküste«, die ihre großen Herden hüteten.

Der Alte saß mit dem Rücken am wärmenden Ofen, kaute ein Stück Dörrfleisch und lächelte zufrieden.

»So lebt sich's gut!« sprach ich den Hochbejahrten an.

»O ja«, bekannte er. »Aber so war es nicht immer. Ich habe schon schlechtere Zeiten erlebt.«

»Was meinst du damit?« fragte ich neugierig, um dem alten Mann seine Erlebnisse zu entlocken.

»Meine Eltern wohnten auf dem Festland, als ich noch klein war«, begann er, ohne zu zögern, seine Erzählung. »Der Winter brach oft mit Blizzards und großer Kälte über uns herein, und das Eis war so dick, daß es keine Seehunde, Bären und Walrosse gab. Wir zogen dann mit den Schlitten über die Berge und suchten Rentiere. Nachts und bei Schneesturm bauten wir Iglus oder schlugen unsere Zelte auf. Wir hatten oft tagelang nichts zu essen. Meine Mutter lag eines Morgens tot im Zelt. Sie war verhungert. Neben ihr hatte der Säugling geschlafen, meine Schwester. Sie lag steif gefroren auf dem Bärenfell. Noch heute erinnere ich mich daran, daß ich sie für eine Puppe hielt. Wir Kinder spielten oft mit jungen Seehunden, wenn sie tot und steif gefroren waren. Eines Nachts hatten sich die Hunde losgerissen. Morgens war die kleine Puppe fort. Die Huskys hatten meine tote Schwester verschlungen. Mein Vater war so böse, daß er gleich zwei Hunde totschlug. Wir haben sie dann gegessen und danach auch noch einige andere. Als endlich die Rentiere kamen, lebten nur noch zwei Tiere, die unseren Schlitten ziehen mußten.«

Der alte Eskimo machte eine Pause und biß einen großen Happen von seiner Karibukeule.

»Wie habt ihr denn damals die Rentiere erlegt?« forschte ich weiter.

»Oh, das war nicht schwer«, grinste er verschmitzt. »Wir bauten unsere Zelte

oder Iglus auf den Wanderwegen der Karibus, die immer dieselben waren. Die Jäger hatten im Sommer große Steine übereinander gelegt und obenauf Klumpen aus Erde. Die Karibus glaubten, es seien Menschen und flüchteten ins Wasser »Schnell, steh auf, das Eis bricht!« rief Arnuk. »Wir müssen sofort zurück.«
»Wie habt ihr sie denn im Wasser getötet?« wollte ich wissen.
»Oh, wir liefen hinein oder verfolgten sie mit unseren Kajaks und warfen unsere Speere nach ihnen«, belehrte er mich. Dann richtete er sich stolz auf, schlug meinem Eskimo kräftig auf die Schulter und meinte lachend:
»Aber Arnuk ist auch ein großer Jäger. Er hat schon viele Walrosse geschossen und wird dir große Bullen zeigen, wenn das Eis aufbricht.«
Nachdem wir uns etwas aufgewärmt hatten, ging die strapaziöse Heimreise weiter. Es schneite immer noch. Rücksichtslos jagten die Eskimos mit den Schneemaschinen über kantige Eisbrocken, schneelose Felssteine, durch meterhohe Schneewehen und zwischen engen Schluchten mit steil aufragenden Eisschollen hindurch. Oft sah ich mich schon im Geiste mit zerschmetterten Knochen irgendwo im Eisbruch liegen. Zur Wegabkürzung überquerten wir die vereisten Küstenberge. Die unverwüstlichen Sachsmotore gaben ihr Letztes her. Unerschrocken lenkten die Eskimos ihre Schneefahrzeuge über breite Risse und stumm gewordene, im Eis erstickte Wasserfälle. Nach akrobatischer Berg- und Talfahrt ging die Reise spät abends im Dorf zu Ende. Meine Füße waren gefühllos, und mein Gesicht war entstellt, von Wind und Frost verzerrt. — Die kapitale Rentiertrophäe wird immer eine frostige Erinnerung an Savoonga sein.
Gut ausgeschlafen und froh gelaunt, steckte ich nach dem Frühstück den Kopf durch das Lukenfenster der Behausung. Die aufgestürmten Schneemassen rund um die Hütte waren über Nacht zu funkelnden Eishügeln geworden. Gleißendes Sonnenlicht blendete meine Augen. Mit einer aus Walknochen geschnitzten Sonnenbrille, die mir Arnuk geschenkt hatte, kletterte ich aufs Hüttendach, um nach offenem Wasser Ausschau zu halten. Weit und breit nur Eis — gefrorenes Meer und schneebedeckte Hügel. An Walroßjagd war nicht zu denken. Enttäuscht schlich ich in die Hütte zurück und hockte mich an den warmen Ofen.
Gegen Mittag stürzte Arnuk zur Tür herein.
»Auf zur Robbenjagd«, rief er freudestrahlend. »Ich habe ein Wasserloch entdeckt.«
Schnell raffte ich die warme Pelzkleidung zusammen, nahm meine Bockbüchsflinte mit den .222-Remmington-Patronen und schwang mich auf den Schlitten. Bei herrlichem Sonnenschein lenkte mein Eskimoführer sein motorisiertes Kufenfahrzeug mit großem Geschick über ein heilloses Durcheinander von Brucheis, überwehten Schollentrümmern, spiralförmigen Schneewehen und verschneiten Eisrissen.

Robbenfleisch ist für Eskimos in Sommer und Winter wichtigster Proviant. Sie nutzen jede Gelegenheit, einen Seehund zu erbeuten, denn die Jagd ist nicht immer erfolgreich. Oft stehen die Jäger stundenlang — im Sommer Tag und Nacht — am stürmischen Strand, ohne auch nur eine Robbe zu sehen. Im Winter ist es wichtig, offenes Wasser zwischen dem Packeis der Küstenzone zu finden, weil darin die warmblütigen Seehunde auftauchen müssen, um Atem zu holen.

Alle Eiswälle waren glücklich überquert, aber wir kamen nicht bis zu dem dampfenden Wasserloch. Auf dem Gipfel einer haushohen Scholle stehend, suchte Arnuk nach einem günstigen Weg. Mit dem Schlitten kamen wir aber nicht weiter. Wir mußten ein hundert Meter breites Eisfeld mit rippigem spaltenreichen Grund zu Fuß überqueren, um ans Ziel zu gelangen. Als wir mit unseren gesteppten Unteranzügen und in dicker Pelzkleidung die ersten Eisbarrieren und Gletscherbrocken erklommen hatten, dampften wir wie gewaschene Teddybären; schweißtriefend erreichten wir nach mühevollem, beschwerlichen Fußmarsch die Wasserstelle.

Kaum standen wir vor dem dunkelblauen Wasser, da tauchte auch schon der erste Seehundskopf auf. Blitzschnell lag ich im Schnee. Ebenso rasch war der Hund wieder untergetaucht. Die Waffe ruhte schußbereit auf einem gefrorenen Schneehügel. Minuten dauerten eine Ewigkeit. Aber es geschah nichts. Nach einer Stunde etwa begann es rundum zu knistern und zu knacken.

»Schnell, steh auf, das Eis bricht!« rief Arnuk. »Wir müssen sofort zurück.«

Stolpernd hasteten wir über die brechende weiße Fläche. Kalter Schweiß lief mir über den Rücken. Als wir unseren Schlitten erreicht hatten, fiel mir ein Stein vom Herzen. Doch auch unter dem Schneegefährt war das Eis in Bewegung geraten. Der Eskimo riß an der Starterleine. Nichts rührte sich. Noch einmal zerrte er am Anlasser. Doch die Maschine gab keinen Laut. Arnuks Kopf wurde rot vor Zorn — eine Seltenheit bei Eskimos. Wütend versuchte er es nochmals mit roher Gewalt. Mit dem Ergebnis, daß die Starterleine zerriß. Rücklings sauste der Robbenjäger in den Schnee. Statt zu fluchen, brach er in Gelächter aus. Aber dann wurde seine Miene ernst. Vor uns tat sich ein Wassergraben auf. Es konnte nur noch Minuten dauern, bis er zur Rückkehr zu breit war.

»Es geht nichts über Hunde vor einem Schlitten!« reizte ich ihn.

Er reagierte aber nicht darauf, sondern flickte ruhig die zerbrochene Starterleine. Unterdessen zog ich meine Handschuhe ab, entnahm dem Werkzeugkasten einen Schraubenschlüssel und drehte die Zündkerze heraus. Rasch war sie am Taschentuch getrocknet und mit dem Jagdmesser sauber gekratzt. Ein Zug mit der verknoteten Reißleine — und beim ersten Start heulte der Motor auf. Buchstäblich in letzter Sekunde überquerten wir den tiefen Spalt und brausten in höllischem Tempo zurück.

Aber die Gefahr war noch nicht gebannt. Kurz vor der Küste hatte sich das Eis erneut geteilt und ein kilometerlanges Schneefeld freigegeben. Steifer Ostwind trieb die abgetrennte Eisfläche seewärts. Erstarrt standen wir vor dem gähnenden Abgrund.

Ich dachte an Telefon, Hubschrauber und Rettungsflugzeuge — aber all das gab es hier nicht. Sorgenvoll und etwas hilflos, sah ich meinen Eskimoführer an. Der grinste aber nur, gab wortlos Gas und holperte quer vor dem Wassergraben her, um einen Übergang zu finden. Immer breiter wurde das Meer zwischen uns und dem rettenden Eis vor der Küste. Nach zwei oder drei Kilometer stießen wir auf Berge übereinander geschobener Eisschollen. Der Wassergraben verengte sich, und nach einem weiteren Kilometer endete er — so schien es wenigstens — im festen Packeis. Aber es war nur Eisgeröll, das eine Brücke über den Graben spannte. Arnuk brummte mit Vollgas über den Engpaß, ohne den Untergrund zu prüfen.

Rums — schon war es passiert! Der Steg brach zusammen, und der Roller plumpste in die Tiefe. Geistesgegenwärtig war mein Eskimo abgesprungen, glitt aber aus und rutschte hinterher. Ich war mit dem langen Holzschlitten umgeschlagen und klammerte mich an einen Eisvorsprung. Unter mir rauschendes Meerwasser. Von meinem Schrecken erholt, fand ich schnell sicheren Halt und tastete meine Glieder ab. Sie waren noch heil geblieben.

Mit schmerzenden Gliedern robbte ich an die Eisschlucht. Mein Eskimo regte sich nicht. Sein braunes Gesicht hatte sich weiß gefärbt. Er war besinnungslos. Sein schwarzbehaarter Schopf lag auf einer weißen Eismauer. Mit Schnee rieb ich ihm Stirn und Nacken ein und massierte seine Brust. Endlich schlug er die Augen auf, schaute wie ein Neugeborener in die Welt und schwang sich, einem Stehaufmännchen gleich, auf die Beine.

»Was ist los? Bist du verletzt?« fragte er erregt.

»Bei mir ist alles in Ordnung«, konnte ich erwidern.

»Wo ist der Roller?«

Ich zeigte in den Eisspalt, wo seine Maschine halb im Wasser lag. Der Eskimo lachte über das Mißgeschick. Es gehört schon etwas dazu, in solcher Situation den Humor nicht zu verlieren. Aber Eskimos reagieren auf derartige Vorkommnisse nur mit Lächeln. Es ist ein homerisches Lachen, ein Ausbruch aus der Eintönigkeit ihres harten Lebens, eine Explosion aus dem großen Schweigen ihrer arktischen Umwelt.

Die Kopfwunde des Eskimos war bald mit Pflaster zugeklebt und mit meinem Taschentuch als Schutz gegen Frost verbunden. Mit vereinten Kräften versuchten wir, die Schneemaschine aus der Tiefe zu bergen. Den langen hölzernen Bootshaken klemmten wir über die Bruchstelle des Eises und zoge das Vehikel flaschenzugähnlich mit einer reißfesten Walroßleine nach oben. Die Karosserie war verbeult, eine Raupenkette gerissen. Mit Angelhaken und Leine verband Arnuk die Gummiglieder der Kette und verstärkte sie mit einem Sehnenstrick. Das am Benzintank entstandene Leck dichteten wir mit Kaugummi ab und klebten Heftpflaster darüber. Und oh Wunder, der Motor hatte den Sturz gut überstanden und sprang gleich an. Also konnte die Jagd weitergehen.

Unmittelbar an der Küste entdeckten wir in einer wassergefüllten Spalte den Kopf eines Seehundes. Arnuk stoppte den Roller, riß seine Waffe von der Schulter und hastete stolpernd über das Eis. Kaum hatte er den Wakenrand erreicht, da knallte es auch schon. Aber der Seehund war schneller. Die Kugel klatschte ins Wasser. Ich eilte meinem Eskimo nach und ging ebenfalls in Schußposition. Wir hockten uns auf einen Eisblock und warteten. Etwas Trockenfleisch ersetzte die längst fällige Mahlzeit.

Ein Eiderentenpaar fiel vor uns ein. Aufgeregt schwamm es hin und her und tauchte nach Futter. Der schwarzweiße Erpel mit seinem grün gefiederten Hinterkopf und pechschwarzer Federhaube wagte sich bis zu uns ans Ufer. Prustend schoß ein Seehund aus der Tiefe, und das Eiderpärchen strich, laut gackernd und quakend, ab. Gleichzeitig war auch der Robbenkopf verschwunden.

»Mach dich fertig, der taucht gleich wieder auf«, raunte mir der Eskimo zu.

Gebannt schauten wir aufs Wasser. Die Waffe war geladen und entsichert. Nach einer Weile sprudelte es einer Quelle gleich an die Oberfläche. Es folgte ein Seehundsrücken, eine Schwanzflosse — aber der Kopf blieb unten.

»Die Robbe fischt; gleich taucht sie wieder auf«, beruhigte Arnuk mich.

Während der Verfolgung von Fischen streifen Seehunde oft nur die Wasseroberfläche, um ihre Beute nicht aus den Augen zu verlieren, und dabei holen sie frische Luft. Alle zehn Minuten taucht eine Robbe auf; nur selten bleibt sie bis zu zwanzig Minuten unten.

Wie hervorgezaubert, schwamm plötzlich ein Ball auf dem Wasser. Es war der schwarze kugelige Kopf einer Robbe. In ihrem Fang glänzte ein silbergrauer Fisch. Sie protzte mit ihrer Beute aber etwas zu lange. Ein schneller Schuß beendete ihr Räuberleben.

Arnuk rannte zum Schlitten, riß die Wurfleine aus dem Gepäck und kam mit Bootshaken und Keule zurück. Wie ein Geist wandelte er über das knackende Neueis. Die dünnen Stellen am Rande des Wasserloches überwand er auf allen Vieren rutschend, denn die junge Meereisdecke schwankte bedrohlich. Die erlegte Robbe schwamm auf dem Wasser. Hoher Salzgehalt der Polarmeere und das winterliche Fettpolster lassen keine Robbe sinken. Arnuk schwang die birnenförmige Holzkeule mit den vier Widerhaken durch die Luft. Sie fiel mit der daran befestigten Leine unmittelbar hinter dem Hund ins Wasser. Durch einen kräftigen Ruck riß er die Haken der Wurfkeule in den Robbenleib und zog die

Beute Meter für Meter zum Ufer. An einem Eisvorsprung aber blieb sie hängen. Unentwegt zurrte und riß der Jäger, bis der Widerhaken brach und das Seilende vor seinen Füßen lag. Erneut schwang er das Wurfgeschoß — aber die Haken griffen ins Eis, statt in den Robbenleib. Wieder und wieder versuchte er es, bis nur noch ein Haken den birnenförmigen Holzklotz zierte.

Eilig turnte der Eskimo übers dünne Eis zur Schneemaschine zurück. Mit einer Pistole in der Hand rutschte er erneut zum Wasserloch und schoß seine Kugeln ins Eis, um den Eisvorsprung abzuschießen, hinter dem die Robbe lag. Als das Magazin leer war, prunkte wohl ein faustdickes Loch im Eis, aber das Hindernis war noch nicht beseitigt.

Erfinderisch befestigte er nun seine Wurfleine am Bootshaken und schleuderte ihn wie einen Speer auf das Eis. Er zog ihn mit der Leine zurück und wiederholte das Manöver so lange, bis die Spitze des Bootshakens die Eisplatte getrennt hatte. Endlich war der Seehund frei. Ein letztes Mal sauste das Wurfgeschoß durch die Luft. Vom spitzen Widerhaken erfaßt, rutschte die Beute zu uns übers Eis. Arnuk warf sie unaufgebrochen auf den Schlitten.

Wir hatten eine wertvolle Sattelrobbe (Phoca groenlandica) erbeutet. Ihr Fell ist weich und schön gezeichnet. Zwischen den engstehenden dünnen Haaren staut sich so viel Luft, daß kein Wasser hindurchdringt. Wegen der braunen, sattelförmigen Färbung auf dem Rücken ihres silbergrauen, leicht geblich schimmernden Felles heißt sie Sattelrobbe. Die Neugeborenen kommen mit schneeweißem, wolligen Fell zur Welt, das sich erst nach einigen Wochen gelb färbt. Mit sechsunddreißig Kilometer in der Stunde ist die Sattelrobbe wohl der schnellste Schwimmer unter den Seehunden, obwohl ihr Körper plump wirkt, ein Gewicht von fünf Zentnern erreicht und über zwei Meter lang wird. Sie kann bis zu zweihundertfünfzig Meter tief tauchen und ihren Pulsschlag von einhundertfünfzig auf zehn in der Minute verringern, um länger unter Wasser zu bleiben. Ihre Nahrung sind Steinbutt, Seezungen, Krebse und andere Lebewesen des Meeresbodens. Auch Dorsche, Lachse und Heringe verschmäht sie nicht. An einem Tage vertilgt sie zehn Pfund Fisch. Mit Vorliebe reißen Sattelrobben mittels ihrer starken Zähne die prall gefüllten Fischernetze auf und werden deshalb zu Recht von den Petrijüngern gehaßt. Vor dem eisigen Wasser der Arktismeere schützen sie das wasserdichte Fell und die handbreite Fettschicht.

Im Sommer leben diese Robben vornehmlich in den Gewässern um Grönland und schwimmen im Herbst an der Labradorküste Kanadas entlang durch die Baffin-Bucht nach Alaska, Spitzbergen oder in die Barentssee. Sie liegen oft lange bewegungslos unter dem Wasser, ruhen sich so aus und tauchen nur zum Luftschöpfen auf. So entgehen sie ihren vielen Feinden, vor allem dem Eisbär und den Menschen.

Zur Paarungszeit tummeln sie sich auf den Eisbänken. Zwischen den Männchen herrscht blinde Eifersucht. Sie buhlen um die Gunst der Weibchen und liefern sich erbitterte Kämpfe. Dabei schützen allerdings dickes Fell und breite Fettlage vor zu tiefen Bissen und Rissen. Jedes Männchen paart sich nur mit einem Weibchen.

Elf Monate nach der Paarung bringt das Weibchen ein, selten zwei Junge zur Welt. Sie säugt sie mit fetter Milch und verwöhnt sie mit liebevoller Pflege und Zärtlichkeiten. Bereits vier Wochen später schwimmen die Jungen munter umher, beginnen mit der Jagd und sind der Muttermilch völlig entwöhnt, haben schon ein Gewicht von fünfzig bis siebzig Pfund und folgen den Eltern bis in die kalten, stürmischen Gewässer der Polarmeere.

Vornehmlich die Felle der Sattelrobben und Ringelrobben werden zu Seehundsmänteln verarbeitet, natürlich auch zu Jacken, Fellstiefeln und Kapuzen. Bekannt sind vor allem die »White Coats« aus schneeweißem, flauschigem Wollfell der Sattelrobbensäuglinge.

Jahrelang waren diese Ziel einer weltweit angelegten Tierschutzkampagne, die sich gegen das Erschlagen von Robben in Kanada richtete und die Gemüter derart erhitzte, daß der bis dahin große Kundenkreis der Eskimos für Seehundsfelle schlagartig zurückging. In Kanada, Alaska und Grönland gerieten dadurch viele Menschen in Not, denn die Eingeborenen haben weder Geld noch die Möglichkeit, Fleisch im Laden zu kaufen. Manche Eskimofamilie hungerte. Viele Arktisbewohner erkrankten oder starben den Skorbut-Tod, weil sie ihre Felle nicht mehr verkaufen konnten und kein Geld bekamen, um Mehl, Zucker, Kindernahrung, vitaminreiche Lebensmittel und Medikamente zu beschaffen.

Skorbut ist eine unheimliche Krankheit, die ihre Opfer heimtückisch und hinterlistig anfällt. Niemand kann wissen, ob und wann er davon ergriffen ist. Sie schleicht unerkannt durch das kranke Blut, zeichnet ihre Opfer durch aschfahle Gesichter, tiefliegende, blaugeränderte Augen und fieberhaftes Aussehen. Es ist jammervoll zu beobachten, wenn diese Eskimomenschen sich mit hohlen Wangen, geschwollenem Zahnfleisch, lockergewordenen Zähnen und schmerzverzerrten Gesichtern mühsam auf ihren entzündeten Füßen umherschleppen.

In Alaska leben 80 Prozent aller Eskimos vom Robbenfang. Allein auf der Grönlandinsel, wo für ein Viertel der Bevölkerung die Seehundsjagd einziger Erwerb ist, beträgt der Verbrauch achtzig Kilogramm Robbenfleisch je Kopf und Jahr. Deshalb kann kein noch so großer Boykott diese Menschen vom nackten Fleischerwerb abhalten, vom täglichen Töten und Schlachten der Robben und Fische. Sie haben ein natürliches Recht dazu.

Robbenjunge werden nur erlegt, um wollige, warme Kleidung für die Kinder und dünne leichte Unterwäsche daraus anzufertigen. In Alaska werden überhaupt keine jungen Seehunde erschlagen. Mit sicherem Schuß der Eskimojäger endet das Robbenleben völlig schmerzlos. Das harte Los der Menschen polarer Breiten erfordert die Robbenjagd als Voraussetzung für jede menschliche Existenz.

Bemerkenswert ist, daß die Verteufelung des Robbenfanges ihr Ziel völlig verfehlte und die Hauptschuldigen nicht traf. Angriffspunkt war ja vor allem das Totschlagen der Robbensäuglinge in Ostkanada. Dort brachte man die weißen Felle der jungen Robben kurzerhand gefärbt in den Handel. Es gab keine »White Coats« mehr, sondern nur noch andersfarbene Felle. Davon aber wurden mehr verkauft als vorher.

Kanada hat umfangreiche Schutzmaßnahmen beschlossen, um eine waidgerechte Jagd auf Seehunde zu gewährleisten. Es dürfen beispielsweise nur noch Robben mit einem Gewicht von vierzig Kilogramm aufwärts erbeutet werden. Jungtiere sind dadurch völlig geschont. Es gibt also auch keine »White Coats« mehr. Die Jagd auf Seehunde ist nur noch mit Feuerwaffen erlaubt. Das Erschlagen von Seehunden und jede Jagd vom Flugzeug aus sind untersagt.

Viele Anliegerstaaten des Nordmeeres haben ähnliche Bestimmungen erlassen. Allgemein geht man dazu über, nur noch den Eingeborenen die Jagd auf Tiere ihrer Heimat zu gestatten. Sie jagen nur soviel Wild, wie sie für ihre Familien benötigen. Ob sie viele Tiere töten, um Felle zu verkaufen, das hängt doch nur davon ab, wie weit der weiße Mann bereit ist, sie ihnen abzukaufen. In Alaska hat die neu errichtete Industrie, vor allem das große Ölvorkommen, viele Erwerbsmöglichkeiten für die Urbevölkerung geschaffen. So läßt das Interesse an der Jagd immer mehr nach. Ich sprach Arnuk darauf an, aber der zuckte nur vielsagend mit den Achseln.

Unsere Heimreise verlief ohne Zwischenfall.

Am nächsten Tag begann das große Walroßabenteuer. Es war noch dunkel, als Arnuk mich weckte. Ich hatte allein im Hause geschlafen, denn mein Eskimo übernachtete mit seiner Familie bei Verwandten in der Nachbarhütte. Er kochte Kaffee, bereitete das Frühstück, und gleich danach wurde gepackt.

Einige Eskimos hatten südlich von Savoonga offenes Wasser entdeckt. Sie waren mit ihren Rollern und Schlitten über die vereisten Berge gekommen, nachdem am westlichen Ende der Insel in der Eskimosiedlung Gambell ein großes Volksfest nach Eskimoart stattgefunden hatte. Derartige Festlichkeiten mit großen Verlosungen, uralten Volkstänzen, neuzeitlicher Musik und romantischem Gemeinschaftsessen draußen auf dem Eis läßt sich kaum ein Eingeborener entgehen. Er nimmt gern eine vier- bis fünfstündige kalte Schlittenfahrt in Kauf, um Wiedersehensfeier und Möglichkeiten zur Anknüpfung von Bekanntschaften nicht zu versäumen.

Stürmischer Nordwind hatte die Eismassen vor der Südküste der Insel erfaßt und weit ins Meer getrieben. So war der Weg für die großen Walroßherden frei, die im Frühjahr durch die achtzig Kilometer breite und nur siebzig Meter tiefe Bering-Straße zum Nordpol wandern und die St.-Lorenz-Insel als idealen Ruheplatz ansteuern. Sie leben in den rauhen Gewässern vor der Felsenküste Alaskas und folgen den treibenden Eismassen mit den jeweiligen Strömungen der Gezeiten. Ungestört schlafen sie trotz tobender Stürme und größter Kälte auf den schaukelnden Schollen. Sie lassen sich auch dann nicht aus der Ruhe bringen, wenn rundum große Gletscherblöcke mit Donnergepolter zerbersten und das Krachen und Dröhnen der sich gegenseitig zermalmenden Eismassen die Stille der Arktis durchdringen.

Die weiblichen Walrosse mit ihren Jungen bevorzugen das offene Wasser mit kleinen Eisinseln und ziehen eng am östlichen Eisrand der Steilküste Sibiriens vorbei. Alte Bullen mit ihren noch nicht fortpflanzungsfähigen Vettern hingegen halten sich während ihrer Wanderung lieber an der Westküste Alaskas zwischen aufgebrochenen Eisfeldern, schwimmenden Gletscherbrocken, Knolleneis und kilometerlangen Eisbarrieren auf.

Walrosse lieben es, immer in der Nähe von Eis oder Inseln zu sein. Sie schwimmen zwar gut und schnell, jedoch nicht besonders ausdauernd. Deshalb hat ihnen die Natur zwei große, aufblasbare, bis zwischen die Schultern reichende Kehlkopftaschen als Schwimmblasen in ihrem spulenförmigen, schweren Körper wachsen lassen, die ihnen das Ruhen oder Schlafen auf offener See ermöglichen.

Auf ihrem Zug zum ewigen Eis des Polarmeeres bevölkern diese Dickhäuter die vereisten Strände und Buchten der Beringsee, vor allem aber die darin liegenden Inseln, wie die Pribilof-, St.-Matthew-, Nunivak-, Königs- und Diomedes-Insel.

Die größten Herden indes versammeln sich zur Nahrungssuche auf den Klippen und Muschelbänken der quer im südlichen Bering-Sund liegenden St.-Lorenz-Insel, sobald die warmen Sonnenstrahlen des Frühlings die viele Meter dicke Eisdecke zum Zerbersten gebracht haben. Das war auch der Grund dafür, daß gerade dieses urwüchsige Eiland Ziel meiner Reise für eine Walroßjagd geworden war.

Frühmorgens begann im Dorf ein hektisches Treiben. Eine solche Hast und Unruhe bei den Eskimos war mir fremd. Bisher hatte ich sie nur langsam und schläfrig aus ihren Unterkünften kommen sehen. Meistens saßen sie untätig herum und warteten auf guten Wind. An diesem Tage aber zeigten sie sich äußerst emsig. Vier Jäger zogen ein neues großes Fellboot vom vereisten Strand und bugsierten es auf einen stabilen Holzschlitten. Ein zweites, graugrün gestrichenes Umiak schleppten zwei Eskimos vom Seeufer herauf. Arnuk hob mit einem älteren Eskimo einen Johnson-Motor ins Boot. Frauen brachten Kanister mit Treibstoff heran und verstauten Kaffee, Trockenfleisch, Muktuk und Regenzeug im Bugraum. Jolu, ein vierzigjähriger Eskimo mit wiegendem, an einen Bären erinnernden Gang, versorgte das Fahrzeug mit Tauen, Ankern, Luftsäcken zur Markierung, langen Messern, Sägen, Äxten, Fellen und Lederleinen. Ein alter Mann dessen Stirn eine scharfe Falte wie eine Narbe kerbte, trug Harpunen, Bootshaken und Wurfkeulen herbei. Alle Boote wurden mit dem Kiel auf den Holzschlitten befestigt. Das mit Elfenbein aus Walroßzähnen verstärkte Heck schleifte über den Eisboden, als sich die Schneemaschinen und die daran hängenden Holzschlitten in Bewegung setzten. Die lange Kolonne mit Booten und Schlitten, die sich über das glitzernde Schneefeld zum offenen Wasser hin bewegte, glich einer motorisierten Wüstenkarawane.

Mühsam quälten sich die kleinen Motore mit den schweren Lasten über die vereisten Steilhänge. Sobald es jedoch bergab ging, rasten die Fahrer in schreckenerregendem Tempo ins Tal, so daß ich am liebsten abgesprungen wäre.

Nach zehn Kilometern fanden wir einen geeigneten Platz, um die Boote ihrem Element zu übergeben. Vorsichtig wurden sie zu Wasser gelassen. Wir stiegen ein und stießen uns vom vereisten Ufer ab.

Es war ein herrliches Gefühl, auf dem klaren Wasser dahinzutreiben, in die Tiefe zu spähen und die versunkenen, blaugrün schimmernden Eisbrocken zu betrachten. Vor uns lag eine endlose Wasserfläche, auf der Eisberge und geborstene Schollen in allen Größen und Formen schwammen. Das Wasser funkelte vor Klarheit. Kristallweiß und blau leuchteten die vielen bizarr geformten, vom Salzwasser und der Sonne zernagten Eisinseln auf dem spiegelglatten Meer. Manche glitzerten wie riesige Smaragde.

Große Schwärme Meeresvögel suchten zwischen dem Treibeis nach Äsung. Scharen neugieriger Krabbentaucher und Trottellummen umflogen unsere Boote. Larventaucher hockten wie versteinert am Ufer, ihre gelben Schnäbel voller Fischbrut. Eine Raubmöwe entriß im schneidigen Sturzflug einer Dreizehenmöwe den eben erst erbeuteten Silberfisch. Die schwimmenden Eisgrotten waren von Königseiderenten, Wildgänsen, Elfenbeinmöwen oder Silbermöwen bevölkert. Kaum glitten die Fangboote in die Strömung, da umsegelten uns schon die »Albatrosse der Arktis«, langflügelige Sturmvögel, die auf schäumender See in Sturm und Unwetter zu Hause sind. Zu Hunderten schreckten wir durch den Motorenlärm Eisenten, Küstenseeschwalben, Krabbentaucher und Blaugänse auf. Majestätisch schauten große, schwarze Kormorane — die stolzen Königsfischer — von ihren meterhohen Eistürmen auf unsere kleinen Boote herab.

Langsam glitten die Fellboote durch die eisfreien Kanäle des schollenbedeckten Meeres. Sobald wir die offene See erreichten, heulten die Motore auf. Ein gichtgeplagter älterer Eskimo, stolz und heiter, war unser Bootsführer und Steuermann. Wind und Wetter hatten sein Gesicht zerfurcht, die Haut rissig und rauh gemacht. Wenn er lachte, dann wurden seine Augen zu schmalen Schlitzen. Aus den dunklen Löchern der flachen Nase wuchsen lange schwarze Haare, die sich mit denen seines flaumigen Minibartes auf der Oberlippe vereinigten. Dort, wo früher zwei Reihen blanker Zähne blitzten, standen nur noch drei braungelbe Wächter vor einer dunklen Höhlung. Der alte Seejäger saß auf dem Heck und lenkte das Boot mit einer unfaßbaren Geschicklichkeit, während die jüngeren Fangmänner vorn im Boot standen und das Meer nach Walrossen absuchten.

Die eisfreie Fläche verengte sich allmählich wieder. Mit Bootshaken stocherten die Eskimos dem Boot einen Weg durch die schmalen Rinnen, wenn der Motor streckenweise abgestellt war. Häufig lief er nur mit gedrosselter Tourenzahl und preßte unseren Umiak durch die nur wenig aufgebrochenen Eisrinnen. In dem schweren Lederboot wurde der »Außenborder« ein Innenbordmotor. Seine Schraube ragte durch eine Öffnung aus dem Heck. Unvermittelt war die Fahrt zu Ende. Nur noch zwei schmale mit Klumpeneis bedeckte Wasserarme führten weiter ins Eis hinein. Wir stakten von Kante zu Kante, bis uns mannshohes Eis von allen Seiten umschloß. Nirgends war mehr ein Tropfen Wasser zu sehen. Alle Boote schoben sich hintereinander in den wie ein Hafen mit hohen Kaimauern wirkenden letzten Teil der Rinne und machten am Eis fest. Die Männer stiegen aus und reichten heißen Kaffee aus Thermosflaschen herum, die sie in ihrem Dorfladen für Felle und Walroßzähne erstanden hatten. Dazu kauten sie Trockenfleisch. Auf ihren runden Gesichtern lag ein zufriedenes Lächeln. Es schien ihnen nichts auszumachen, daß der Weg ins offene Meer vorerst versperrt war. Die jüngeren Jäger scherzten miteinander, während die älteren beratschlagten, wie es weitergehen sollte.

Ich saß auf dem Bootsrand und starrte über hoch getürmtes Packeis in den blauen, wolkenlosen Himmel. Es war ein sonderbares Gefühl, weit draußen inmitten der schneebedeckten Eisfläche des Meeres zu sitzen, fernab der Heimat, umgeben von fremdartigen Mongolenmenschen. Alles war so unheimlich still, weit und groß. Nur das Knirschen und Knacken der vom leichten Wellengang aneinanderstoßenden Eismassen unterbrach das kalte Schweigen der frostigen Eskimowelt. Vor mir lag eine aufregende Jagd auf ein großes und gefährliches Tier des Polareises, das schon mehr Menschen getötet haben soll als der gefürchtete Eisbär.

Sehr lange diskutierten die eingeborenen Fangmänner. Endlich traf der Älteste eine Entscheidung. Sämtliche Boote sollten zweihundert Meter weit über das Eis geschoben werden, in der Hoffnung, dann endlich ins offene Meer zu gelangen. Das Transportieren der schweren, acht Meter langen Boote über das rauhe, buckelige Scholleneis war eine harte Arbeit. Der Schweiß rann uns bald von der Stirn, aber wir hatten Erfolg. Als die Boote endlich ins freie Meer rutschten, jubelten die Eskimos, Freude stand in allen Gesichtern.

In breiter Formation bei hundertfünfzig Meter Abstand schossen die Fangboote mit Vollgas durch die blaue Beringsee. Bei der Breitenformation konnte kaum eine größere Walroßansammlung übersehen werden.

Von einer schwimmenden Eisburg drang unheimliches, markerschütterndes Geschrei von Seehunden an unser Ohr. Es hörte sich an wie klagendes Kinderweinen. Aufgeschreckt von den vorbeibrummenden Motoren, plumpste ein ganzes Rudel Bartrobben ins Wasser. Die dicken, fetten Weibchen blieben auf dem Schollenrand liegen. Sie ließen sich von unserem Motorenlärm nicht stören. Ihre Jungen räkelten sich träge in der Sonne.

Die Küste von Savoonga lag weit hinter uns. Arnuk wies auf eine blauschimmernde Bergkette am Horizont. Es waren die nur achtzig Kilometer entfernten Tschuktschen-Berge Sibiriens, deren schneebedeckten Häupter sich unwahrscheinlich klar vor dem wolkenfreien Himmel abhoben.

Unversehens tauchte wieder eine Eisbarriere vor uns auf. Unser Kurs ging mitten durch ein gespaltenes Eisfeld. So weit das Auge reichte, war das Meer mit Schollen bedeckt. Wir passierten eine Ansammlung von zackigen Eiskorallen, die uns wie ausgezupfte weiße Wattebäuschchen auf der dunklen See entgegentrieben. Zehn Meter hoch aufgetürmte Eisblöcke in seltsamen Pilzformen oder von Wellen und Wasser modellierte Tiergestalten mit vorgestrecktem Kopf und ausgebreiteten Flügeln bewegten sich auf uns zu und verengten das Fahrwasser. Der Steuermann schaltete den Motor zurück.

Die Jagdmannschaft suchte unverdrossen die unzähligen Schollen und das weite Feld mit Eisgeröll nach dunklen Punkten ab. Aber kein Walroß war zu entdecken. Ich saß schweigend im Boot und versuchte, mir das biblische Untier mit seinem anderthalb Tonnen schweren spindelförmigen Körper, dem buschigen Schnurrbart am kleinen runden Kopf und den langen Elfenbeinzähnen vorzustellen.

Plötzlich rumpelte es an der ledernen Bordwand. Dann folgte ein Stoß, der das ganze Boot erzittern ließ. Ich dachte, jetzt würden uns die Eisberge zermalmen. Aber das Fellboot hielt dicht. Es war gegen Unterwassereis gestoßen, dem aber der Elfenbeinbug unseres Schiffleins standhielt. Mit äußerst gedrosseltem Motor ging die Fahrt langsam weiter, immer wieder vorbei an Türmen, Burgen, Bergen und Säulen aus glitzerndem Eis.

Arnuk deutete in Richtung einer Gruppe Kormorane, die in großer Schar eine schwimmende Eisinsel bevölkerten. »Walrosse!« raunte er mir zu.

Mein Eskimo hatte recht. Drei tonnenschwere dunkelhäutige Kolosse wälzten sich auf dem Eis. Hellgelb leuchteten ihre langen Elfenbeinhauer in der Sonne. Der Steuermann beschleunigte das Boot und hielt direkt auf die Eisinsel zu. Die dicken Belagerer des Treibeises entpuppten sich als Walroßmütter mit Jungen, die ihre kaum bezahnten kleinen Köpfe neugierig hin und her bewegten. Weib-

Auf Walroßjagd

liche Walrosse erscheinen im Gebiet der St.-Lorenz-Insel selten. Die Eskimos interessierten sich auch nicht dafür. Sie suchten nur kapitale Bullen. Das aufmerksame Muttertier, das vorn auf der Scholle als Wachposten aufgestellt zu sein schien, entdeckte uns sofort. Bei größeren Herden gibt es immer solche Wächter, auf deren Warnsignal hin alle Tiere in Wasser stürzen.

Obwohl die Dickhäuter behäbig und dumm aussehen, sind sie in ihrem Zorn doch sehr zu fürchten. Sie schrecken vor nichts zurück. Besonders gefährlich sind Mütter bei der Verteidigung ihres Nachwuchses.

Die Alte vorn an der Kante reckte ihren kleinen, rundlichen Kopf mit den seitlich oben sitzenden winzigen Kugelaugen neugierig gegen den Wind. Das Sehvermögen der Walrosse ist gering, auch das Gehör. Aber der Geruchssinn hat sich sehr gut entwickelt.

Bei Gegenwind kamen wir so nahe an die urigen Riesen heran, daß ihre bürstenähnlichen, strubbeligen Schnauzbärte aus fingerlangen, hornigen Borsten auf den Oberlippen deutlich zu erkennen waren. Auf den faßförmigen Körpern räkelten sich zwei zentnerschwere Junge, die eine Länge von mindestens einenhalb Meter hatten. Eines klammerte sich mit den Flossen eng an den kurzen Hals der Mutter. Das andere lutschte am Daumen, das heißt, an einer der Flossen. Es war ein selten lieblicher Anblick.

Das wachsame Muttertier im Vordergrund sicherte immer wieder zu uns, ließ den Nachwuchs aber keinen Moment aus den Augen. Mit einem Male stubste es ihre Kinder eilig ins Wasser und stürzte sich kopfüber hinterher. Ihre riesengroßen Schwimmflossen, die sie wie Beine unter den Körper stellen kann, erfaßten das kleinere Walroßjunge gleich wieder und brachte es unter ihren breiten Stoßzähnen in Sicherheit. Langsam setzte sich unser Boot mit leise summendem Motor wieder in Bewegung und schob sich durch die dunkelblauen Kanäle am vorüberziehenden Eis vorbei.

Arnuk, der die Lebensgewohnheiten der dickhäutigen Säugetiere genau kannte, erzählte, daß Walrosse sich nur langsam vermehren und die Eskimos deshalb ausschließlich männliche Stücke schießen.

Die Weibchen bringen April—Mai nach fast einjähriger Tragzeit ein Junges zur Welt, ganz selten auch zwei. Sie bekommen nur jedes zweite Jahr Nachwuchs. Ihre hilflosen Kälber gebären sie in Höhlen auf dem Eis und säugen sie achtzehn Monate. Zwei Jahre lang werden sie von der Mutter geführt, bis sie allmählich zarte Muschelkost, Algen, Grundfische, Schnecken und Krebstiere zu sich nehmen können. Mit Nägeln an den Flossen und Schnurrbart kommen sie zwar schon zur Welt, aber ihre Stoßzähne sind erst nach zwei Jahren groß genug, um die Nahrung selbst aus dem Meeresgrund zu graben. Bis dahin sind sie auf Muttermilch angewiesen. Meist schwimmen sie auf ihrem Rücken oder hängen sich unter die langen Stoßzähne. Geschickt taucht die gutmütige Alte mit den Kleinen auf, wenn diese zum Atmen an die Wasseroberfläche müssen, denn Jungtiere brauchen öfter Luft als erwachsene Walrosse. Wird die Mutter von Eisbären oder Schwertwalen getötet, bevor die Hauer der Kleinen lang genug sind, um selbst nach Äsung zu graben, so bedeutet das unweigerlich den Tod für die Waisen. Überleben mutterlose Jungtiere dennoch, dann verlassen sie die Herde, fressen tote Fische, Überreste geschlagener Robben oder ergreifen Nestvögel.

Während des interessanten Berichtes wechselte Jolu den alten Steuermann ab. Er war ein kräftiger, wohlgebauter Mann mit breiten Schultern und einem frostgeröteten Gesicht, in dem zwei kluge Augen funkelten. Seine Wangen wiesen dunkle Froststellen auf. Auf den wuchtigen Lippen lag ein offenes, heiteres Lächeln, das die großen weißen Zähne blitzen ließ. Er stellte den Motor ab und ruderte das Boot mit Arnuk durch den Eisbrei. Der Alte stand aufrecht auf seinem hölzernen Sitz und schaute über die weiße Meerlandschaft. Mit einem Male zeigte er auf eine Eisgrotte, die von schwimmenden Schneefeldern umgeben war.

»Walrosse«, sagte er mit ruhiger Stimme. »Es sind nur Bullen.«

Ich entdeckte tatsächlich winzige braune Punkte auf dem Eis. Welch gute Augen haben doch diese Naturmenschen! Jolu und Arnuk grinsten zufrieden und legten die Ruder beiseite. Der Steuermann warf den Motor wieder an, lenkte unser Fellboot durch einen gewundenen Riß aus der Eisgrütze und hielt nach Anweisung des Alten direkt auf die ausgemachten Dickhäuter zu. Mit hoher Bugwelle schwenkten nun auch die Begleitumiaks in diese Richtung. Arnuk stieß mich in die Seite und lächelte mich mit blitzenden Augen an.

»Die Jagd beginnt«, strahlte er und rieb sich die Hände. Dann kramte der Eskimo meine Waffe hervor, riß den Mündungsschoner herunter und drückte sie mir mit geöffneter Kammer in die Hand. Die Begleitboote hielten sich vorerst etwas im Hintergrund, um uns bei der Jagd nicht zu stören. Sie waren bei dieser Fangreise vor allem zu meinem Schutz da. Später sollten sie ebenfalls an der Jagd teilnehmen.

Die Erregung erfaßte nun alle Eskimos. Das rechte Boot scherte aus und steuerte hohen Eisformationen entgegen, auf denen sich eine dicht zusammengedrängte Walroßherde sonnte. Vor uns lagen mindestens zehn der rhabarberfarbenen Tiere. Immer mehr Bullen krallten sich mit ihren Stoßzähnen an den Eiskanten fest und hoben sich aus dem Meer. Langsam wälzten sie sich über die wohl vier Meter langen Schlafgefährten, robbten zwischen den Speckbergen der übrigen hindurch, bis sie einen günstigen Schlafplatz gefunden hatten. Die riesigen Kerle lagen schlafend da, mit ihren Hauern aufs Eis gestützt, oder kratzten sich ihre rauhe, faltige Haut, die oft von Parasiten befallen ist. Von den Ausscheidungen ihrer Körper war das Eisfeld braun gefärbt. Der Alte winkte ab und ordnete Westkurs an. Offensichtlich wollte er jeder Gruppe eine eigene Herde überlassen. Die mittleren Boote steuerten geradeaus.

Nach zehn Minuten peitschten die ersten Schüsse übers Meer. Sie verkündeten den Jagdbeginn unserer Nachbarn. Aber bald verhallte das Gewehrfeuer hinter den Eismauern, die uns unvermittelt wieder umgaben. Klobige Eisberge verengten die Fahrrinne. Der Alte übernahm das Steuer. Das tat er meistens dann, wenn es schwierig wurde. Jolu drängte sich zum Bug und leuchtete mit dem Glas das eisbedeckte Meer ab.

»Walrosse voraus!« meldete er aufgeregt.

Hart warf der Alte das Ruder nach Backbord. Kurz darauf gewahrte ich fünf der dicken, klumpigen Schwergewichtler.

Eskimos nennen das Walroß in ihrer Sprache »Großer Alter des Wandereises«. Entdecker der Arktis haben die schweinsfarbenen Ungetüme wegen ihrer tiefgefurchten Panzerplattenhaut, den symmetrisch gebogenen Stoßzähnen und stachelschweinborstigen Oberlippen auch als »häßliche Schweine des Meeres« bezeichnet.

Noch dreihundert Meter und mehrere Eisbarrieren trennten uns von den Bullen. Jolu ergriff die Wurfstange und überprüfte noch einmal den Sitz der Harpunenspitze. Die von den Eskimos für die Walroßjagd benutzte Harpune bestand aus einem zwei Meter langen, eisenverstärkten Holzschaft, einer Schnur von reißfester Walroßhaut und der stählernen Pfeilspitze. Diese war an den abgeflachten Seiten messerscharf geschliffen und trug am hinteren Ende zwei gräßliche Widerhaken. Mit ihrer Hohlkehle paßte sie genau auf die Wurfstange. Durch die Lederleine waren Harpunengriff und Pfeilspitze miteinander verbunden. In den Tierkörper dringt nur der Harpunenkopf ein, also die Spitze mit Widerhaken: Sie bleibt durch das Seil mit dem Schaftstock und der Schwimmblase verbunden, damit das harpunierte Wild mit ihr nicht verlorengehen kann.

»Warum ist die Harpune nicht aus einem Stück?« fragte ich den Harpunierer.

»Die Stange könnte brechen oder sich zwischen dem Eis verklemmen. Dadurch würde uns die Beute verlorengehen. Die Spitze allein löst sich aber niemals von dem Tierkörper«, belehrte er mich und überprüfte die Harpunenleine in ihrer ganzen Länge. Morsche oder eingerissene Stellen könnten den Verlust eines Walrosses bedeuten.

Das Eisgewirr war immer noch eng zusammengedrängt. Kunstvoll navigierte der Alte das Fellboot durch die Schollen, ohne an eine der zahllosen scharfen Eiskanten anzuecken. Die Rinnen waren streckenweise so schmal, daß wir unser Boot nur mit Hilfe der Hände hindurchdrücken konnten. Der Alte hatte den Motor abgestellt. Schnell umwickelten die Eskimos ihre Ruder mit schmalen Fellen. Geräuschlos näherten wir uns den Walrossen. Der Alte achtete streng darauf, daß sich niemand bewegte. Geduckt paddelte nur noch Arnuk als Steuermann. Sein Körper zuckte nervös; Sehnen und Muskeln waren vom Rudern sichtlich angespannt. Lautlos schob sich das Kanu durch das wild aufgetürmte Eis. Unhörbar mußten wir das Ende der Rinne erreichen. Das Schnarchen und Schnauben der Walrosse drang bis zum Boot herüber. Allmählich erfaßte mich das Jagdfieber. Das Paddeln wurde ganz eingestellt. Nur noch mit der Hand drückten die Eskimos das Knolleneis beiseite, um das Boot vorwärts zu schieben, bis die Fahrt vor dem Festeis endete.

Alle Gewehre wurden geladen und entsichert. Jolu legte die Harpune mit der Leine und die Schwimmblase zurecht. Wunderbar, wie sich diese Jäger in die Hände arbeiteten. Aber alle waren etwas aufgeregt. Die sonst so ruhigen und oft langweiligen Eskimos verwandelten sich in arktische Raubtiermenschen. Ihre Augen glühten. Sie bebten vor Beutegier. Dennoch behielten sie äußerlich die Ruhe. Ein letztes Mal überprüfte der Harpunierer die Leine.

Plötzlich hob ein alter Bulle verschlafen den Kopf. Seine Oberkiefereckzähne waren abgenutzt und Arnuk meinte, er wäre schon mindestens dreißig Jahre alt. Ein zweiter paddelte im Wasser und lugte hinter einem Eisbuckel hervor. Der Größte hackte die tischbeindicken Hauer ins Eis. Sein rechter Zahn war abgebrochen und nur noch ein scharfkantiger Stummel. Vermutlich hatte er ihn beim grimmig geführten Ranzkampf mit einem Rivalen verloren. Ein viertes Walroß mit langen dicken Elfenbeinhauern schoß aus der Eismasse hervor. Ich hatte ihn genau im Visier. Der bärtige Bursche hob neugierig den Kopf. Er schien der Urgroßvater der Herde zu sein. Seine groben Murrhaare waren zum Teil abgebrochen und verdeckten nur noch stellenweise das breite Maul. Er prustete und schnaubte und streckte mir seine leuchtenden Elfenbeinzähne entgegen. Entschlossen riß ich meine Waffe an die Backe und suchte das kleine Ziel an seinem Schädel.

»Halt«, zischte jetzt der Alte. »Nicht schießen. Im Wasser sinkt er wie ein Bleiklotz, und zum Harpunieren ist er noch zu weit. Warte, bis er näher kommt.« Mir zitterten schon die Arme, und das Herz schlug bis zum Halse. Alles war klar, die Büchse schußbereit. Vor mir schwammen die riesigen Kolosse im Wasser, aber schießen durfte ich nicht. Warten hieß es — und das kostet Nerven!

Die faltige Haut des kapitalen Bullen sah aus wie eine gerunzelte Baumrinde. Er war schon so nahe, daß ich den borstigen Schnauzbart ganz deutlich erkennen konnte. Plötzlich hielt er seine dunklen, kleinen Nasenlöcher in den Wind. Er witterte Gefahr. Plumps — laut prustend tauchte er auch schon unter.

Wir warteten . . .

Überall reckten brüllende Tiere ihre fettglänzenden Rundköpfe aus dem Wasser. Auf dem Eis aber ruhten nur junge Bullen ohne starke Zähne. Auch die Eskimos legen Wert darauf, große, breite Hauer zu erbeuten, weil sie das Elfenbein für Schnitzereien benötigen.

Ein neues, mächtiges Barthaupt schob sich aus den Fluten. Es trug schon recht ordentliche Stoßzähne und schaute uns neugierig mit seinen kugeligen, braunschwarzen Augen an.

»Das ist ein großer Bulle«, urteilte Jolu. »Den kannst du schießen, sobald er auf dem Eis ist.«

Aber der Dickhäuter tat uns nicht den Gefallen, sondern schwamm nur planschend umher. Ab und zu tauchte er mit dem Oberkörper unter, so daß nur noch die Krümmung seines unförmigen Rückens zu sehen war, der mit dem Kopf übergangslos zusammengewachsen zu sein schien. Als der Riese keine Anstalten machte, auf das Eis zu klettern, sprangen zwei Eskimos aus dem Boot, knieten sich nieder und fuchtelten laut bellend mit ihren Händen in der Luft herum.

»Sie imitieren das Gebell eines Walroßweibchens«, klärte Arnuk mich auf.

Der Bulle schien aber keine Frühlingsgedanken zu haben und schwamm davon. Vom lauten Schreien heiser, kehrten die Eskimos lachend ins Boot zurück. Ihre Liebeswerbung kam zur falschen Zeit. Walrosse tragen nämlich ihre Ranzduelle nur von Dezember bis Ende April aus.

Wir stakten unser Schifflein durch das schwabbelnde Eis zur nächsten Scholle. Dort saßen drei alte Walrosse beieinander. Mit einem Male brodelte und kochte das Wasser dicht am Boot. Krachend und prasselnd durchbrach ein Riesenhaupt mit breiten Nüstern und langen Hauern das Eis. Gleichzeitig tauchten zwei, drei und mehr Walrosse auf und umkreisten uns prustend und bellend. Das Umiak schwankte. Rundum nur Schaum, Blasen und wirbelndes Wasser. Immer mehr bezahnte Köpfe erschienen zwischen dem Eis. Ein ganzes Rudel wühlte das Wasser auf. Ruckartig hob sich unser Boot vorn hoch und kippte zur Seite. Ein harter Schlag traf das Heck und riß uns von den Beinen. Wie aus einem Springbrunnen schoß eiskaltes Wasser ins Boot. Ein wütender Bulle hatte seine Hauer in die Fellbespannung gerammt. Arnuk sprang auf die Scholle, rammte den Bootshaken ins Eis und band das Fahrzeug fest. Der Alte blieb ruhig. Auf sein Zeichen hin feuerte Jolu in die schnaubende und brüllende Herde. Die Schüsse peitschten über das Wasser. Vielfältig gaben die Eismassen das Echo zurück.

»Getroffen!« schrien die Eskimos vor Freude. Das Geschoß riß ein großes Loch in den pockennarbigen Körper des wild um sich schlagenden Walrosses. Ein dampfender Strahl roten Lebensaftes schoß aus dem unförmigen Leib und färbte Eis und Wasser rot. Wie eine Tonne rollte das Tier hin und her, sank und schoß erneut empor, bis es seine alte Schwimmlage wieder erreicht hatte. Der Harpunier stand aufrecht fest — wie eine Statue — im schaukelnden Boot; die Harpune hielt er wurfbereit in der rechten Hand, die Fangleine kontrollierend in der Linken.

Das verwundete Tier raste wutschnaubend auf unser Boot zu. Nur noch zehn Meter trennten uns vom Angreifer. Dann aber, mit einem kräftigen Ruck, sauste die Harpune über meinem Kopf dem wütenden Ungeheuer entgegen und drang in seinen formlosen Nacken. Die Harpunenstange wippte einige Male wie ein schwankender Speer und fiel ins Wasser. Die Geschoßspitze steckte tief im Fleisch, und die Widerhaken ließen sie nicht mehr los. Arnuk warf die Schwimmblase über Bord und zugleich schob sich ein toter brauner Körper aus dem Eisbrei. Das erste Walroß hing an der Fangleine. Es kam nicht mehr dazu, mit ihr zu tauchen oder zu fliehen. Jolu hatte einen guten Schuß angebracht.

»Du solltest zuerst schießen — aber es war zu gefährlich«, entschuldigte sich der Alte. »Dein Walroß bekommst du noch.«

Jolu klemmte den Bootshaken zwischen zwei Eisklötzen und befestigte das untere Ende der Leine daran. Die Schwimmblase tanzte auf dem aufgewühlten Wasser. Vorsichtshalber rammte der Eskimo noch eine zweite Harpune in die lederharte Haut, rollte das Fangseil mit dem Schwimmer ab und band es um einen Eisblock. Wir zogen das Umiak aufs Eis, und mit bewundernswertem Geschick reparierten die Fangmänner das Boot. Sie lösten Rentiersehnen aus dem oberen Rand der Fellbespannung und nähten den Riß damit zu. Naht und Ränder der aufgebrochenen Lederbespannung verklebten sie mit wachshartem Tierfett.

Werden wir noch einmal die urigen Walrosse im Anblick bekommen? Wird es mir gelingen, ein Stück dieses faszinierenden Wildes zu erlegen? Da ich aber Gastjäger bei den Eskimos war, konnte ich damit rechnen, daß sie mich noch auf Walrosse führen würden.

Arnuk bemerkte meine Ungeduld. »Warte nur ab, sie tauchen gleich wieder auf, um ihre Lungen voll Luft zu pumpen. Walrosse sind neugierig«, beruhigte er mich. »Es ist auch möglich, daß sie eine Muschelbank gefunden haben und auf dem Grund äsen. Sie brauchen eine Menge Nahrung. Wenn sie erst einmal gründeln, dann bleiben sie sehr lange unter Wasser, oft bis zu zwanzig Minuten.«

Unsere Pause war zu Ende. Die Eskimos ließen das Boot zu Wasser — und weiter ging die Fahrt. Angespannt blickten wir aufs Meer. Mit dem starken Nachtglas suchte ich jeden kleinen Eisberg ab, hinter dem sich ein Walroß verborgen halten konnte. So sehr ich aber meine Augen anstrengte, weit und breit war keines zu sehen. Zahllose Eisberge, Schollen und Schneefelder trieben träge mit dem Grützeis umher. Ich verließ mich ganz auf das hervorragende Sehvermögen meiner Eskimos. Ihr Naturinstinkt, gepaart mit einem tierischen Wittrungsvermögen, ließ sie selbst nach Eintritt der Dämmerung noch Wild erkennen, wenn ich schon zum lichtstarken Fernglas greifen mußte.

»Wieviel Munition hast du bei dir?« fragte Arnuk mich.

»Zehn Schuß« gab ich zurück.

»Die wirst du bestimmt brauchen, wenn wir Walrosse im Wasser schießen müssen. Liegen sie auf dem Eis, dann genügt oft nur eine Kugel. Du mußt nur die richtige Stelle am Kopf treffen. Schwimmende Tiere sinken sofort, wenn sie einen Kopfschuß bekommen haben. Hauer und Fleisch gehen uns dann verloren. Wir brauchen aber Fleisch für den Winter und Futter für die Hunde, und du möchtest eine gute Trophäe heimbringen. Wir brauchen Zeit und Gelegenheit, die verwundeten Tiere anzusteuern und eine Harpune zu schleudern. Erst wenn diese getroffen hat, darfst du in den Schädel schießen, um das Walroß endgültig zu töten.«

Mir widerstrebte es, ein Walroß auf diese Art zu erjagen, und deshalb wollte ich nur schießen, wenn es auf einer Scholle lag.

Unser Umiak schlängelte sich zwischen den Stollen hindurch, an kleinen, klobigen Eisbergen vorbei. Der Wind frischte auf und brachte Wasser und Treibeis in Bewegung. Die schaukelnden Eismassen kamen uns oft so nahe, daß wir fürchteten, sie würden unser kleines Bötchen erdrücken. Der Alte stand wieder auf der Heckbank und spähte aufs Meer hinaus. Sein Blick schweifte über die schmalen Streifen offenen Wassers. Jolu saß am Steuer.

Auf der gleißenden Eisfläche erkannte ich eine wimmelnde Menge rotbrauner Dickhäuter mit blitzenden Stoßzähnen. Ihre glatten Schädel glänzten in der Sonne. Der Steuermann drehte den Gashahn auf und jagte mit höchster Fahrt durch einen eisfreien Kanal. Schäumende Bugwellen spritzten über das Boot. Hinter einem Eishügel tauchte das erste Walroß nahe unserem Umiak aus dem Wasser. Ihm folgte gleich ein zweiter schwartiger Rücken. Mit einem Male schossen überall bärtige Mäuler aus der Tiefe. Das Meer schien zu brodeln und zu kochen. Das Grützeis war übersät von braunen Klumpen. Ein mächtiger Körper mit klobigem Schädel und langen Hauern durchstieß schnaubend die Wasseroberfläche. Ein noch stärkerer Bulle mit gelblichen Zähnen hielt uns drohend sein offenes Maul mit den schnurrbartverzierten Nüstern entgegen. Mit seinen kraftvollen Flossen peitschte er das aufgewühlte Wasser, daß es nur so sprühte, und schoß wütend auf unser Fangboot zu. Jetzt wurden auch die Eskimos aufgeregt.

Das Meer schäumte, und das Boot schaukelte im aufgewühlten Wasser. Ich kniete vorn im Bug, die durchgeladene und entsicherte Büchse fest in Anschlag. Auf dem Lauf der Waffe perlten glitzernde Salzwassertropfen. Das Kanu vibrierte und schwankte zwischen den tanzenden Eisschollen. Ich konnte einfach kein Ziel erfassen. Vor Aufregung wurde mir heiß am ganzen Körper. Meine Hände zitterten. Wie sollte ich da einen Schuß anbringen! Das Schreien der Eskimos, »hier, da, dort —, schnell, schießen«, machte mich ganz zappelig. Doch dann hatte ich den Bullen im Glas.

Rums . . .! Donnernd rollte mein Schuß über die weite See; dumpf hallte das Echo von den Eisbergen zurück. Aber der Kugelschlag fehlte — Vorbei! . . . ich hatte ins Wasser geschossen. Das Walroß war schneller. Ich sah nur noch seinen massigen Rücken im Eisbrei verschwinden.

Die Eskimos lachten. Sie hatten ihren Spaß. Ich kannte schon ihre Eigenart, über jedes Ereignis in ihrer abwechslungslosen Welt laut schallend zu lachen. Ein Fehlschuß ist bei der Walroßjagd selbst für einen schnellen und sonst sicheren Schützen nichts Ungewöhnliches. Mein Schuß hatte die Walroßansammlung wohl zersprengt, aber die Tiere blieben nicht lange unter Wasser. Nach wenigen Minuten tauchten die ersten wieder aus dem Eisbrei. Wir lagen mit dem Kanu an einem Eisblock und warteten. Es dauerte nicht lange, bis die ersten Dickleiber aufs Eis kletterten. Auf einer schaukelnden Scholle entdeckte ich einen starken Bullen mit langen breiten Hauern. Seine bleichrosafarbene Körpermasse leuchtete wie eine gedörrte Melone in der tiefstehenden Sonne. Jetzt kam nur noch ein Schuß aus sicherer Entfernung in Frage. Die Kugel mußte das Walroß, ähnlich wie beim Elefanten, eine Handbreit hinter den Lichtern treffen. Nur dort konnte sie die dicke Knochenwand des Schädels durchschlagen, in das Gehirn eindringen und sein Leben blitzschnell beenden.

Der Alte steuerte das Boot im weiten Bogen um die nächsten Schollen und lenkte es dann in eine schmale Rinne. Geräuschlos stakten die Eskimos das dünne Fellboot durch den Rest des Eiskanals. Meter für Meter arbeiteten wir uns, mit dem Bootshaken gegen das Eis stemmend, durch das Eisgewirr. Manchmal nahmen wir nur die Paddel zur Hand. Das Kanu schaukelte durch die schwabbelige weiße Masse.

Meine Waffe war schußbereit. Das Zielfernrohr hatte ich abgenommen, denn auf kurze Distanz konnte ich besser über Kimme und Korn schießen. Das Boot stoppte. Vor uns tauchten auf einer Scholle zwei alte Bullen auf. Sie bearbeiteten sich wütend mit ihren langen, breiten Stoßzähnen. Jeder versuchte seinen Platz auf dem engen Eisfloß zu verteidigen. Der größere von ihnen hatte die längeren und breiteren Hauer. »Schieß!« zischte der Alte. »Schieß doch!« »Warte, ich muß erst ein Foto machen«, gab ich zurück. Er blickte mich böse an und grollte: »Du bist zum Schießen hier und nicht zum Fotografieren!«

Ich ließ mich nicht aus der Ruhe bringen. Die Walrosse hatten uns noch nicht bemerkt, sie waren zu sehr mit sich selbst beschäftigt. Der Bulle mußte mir schon sein Haupt zuwenden, wenn ihn meine Kugel tödlich treffen sollte. Plötzlich war der Zweikampf der Walroßbullen zu Ende. Beide rissen ihre Häupter hoch und reckten die Nasen gegen den Wind. Der Jüngere plumpste planschend ins Wasser. Hatte er den Zweikampf verloren — oder uns bemerkt? Die Spannung stieg auf den Höhepunkt. Mit angebackter Waffe wartete ich auf die erste Kopfbewegung zur Seite. Der große Schnauzbärtige witterte mit weit aufgesperrten Nüstern herüber. Ruckartig riß er seinen Kopf zur Seite und . . . Bevor der Bulle zum Sprung ins Wasser ansetzte, brach der Knall der schweren Mauserbüchse die arktische Stille. Der unförmige Hüne, eines der seltsamsten Geschöpfe der Natur, war wie eine luftlose Harmonika zusammengesackt, war meine Beute geworden. Handbreit neben den Lichtern hatte meine Kugel ihn getroffen. Der »Riese des Meereises« war verendet.

Freudengeschrei bei den Jägern. Mit aller Kraft preßten sie das Boot durch die Eisgrütze und rammten dem dampfenden Koloß ihre Harpune in den Leib, um ihn auf keinen Fall ins Wasser rutschen zu lassen. Arnuk sprang auf die Scholle. Er jagte dem erlegten Bullen ein armlanges Messer durch die haarlose Schwarte ins Herz, um auch seine letzten Bewegungen zu beenden. Roter Lebenssaft schoß wie eine Fontäne aus der massigen Schulter. Der Alte stillte seinen Durst daran. Auch die anderen Eskimos beugten sich über den dampfenden Leib und schlürften das orangerote, schaumige Blut.

Auf dem Eis lagen anderthalb Tonnen Fleisch und Speck. Der erlegte Riese hatte sechs Pfund schwere und fünfundsiebzig Zentimeter lange Elfenbeinstoßzähne. Mit geübten Griffen balgten die Eskimos die wertvolle Lederhaut ab. Sie ist so dick, daß sie mit dem Frauenmesser, dem »Ulu« in zwei Teile gespalten wird, um damit die Boote zu bespannen. Der fünf Meter lange gelbbraune Bulle war bald aufgebrochen und seine daumendicke Speckschicht herausgeschnitten. Jolu entriß dem dampfenden Koloß den Magen, öffnete ihn und reichte mir eine Kostprobe. Der ausströmende Gestank verschlug mir den Atem.

»Danke, jetzt nicht, vielleicht später«, wehrte ich freundlich ab, um ihn nicht zu verletzen. Die Magenfüllung der Seetiere ist die »Götterspeise« der Eskimos. Sie besteht hauptsächlich aus Muscheln, Krebstieren, Seesternen und vitaminreichen Algen.

Mit gewaltigen Schlägen sausten die Miniäxte der Eskimos in das dunkelrote Fleisch und trennten zuerst den Kopf vom Körper. Arnuk zeigte mir stolz eine Axt aus geschliffenem Elfenbein, die früher das einzige Werkzeug der Ureinwohner für derartige Arbeiten war. Ich ließ nicht locker, bis er mir versprach, sie mir als Andenken zu verkaufen.

Mein Eskimoführer hackte aus dem kleinen, runden Schädel die langen Elfenbeinhauer, reinigte sie im Salzwasser und überreichte sie mir feierlich. Der längste Zahn war an der Spitze scharfkantig abgeschliffen. Der Eskimo meinte, Walrosse tauchen mit ihrem massigen, stromlinienförmigen Körper hundert Meter tief und bleiben bis zu fünfzehn Minuten unter Wasser. Auf dem Kopf stehend, brechen sie mit ihren Zahnwerkzeugen Muscheln aus Felsen und Klippen oder wühlen ihre Nahrung aus dem Meeresboden. Die engstehenden Stoßzähne dienen als

Harke. Mit Hilfe der langen steifen Lippenborsten des Schnurrbartes fegen sie die Beute ins Maul und zermalmen sie mit ihren zwei Dutzend kurzen, breiten Hinterzähnen. Zur Verdauungshilfe gleiten Schlamm und faustdicke Steine mit hinunter. Das Fleisch zerbrochener Muscheln verdaut der Magen, während er Steine und die nicht verarbeiteten Schalen wieder ausstößt. Pro Tag werden von einem Walroß über hundert Pfund Schalentiere zusammengekehrt und ins Maul befördert.

Jolu zeigte mir mit breitem Grinsen ein halbmeterlanges, röhrenförmiges Gebein. Es sei eine besondere Trophäe, meinte er. Routiniert entfernte er das hellrote Fleisch vom Knochen und überreichte mir eine silberweiße Knochenkeule. Walrosse und Bären haben diese Knochenverstärkung im Penis. Sie ist etwa sechs Zentimeter dick, während die der Bären nur bleistiftstark und zwanzig Zentimeter lang wird. Eskimos nennen den Knochen »Uschik«, verarbeiten ihn zu Schnitzereien und Souvenirs. Früher benutzten sie ihn als Keule bei Kämpfen, und bei den Medizinmännern früherer Jahre erlangte er als Zauberwerkzeug besondere Bedeutung. Der kleine Uschik des Bären wurde mir bei früheren Reisen von meinen Jagd-Führern als »Sektquirl« vorgeführt.

Bald mußten wir die blutverschmierte Scholle verlassen. Sie war schon gesprungen und drohte zu versacken. Dem Gewicht der Fleischmassen und der Eskimojäger war sie nicht mehr gewachsen.

Gut gelaunt, steuerten die Eskimos ihr Boot heimwärts. Mit langen Messern schnitten sie Fleischstücke aus dem Magen, tauchten sie außenbords ins salzige Meerwasser und verzehrten sie mit sichtbarem Genuß. Ständigem Drängen gab ich nach und probierte ihre Spezialität. Anfänglicher Ekel wich Erstaunen, denn das Fleisch war zart wie ein Stück Filet.

Die Zahl der Walrosse vor der St.-Lorenz-Insel schwankt von Jahr zu Jahr. Entscheidend für die Häufigkeit ihres Auftretens sind die Wetterbedingungen. In manchen Jahren gelingt es den Eskimos, nicht einmal zehn Tiere zu erlegen, besonders dann, wenn sich der meilenweite Eisring um die Insel im Beringmeer nicht rechtzeitig löst. Die Not der Inselbewohner steigt in solchen Zeiten ins Unermeßliche

Den Bestand an Walrossen schätzt man heute auf etwa siebzigtausend. Von den Eskimos am Beringmeer werden jährlich rund zweitausend Stück erlegt. Das ist eine erträgliche Abschußzahl. In früheren Jahren wurden Walrosse viel stärker bejagt. Die Zahl der Zughunde bei den Eskimos reduziert sich drastisch. Immer häufiger werden Motorschlitten zum Jagdgehilfen und Transportmittel. Der Bedarf an Fleisch und Speck als Hundefutter ist somit geringer geworden. Mancherorts ist die Jagd auf Rentiere, Weißwale, Robben oder Elche viel erträglicher als die auf das Walroß. Vor allem sind solche Jagdarten nicht so gefährlich, denn bei der Walroßjagd hat schon mancher Eskimo durch wütende Bullen seinen Kajak verloren und ist ertrunken.

Die Bewohner der Inseln im Beringmeer jedoch haben keine andere Erwerbsmöglichkeiten. Sie sind auf die Walroßjagd angewiesen. Sie brauchen Häute für ihre Bootsbespannungen, Felle zur Herstellung von Harpunenleinen und Stricken, Elfenbein für Harpunenspitzen, Schnitzereien und Bootskiele, Därme für Winterkleidung, Fleisch und Speck zur Ernährung, Öl zum Heizen ihrer Öfen und Specksteinlampen und Walroßleber als vitaminreiche Kost.

Unser leichtes Umiak lag mit der zentnerschweren Fleischlast tief im Wasser. Solange wir auf der ruhigen, eisbetupften See zwischen hohen Eishügeln hindurchglitten, war die Heimfahrt im rosaroten Licht der allmählich sich senkenden Abendsonne ein Vergnügen. Bei gutem Rückenwind erreichten wir am späten Nachmittag das Ende des offenen Wassers. In der Ferne wurden die Umrisse des kleinen Eskimodorfes sichtbar. Urplötzlich kräuselte sich das Meer. Der Wind wehte heftig, und kurze harte Wellen schlugen gegen die Fellwände. Das Beringmeer wurde immer unruhiger. Die ersten Spritzer eiskalten Wassers schlugen über Bord. Es wurde fröstelig und ungemütlich im Boot, und manchmal meinte ich, unsere kleine Nußschale würde von den hohen Wellen verschluckt, die sich schon mit hellen Schaumkronen schmückten. Doch nach einer Stunde erreichten wir die Kettenschlitten.

Abends waren alle Jäger zurückgekehrt. Der Platz vor der presbyterianischen Holzkirche füllte sich mit Fleisch und Speck, Elfenbeinzähnen und blutbeschmierten Häuten. Ein Missionar, der den Eingeborenen Predigten aus dem Englischen übersetzte, war im schwarzen Gewand erschienen und hielt eine Ansprache. Ob er der erfolgreichen Mannschaft in der Eskimosprache seinen Segen gab, konnte ich nicht heraushören. Der Beuteplatz war von den Einwohnern der Eskimosiedlung umlagert. Hunde rissen sich verstohlen riesige Bissen aus dem Speck, und Kinder turnten auf den glitschigen, klebrigen Fleischmassen. Stolz reichten die Eskimos die Walroßzähne herum und schleppten dann die Fleischpakete in ihre Vorratskammern, die bald zum Bersten voll waren.

Erfolgsfreude überstrahlte die abendliche Tanzveranstaltung, die zu Ehren der Jäger inszeniert worden war und sich mit althergebrachten Ritualtänzen, begleitet von dumpfen Trommelschlägen, bis in die Morgenstunden hinzog.

# Stichwortverzeichnis